江西省高校高水平学科"教育学"建设成果；

2011年度教育部人文社会科学研究青年基金项目"农村富余劳动力转移过程中之学习行为研究——基于若干农民工的个案分析"成果（项目号：11YJC880014）。

青年农民工的生存境遇与学习行为研究
——基于若干个案的分析

崔铭香 著

中国社会科学出版社

图书在版编目(CIP)数据

青年农民工的生存境遇与学习行为研究：基于若干个案的分析 / 崔铭香著. —北京：中国社会科学出版社，2015.3
ISBN 978 – 7 – 5161 – 5815 – 9

Ⅰ.①青… Ⅱ.①崔… Ⅲ.①青年 – 民工 – 生活状况 – 研究 – 中国②青年 – 民工 – 学习 – 个人行为 – 研究 – 中国 Ⅳ.①D669.2

中国版本图书馆 CIP 数据核字（2015）第 063924 号

出 版 人	赵剑英
责任编辑	宫京蕾
责任校对	邓雨婷
责任印制	何 艳
出 版	中国社会科学出版社
社 址	北京鼓楼西大街甲 158 号
邮 编	100720
网 址	http://www.csspw.cn
发 行 部	010 – 84083685
门 市 部	010 – 84029450
经 销	新华书店及其他书店
印刷装订	北京市兴怀印刷厂
版 次	2015 年 3 月第 1 版
印 次	2015 年 3 月第 1 次印刷
开 本	710×1000 1/16
印 张	18.5
插 页	2
字 数	267 千字
定 价	60.00 元

凡购买中国社会科学出版社图书，如有质量问题请与本社联系调换
电话：010 – 84083683
版权所有　侵权必究

序　言

　　农民工，也常被称为"民工"或"外来务工人员"。他们是我国社会转型时期一种特殊的社会现象和一个特殊的社会群体。户籍在农村，劳动在城市，又或"时农时工"、"时工时农"，抑或"亦农亦工"、"亦乡亦城"，这些都是其社会身份和社会生活的典型特征。随着"农民工"二代的社会身份、社会角色与社会生活变化，又正在引来更多新的关注和新的讨论。

　　改革开放30多年，谁也无法否认，在我国的城市化、工业化、现代化建设进程中，留下了广大农民工兄弟的伟大创举，伟大贡献。

　　来到城市以后，他们面临怎样一种生存境遇与职业际遇？是否适应城市的生活与劳动？采取了哪些方式来适应城市的生活与劳动？他们的学习行为是否成为其适应城市生活与职业生活的重要途径？通过学习，对他们的城市生活、职业生活带来了什么样的裨益？如此这般，都成了作为一名成人教育、成人学习研究者关注的问题。

　　崔铭香同志的《青年农民工的生存境遇与学习行为研究——基于若干个案的分析》，通过四个"关注"，即关注农民工——"为社会发展作出贡献的弱势群体"；关注农民工——"为自我发展实践终身学习的群体"；关注农民工——"社会快速发展，要求提升农民工素质"；关注农民工——"张扬学科使命，需观照其生存与学习"，充分体现了她作为一名成人教育学专业的博士，对农民工这样一个特殊的弱势群体，其生活、其学习、其发展的真情关切与深情关注，并由此，充分显现了她的社会责任感和学术使命感。

　　——通过她的访谈描述，论文首先将我们带进了青年农民工真实的生活世界，读者似乎可以直接触摸到他们日子过得"非常节俭"、"很是压抑"、"像机器人一样"，甚至遭遇"歧视"、"冤屈"、"诬陷"、"欺骗"、"侵害"……

——通过她的访谈描述，论文接着让我们领略了青年农民工一个个真实的拼搏故事，读者似乎可以感同身受：作为"寻梦人"或者"淘金者"的不懈探索；作为"小保姆"或者"修路工"的坚韧攀登；作为"纺织女工"或者"酒店员工"的不断求索……

——通过她的文本解读，论文随后让我们感佩，在艰难的人生际遇中，青年农民工们有如此坚强的学习信念：就是要不断进行学习；就是要坚持终身学习；就是要活到老学到老；没有机会创造机会也要学；没有台阶踩出台阶也要学！一句话：学习是人生中最美的字眼！

——通过她的文本解读，论文随之让我们感叹，在艰辛的人生追求中，青年农民工们有如此独特的学习行为：学习动机，为了生存；学习内容，无所不涉；学习方式，五彩缤纷，而更多属于"自我导向"的学习道路，又是那样地需要他们面对挫折、面对坎坷。

——通过她的深入分析，论文又让我们明白，除了社会大背景的影响之外，他们的学习，不但和其"教育水平"、"经验水平"与"个性特征"有着密切的关联，又和他们这个年龄段所面临的，并且务必履行好的职业生活任务、家庭生活任务、自我发展任务，乃至娱乐生活任务、健康生活任务等息息相关。

——通过她的深入分析，论文最后又让我们感受到：人的生存境遇，在此尤指青年农民工的生存境遇，必定会对他们的学习产生影响，而他们的学习行为，用作者自己的话来讲，又一定会"对客观生存境遇具有改善作用"、"对主观生存境遇具有提升作用"。

总之，崔铭香同志这篇用情、用心的著作，尽管存在样本尚且有限的缺憾，但透过其中，终究为广大读者展现了多幅农民从农村迁移到城市，在城市立足与生存、学习与工作、成长与追求的生动画面。

在情感体验意义上，让我们感受到了作者一种全然发自内心的人本关怀；

在社会认知意义上，让我们体会到了青年农民工城市生活过程中的艰辛；

在现实认识意义上，让我们见证到了青年农民工为求生存而付出的拼搏；

在学术探究意义上，让我们分享到了青年农民工之生活与学习间的相关。

希望，在往后的日子里，能够看到崔铭香同志延绵、深化自己的研究，也能够看到有更多的类似研究，来关怀不同的成人群体及其相关的生活与学习。因为我深信，以"回归丰富的成人生活世界，走进缤纷的成人精神家园"为理念、为纲领的成人教育科学研究，终将裨益于成人和成人发展，终将裨益于社会和社会进步，终将裨益于学科和学科建设，而且，也必定会裨益于每一个研究者自己——他/她们的灵魂与智慧！

权以为序。

高志敏

2013 年 4 月于加吉草书斋

目 录

上篇　研究基础

第一章　绪论 ……………………………………………………（3）
 第一节　研究缘起 ………………………………………………（3）
  一　关注农民工——"为社会发展作出贡献的弱势
   群体" ……………………………………………………（4）
  二　关注农民工——"为自我发展实践终身学习的
   群体" ……………………………………………………（4）
  三　关注农民工——"社会快速发展，要求提升农民工
   素质" ……………………………………………………（5）
  四　关注农民工——"张扬学科使命，需观照其生存与
   学习" ……………………………………………………（5）
 第二节　研究的目的与意义 ……………………………………（6）
  一　研究目的 ……………………………………………………（6）
  二　研究意义 ……………………………………………………（7）
 第三节　研究的方法与过程 ……………………………………（9）
  一　质性研究方法的选择与运用 ………………………………（9）
  二　研究过程的设计与推进 …………………………………（12）
  三　本书的基本框架与内容 …………………………………（16）

第二章　文献综述 ………………………………………………（17）
 第一节　国内研究综述 …………………………………………（17）
  一　农民工一般研究综述 ……………………………………（17）
  二　青年农民工研究综述 ……………………………………（32）

三　"生存境遇与学习行为"研究综述……………………（39）
　第二节　国外研究综述……………………………………（40）
　　一　人口流动研究…………………………………………（41）
　　二　移民人力资本研究……………………………………（44）
　　三　成人生存境遇研究……………………………………（45）

第三章　理论背景简析与相关概念界说………………（48）
　第一节　理论背景简析……………………………………（48）
　　一　社会变革与社会转型…………………………………（48）
　　二　学习与成人终身学习…………………………………（52）
　　三　成人学习的必要与可能………………………………（54）
　　四　成人群体的学习权利…………………………………（58）
　　五　成人教育研究新纲领…………………………………（60）
　第二节　概念界说…………………………………………（61）
　　一　农民工…………………………………………………（61）
　　二　青年农民工……………………………………………（63）
　　三　生存境遇………………………………………………（65）
　　四　学习行为………………………………………………（66）

中篇　"故事"呈现

第四章　素描：生存境遇与学习行为…………………（73）
　第一节　勇于尝试的摸索者………………………………（73）
　　一　李刚：骑自行车到上海的"寻梦人"…………………（74）
　　二　苏强：来上海摸爬滚打的"淘金者"…………………（79）
　第二节　不畏艰难的攀登者………………………………（85）
　　一　陈燕：不甘于命运安排的"保姆"……………………（85）
　　二　邹凯：勇于拼搏的"修路工"…………………………（92）
　第三节　孜孜不倦的求索者………………………………（96）
　　一　赵蕊："爬台阶"的纺织女工…………………………（97）

二　王晶："捍卫家庭"的学习弄潮儿 …………………（106）
　第四节　生存境遇与学习行为样态简括 ………………………（114）
　　一　样态之一：摸索者 ………………………………………（114）
　　二　样态之二：攀登者 ………………………………………（115）
　　三　样态之三：求索者 ………………………………………（115）

第五章　探析：生存境遇与学习行为的影响因素 ………………（118）
　第一节　因素群Ⅰ：社会环境的变化与挑战 ……………………（118）
　　一　社会变革与社会转型 ……………………………………（118）
　　二　变化时代与学习时代 ……………………………………（119）
　　三　青年农民工的回应 ………………………………………（121）
　第二节　因素群Ⅱ：成年早期面临的生活任务 …………………（124）
　　一　职业生活任务 ……………………………………………（124）
　　二　家庭生活任务 ……………………………………………（129）
　　三　个人发展任务 ……………………………………………（132）
　　四　闲暇生活任务 ……………………………………………（133）
　　五　健康生活任务 ……………………………………………（134）
　第三节　因素群Ⅲ：其他多样化因素 ……………………………（138）
　　一　教育水平 …………………………………………………（138）
　　二　经验因素 …………………………………………………（140）
　　三　个性特征 …………………………………………………（142）

下篇　探索与发现

第六章　解读：生存境遇 …………………………………………（151）
　第一节　客观生存境遇 …………………………………………（151）
　　一　职业境遇："像机器人一样" ……………………………（151）
　　二　生活境遇："非常节俭" …………………………………（156）
　　三　社会境遇："觉得很压抑" ………………………………（160）
　第二节　主观生存境遇 …………………………………………（162）

  一　感觉受到歧视 …………………………………………（162）
  二　隐私权受到侵犯 ………………………………………（163）
  三　被诬陷、被冤枉 ………………………………………（164）
  四　遭遇欺骗 ………………………………………………（165）

第七章　解读：学习行为（上） ……………………………（167）
 第一节　学习动机："为了生存" ……………………………（167）
  一　类型 ……………………………………………………（167）
  二　特点 ……………………………………………………（177）
 第二节　学习内容："全副武装地学" ………………………（180）
  一　内容：多元化 …………………………………………（180）
  二　特点：职业性 …………………………………………（195）

第八章　解读：学习行为（下） ……………………………（197）
 第一节　学习方式："边工作边学习" ………………………（197）
  一　获取学习资源的方式 …………………………………（197）
  二　推进学习活动的方式 …………………………………（203）
 第二节　学习方法："自学呀" ………………………………（208）
  一　正式学习方法 …………………………………………（208）
  二　非正式学习方法 ………………………………………（212）
 第三节　学习困难："打击肯定有的" ………………………（220）
  一　学习时间有限 …………………………………………（221）
  二　学习环境不利 …………………………………………（222）
  三　学习支持匮乏 …………………………………………（223）

第九章　关系显现：生存境遇与学习行为 …………………（227）
 第一节　生存境遇对学习行为的影响 ………………………（227）
  一　生存境遇对学习行为的影响状况 ……………………（227）
  二　生存境遇对学习行为的影响作用 ……………………（231）
 第二节　学习行为对生存境遇的影响 ………………………（233）

一　学习效果的自我评价 …………………………………（233）
　　二　对学习效果的分析 ……………………………………（241）
　　三　学习行为对生存境遇影响的简括 ……………………（246）
第三节　学习行为的"意外收获" ……………………………（249）
　　一　李刚——就是要不断地学习 …………………………（249）
　　二　苏强——就是要坚持终身学习 ………………………（249）
　　三　陈燕——就是要活到老、学到老 ……………………（249）
　　四　邹凯——就是创造机会也要学 ………………………（250）
　　五　赵蕊——就是要不断地踩台阶 ………………………（250）
　　六　王晶——学是人生中最美的字 ………………………（250）

第十章　总结与反思 ……………………………………………（252）
　第一节　研究总括 ……………………………………………（252）
　　一　生存境遇与学习行为样态 ……………………………（252）
　　二　影响生存境遇与学习行为的因素 ……………………（253）
　　三　生存境遇的特点 ………………………………………（254）
　　四　学习行为的特征 ………………………………………（254）
　　五　生存境遇与学习行为之间的关系 ……………………（257）
　第二节　启示与建议 …………………………………………（258）
　　一　几点启示 ………………………………………………（259）
　　二　相关建议 ………………………………………………（263）
　第三节　研究反思 ……………………………………………（267）
　　一　关于研究效度 …………………………………………（267）
　　二　关于研究推广度 ………………………………………（269）
　　三　关于研究伦理 …………………………………………（270）

参考文献 ………………………………………………………（272）

后记 ……………………………………………………………（285）

上　篇

研究基础

　　上篇是本书的基础部分，主要包括以下内容：绪论、文献综述、理论背景及概念界说。绪论（第一章）主要包括研究缘起、研究目的及意义、研究方法及过程；文献综述（第二章）主要总结并评析了国内外对农民工、青年农民工、生存境遇与学习行为方面的研究成果；理论背景（第三章）介绍了社会变革与社会转型、学习及终身学习的时代、成人学习的必要性及可能性、成人的学习权等；概念界说部分（第三章）对本书的关键概念农民工、青年农民工、生存境遇、学习行为等进行了剖析和界说。以上为本书的基础篇，将为中篇、下篇的研究奠定根基。

第一章 绪论

第一节 研究缘起

1978年，中国实行"改革开放"政策，吹响了现代化建设的号角。从此，中国进入了现代化建设的加速期，经过多年的发展，我国在政治、经济、文化等方面都取得了斐然的进步，综合国力不断提升，人民生活水平逐渐提高，国际影响力日益增强。

也正是随着改革开放，我国进入了社会转型期：从农业社会转向工业社会、从计划经济转向市场经济、从城乡分割转向城乡整合。改革所带来的社会大变迁，开创了一个社会结构与个体行动互动作用的新历程，在对外开放扩大、市场化转型和经济高速增长的大背景下，人们有了更大的通过调整自己的选择来改变生活的可能性。于是，一大批农民开始离开土地，进驻到城市，挑起了现代化特别是工业化、城市化建设的大梁。后来，他们有了统一的称谓——"农民工"，这个以我国传统的城乡二元制结构为标签的称呼，更多时候标志了他们"非农非工"、"非乡非城"的边缘和漂泊状态，也更多地意指着主流话语权下的人们对为我国城市化、工业化乃至现代化建设作出了巨大贡献的进城农民工人的一种多少带有歧视意味的称谓。

笔者也出生在农村，对农民工在农村的学习和生活感同身受，与他们不同的是笔者比较幸运，顺利地接受了高等教育而今已然留在城市，而他们却因为辍学或高考失败而离开农村进入到城市打工。有时，看到大城市的发达，就会感慨其实城市的发展离不开农民工的辛勤付出。而难能可贵的是，笔者发现很多农民工在城市打工的同时，还在孜孜以求地学习着。而笔者所学的专业——成人教育学——"帮助成人学习的科学和艺术",要求以"回归成人丰富的生活世界、走进成人缤纷的精神家园"的新研究纲领"直面成人群体的生存状况,研究成人的发展需求,阐释成人的教育与学习问题"。因此,笔者决定走进农民工特别是青年农民工的生活,研究他们的生存境遇与学习行为。

一 关注农民工——"为社会发展作出贡献的弱势群体"

其实,在回首和总结改革开放以来中国取得的巨大成就的同时,我们更应该把关切的目光投向现代化的建设者们,包括为我国社会发展和进步作出巨大贡献的农民工们:他们亲手建造了高楼大厦,自己却几乎没有一处落脚的家;他们是"中国制造"的主力军,造就了现代商品的"琳琅满目",自己却往往面对豪华商品"囊中羞涩";更无须说他们使得中国现代城市四通八达,连接世界,而自己却始终徘徊于城市的角落和边缘……实际上,人们普遍承认,20多年来,农民工在城市建设中作出了巨大贡献,而与此形成鲜明对照的是,他们仍处于边缘的社会地位。无论是从财富地位或经济地位、权力地位或政治地位还是从社会声望来看,进城农民工都处于社会的弱势和边缘地位。因此,他们迫切需要受到关注。

二 关注农民工——"为自我发展实践终身学习的群体"

然而,我们欣喜地发现,就是在社会地位如此"边缘"和生存境遇相当"糟糕"的情况下,农民工群体却不甘于命运的安排,依然在孜孜以求地学习着:他们或参加社会组织的培训,或参加自学考试,或参加成人高等教育,或在自己的岗位上不断摸索、自主学习。他们参加学习的相关事迹也常见诸报端,如《外来打工者成为无锡"自考新军"》《曾飚:从农民工到知识型劳模》《郭荣庆:第一个考上中国社科院研究生的农民工》等。这是一道亮丽的风景线,或许他们曾是正规学校教育的"失败者"或"不如意者",但是作为劳动者、追求者,他们却依旧在不断地学习着。那么他们的学习情况是怎样的？他们在学习中遇到了什么困难，是如何克服的？学习又给他们的人生带来了什么样的影响？他们的生存境遇和学习行为之间究竟是一种什么样的关系？他们的学习精神使笔者动容，笔者想了解他们，想让更多想学习的人从他们身上汲取动力，想了解他们的生存境遇与学习行为之间的关系……因此，笔者想把关注的目光投向他们，追随他们，研究他们，启迪他人，也提升自己。

三 关注农民工——"社会快速发展，要求提升农民工素质"

中共中央十七届三中全会出台了《中共中央关于推进农村改革发展若干重大问题的决定》，认为"推进农村改革，定调中国未来"，适时地提出了"推进户籍改革，放宽中小城市落户条件"、"逐步实现农民工与城镇居民同等待遇"等政策。这些政策上的新突破、制度上的新安排、举措上的新实招，让我们看到了解决农民工问题的希望，其顺利贯彻、实施，无疑将为农民工带来福音，将为农民工的生存及发展创造更好的环境。同时，社会相关部门也在作出各种努力以改善农民工的待遇。这是令人欣喜和雀跃的！但这也意味着当社会大环境的改革即外因条件到位后，农民工自身的素质等内在因素则将更加成为决定农民工能否在城市中立足、能否在城市中持续发展的一个根本性问题或瓶颈问题。所以，研究农民工的学习及素质提升问题，更应引起社会各界的关注。这既有利于农民工个人的现实发展，又有利于农民工个人的长远发展；既有利于城市、农村乃至国家的当前发展，也有利于城市、农村乃至整个社会的和谐、可持续发展。

四 关注农民工——"张扬学科使命，需观照其生存与学习"

1972年联合国教科文组织国际教育发展委员会在其著名的报告书《学会生存》中指出："成人教育可能有许多定义。对于今天许许多多成人来说，成人教育代替他们失去的基础教育。对于那些只受过很不完全的教育的人们来说，成人教育是补充初等教育或职业教育。对于那些需要应付环境的新的要求的人们来说，成人教育是延长他们现有的教育。对于那些已经受过高等训练的人们来说，成人教育就给他们提供进一步的教育。成人教育也是发展每一个人的个性的手段。"① 著名国际成人教育家诺尔斯（Malcolm·Knowles）认为，成人教育学"是一门帮助成人进行学习的科学与艺术"。引领成人在不断变革、迅速变迁的社会中立足、生存、超越自身、实现自我价值，实现对成人学习过程乃至生命历程中的"激励、促进、帮助与引导"，乃是成人教育学的深刻意蕴和终极追求。而处于社会大变革时期的农民工，在从农村进入城市的迁移中面临着环境的改变、工作的转换、发展空间的扩大，需要进行多方面的调整和转变，必然会产生多元的学习需求。因此，成人教育学必然将他们纳入关注视野，研究他们的学习行为，为帮助、促进他们的学习贡献自己的力量，一方面促进农民工有效学习，另一方面也为社会开展农民工教育培训、解决农民工问题提供思路和借鉴。

第二节　研究的目的与意义

农民，成为和作为农民工，是当前和今后城市化进程的骨干力量，或称"排头兵"。因为没有他们，就不可能有城市化。很大程度上，城市化是靠农民、农民工来实现的。农民工对工业化、城市化进程作出了巨大贡献，这是一个方面；另一方面，对农民和农业、农村经济的贡献也是巨大的。有学者提出，农民工是解决"三农"问题的核心。可以说，农民工为突破"三农"症结找到了有效的、可行的途径。②

一　研究目的

本书将通过研究处于社会转型期的青年农民工的生存境遇及学习行为，揭示青年农民工的生存境遇特征、学习行为特点，以及生存境

---

① 联合国教科文组织国际教育发展委员会编著：《学会生存——教育世界的今天和明天》，教育科学出版社1996年版，第247页。

② 沈立人：《中国农民工》，民主与建设出版社2005年版，第105页。

遇与学习行为之间的关系，为激励、帮助农民工群体学习，促进农民工更好地生存和发展提供借鉴，为社会各部门开展农民工教育培训和解决农民工问题提供一定的参考。同时，通过本书的典型个案，促进更多的农民工学习，提升农民工的素质，加速其市民化进程，从而可以为推进城市化建设进程添砖加瓦。再者，农民工学习行为特点、其生存境遇与学习行为之间关系的揭示也将丰富成人教育学科对成人学习样态的认知，进而为成人教育学更切实、有效地"帮助、促进"成人学习奠定基础。

二 研究意义

通过对青年农民工的生存境遇与学习行为的研究，揭示青年农民工的生存境遇特征、学习行为特点以及生存境遇与学习行为之间的关系，将会产生以下几个方面的作用。

（一）有利于农民工群体素质的提高、社会地位的改变

初步研究发现，以往关于农民工教育、培训的研究多是从"教"的角度和整体的、宏观的视角展开的，而从农民工"学"的视角和个体的、微观的角度展开研究的非常少。而本书着眼于农民工特定生存境遇下的学习行为（包括其学习动机、学习方式、学习方法、学习困难、学习影响等），揭示他们的真实学习状况，展现他们在处境不利情境下的孜孜以求的学习精神、不断克服困难的奋斗精神以及完善自我、实现自我价值的追求精神。一方面，他们的学习精神和生动鲜活的学习故事可以激励更多的农民工去学习，使其通过学习提高素质，增强本领，成就自我，谋求更好的发展；另一方面，展现农民工的真实学习状况和发展需求，可为社会各部门帮助他们有效学习提供现实依据。诚然，促进更多的农民工学习也将有利于农民工群体素质的提高乃至社会地位的改变。

（二）有利于城市和农村的同步发展

一个城市的发展和形象要看全体市民的素质和形象，农民工通过学习，提升自身素质，有利于整个城市素质的提高和发展进程的加快。农民工通过学习，提升了素质，稳定了就业，生活各方面有保

障，犯罪等"失范"行为也会减少，城市居民也会生活得更加安心，城市也将更加和谐；另一方面，农民工通过学习促使素质得以提高、能力得以提升，进而促使收入得以提高，也有利于农村增收。国家统计局 2008 年 11 月 5 日发布的报告指出，改革开放以来，中国农民收入结构呈现新特点，以外出务工收入为代表的工资性收入比重稳定上升，成为农民增收的主要来源。统计显示，2007 年中国农村居民工资性收入人均 1596 元人民币，在农民人均纯收入中占 38.6%，比 20 世纪 80 年代初期提高了近 20 个百分点。① 同时"文化反哺"功能的发挥也有利于农村文明的进步，一定程度上也会促进农村的物质文明和精神文明的发展。因此，农民工的学习行为有利于城市和农村的同步发展。

（三）有利于加速国家的社会转型和现代化建设进程

目前，我国正处于一个从农业社会向工业社会、从计划经济向市场经济转型的历史时期，正在着力推进工业化、城市化、现代化建设历程。因此，研究农民工的学习行为，帮助、促使更多的农民工学习，提高他们的素质和能力，增强他们的人力资本，无疑可以加快我国的工业化、城市化和现代化建设步伐，促成我国尽快完成社会转型。

（四）有利于丰富对成人学习样态的认知，完善成人教育学科建设

农民工群体是一个数量庞大的成人群体，全国农民工大概有 2 亿。而"直面成人群体的生存状况，研究成人的发展需求，阐释成人的教育与学习问题"是成人教育学科的矢志追求和应然使命。所以，研究农民工群体特定生存境遇下的学习行为，显现他们最本真的学习需求和发展愿望，将有利于丰富成人教育学对成人学习样态的认知；同时，关于其生存境遇与学习行为之间关系的揭示，将为最终建立起"帮助成人学习的科学和艺术"的成人教育学贡献力量。

---

① 刘铮、周英锋：《工资性收入成为中国农民增收主要来源》，2008 年 11 月，新华网（http://news.xinhuanet.com/newscenter/2008 - 11/05/content_ 10313082.htm）。

第三节 研究的方法与过程

为了使研究更加聚焦和有针对性，本书将主要选取农民工群体中的青年农民工进行研究。他们是15—35岁、户籍在农村、从事非农产业、以工资作为主要收入来源的进城务工人员。并将主要选择质性研究方法进行研究。

一 质性研究方法的选择与运用

（一）质性研究方法的内涵

本书主要运用的研究方法是质性研究方法。质性研究的英文是"qualitative research"，它是与量的研究相对的一种研究方法。"质性研究是以研究者本人作为研究工具，在自然情境下采用各种资料收集方法对社会现象进行整体性探究，使用归纳法分析资料和形成理论，通过与研究对象互动对其行为和意义建构获得解释性理解的一种活动。"[①]如果"掰开"来看，这个定义包括如下几方面内容：

1. 研究环境：在自然环境而非人工控制的实验环境中进行研究。
2. 研究者的角色：研究者本人是研究的工具，不使用量表或其他测量工具。
3. 收集资料的方法：多种方法，如开放性访谈、参与型和非参与型观察、实物分析等。
4. 结论和理论的形成方式：归纳法，在资料的基础上提升出分析类别和理论假设。
5. 理解的视角：主体间性的角度，通过研究者与被研究者之间的互动理解后者的行为及其意义解释。
6. 研究关系：研究者与被研究者之间是互动关系，要考虑这种

---

① 陈向明：《旅居者和"外国人"——留美中国学生跨文化人际交往研究》，教育科学出版社2004年版，第31页。

关系对研究的影响。①

（二）质性研究采用的主要方法

质性研究收集资料的方法一般有三种：访谈、观察和实物分析。

本书中主要运用访谈法。访谈是质性研究中的一种重要手段，"访谈是一种研究性交谈，是研究者通过口头谈话的方式从被研究者那里收集（或者说建构）第一手资料的一种研究方法。由于社会科学研究涉及人的理念、意义建构和语言表达，因此，访谈便成为社会科学研究中一个十分有用的研究方法"。②访谈通常使用开放式，访谈结构应该为被访者用自己的语言表达自己的想法留有充分的余地。访谈者应注意被访者对问题的定义和思维方式，遵循他们的思路，用他们的语言表述来讨论问题。同时，访谈应因人而异，不必拘泥于同一程式。③

（三）质性研究方法的研究过程

原始材料收集以后，需要对其进行分类、归档和编码。在阅读资料时，应该采取一种主动"投降"的态度，即把自己有关的前设和价值判断暂时悬置起来，让资料自己说话。除了向资料"投降"，还要向自己与资料互动过程中产生的体悟"投降"。每一次阅读都是读者与作者和文本之间一次新的遭遇，都可能产生新的意义解释。④

在质性研究中，一个十分著名的建构理论的方法是1967年格拉斯和斯特劳斯提出的"扎根理论"。这是一种研究的方法，或者说是一种作质性研究的"风格"，其主要宗旨是在资料的基础上建立理论。研究者在研究开始之前没有理论假设，直接从实际观察入手，从资料中归纳出经验概括，然后上升到理论。扎根理论一定要有经验证据的支持，但是它的主要特点不在其经验性，而在于它从经验事实中

---

① 陈向明：《教师如何作质的研究》，教育科学出版社2001年版，第12—13页。
② 同上书，第165页。
③ 陈向明：《旅居者和"外国人"——留美中国学生跨文化人际交往研究》，教育科学出版社2004年版，第31—36页。
④ 陈向明：《教师如何作质的研究》，教育科学出版社2001年版，第162—163页。

提炼出了新的概念和思想。①

（四）选择质性研究方法的缘由

1. 基于成人教育新研究纲领与质性研究主旨的相合

有学者指出，"回归丰富的成人生活世界，走进缤纷的成人精神家园"是成人教育研究方法论的首选，是成人教育学研究的基本纲领和逻辑起点。即未来的成人教育研究必须直面成人——直面他们最真实的社会境遇与最本真的社会生活，直面他们最真切的发展需求与最真实的人生向往，基此洞察、了解、分析和阐释他们的教育与学习问题，从而真正形成现实生活与教育的对接，真正实现人生发展与学习的契合。②笔者对这一研究纲领也非常认同，也想以此作为本书的指导思想。

而质性研究方法，其主旨是"在自然情境下采用各种资料收集方法对社会现象进行整体性探究，使用归纳法分析资料和形成理论，通过与研究对象互动对其行为和意义建构获得解释性理解"③，更适宜揭示细致的、深入的、内隐的内容。可以说，"回归"和"走进"的新的成人教育研究纲领与质性研究方法的特点非常相合。这正是本书选择质性研究方法的第一个缘由。

2. 取决于研究主题与质性研究特点的契合

本书之所以选择质性研究方法，还在于本书研究主题与质性研究特点非常契合，这是选择质性的研究方法的主要缘由。质性研究比较适合于"描述性问题"和"解释性问题"，因为这两类问题可以对现象的状态和意义进行探究。④

有研究指出，"以往的研究中，农民工并没有成为社会叙事的主体，没有被看作是积极参与意义的生产和维系的主体，农民工是作为适应、迎合城市文化的被动者和结构性安排的受动者"。"如果没有尊重多样的、倾听少数人声音的自觉，如果不尊重农民工经验，就会

---

① 陈向明：《教师如何作质的研究》，教育科学出版社2001年版，第202—203页。
② 高志敏：《成人教育研究的反思与前瞻》，《教育研究》2006年第9期，第61页。
③ 陈向明：《质的研究方法与社会科学研究》，教育科学出版社2000年版，第12页。
④ 陈向明：《教师如何作质的研究》，教育科学出版社2001年版，第5页。

淹没少数边缘者的声音，无以能了解和解释农民工社会生活中的具体'经验事实'和'现实情境'，而只有在尊重且真正倾听这些边缘者和另类的声音，才能打破隔离、误解和偏见。"①

本书通过研究处于社会转型期的青年农民工的生存境遇及学习行为，旨在揭示青年农民工的生存境遇特点、学习行为特征以及其生存境遇与学习行为之间的关系，为促进农民工学习，加速城市化进程和解决农民工问题提供借鉴。研究主题属于"描述性问题"和"解释性问题"，是过程性的、情境性的问题，研究主题与质性研究方法的特点契合，是本书选择该研究方法的主要理由。

本书将深入农民工生活中，通过深度访谈和非参与型观察了解其生活历史、生活境遇和学习过程。访谈可以通过使其回忆过去发生的事情，了解农民工的具体想法和意义表征，并可与从观察中获得的资料进行相关检验。非参与型观察可以通过观察农民工的衣、食、住、行等了解其生存境遇。笔者最终将通过访谈和非参与型观察选取几个典型个案展示青年农民工的生存境遇和学习行为。"由于个案保留了事件发生时的文化和文本情境，内容一般比较具体、生动、逼真，比那些抽象的、概括性的陈述更加吸引人。一个好的个案能够将读者直接带到研究的现场，带到当事人的生活情境之中，使读者对研究的问题获得比较直接和直观的理解。"②如此获得的资料较为翔实、生动，从而有利于揭示农民工的生存境遇特点、学习行为特征以及二者之间的关系，进而有利于本书目的的实现。

二 研究过程的设计与推进

（一）研究准备过程

1. 进行预研究

为顺利进行深入访谈，笔者首先进行了预访谈。确定选题后，笔者便开始进行预访谈。而且自己也接受别人的访谈，体会"被访者"

---

① 潘泽泉：《社会、主体性与秩序：农民工研究的空间转向》，社会科学文献出版社2007年版，第79页。

② 陈向明：《教师如何作质的研究》，教育科学出版社2001年版，第219页。

的感受。笔者大概用了半年的时间进行预访谈练习，为正式访谈积累了一定的经验。

然后，编写了访谈提纲和访谈协议。访谈提纲主要采用半结构式开放性访谈方式，以青年农民工的求学过程、打工过程、打工之后的学习过程为开放性访谈的主线，以他们到城市打工后的生存境遇及学习情况为重点。访谈协议包括访谈主题、保密原则、记录方式等。

另外，还准备了一份个人履历表，请研究合作者填写。再者，笔者还购买了录音笔。在研究合作者同意的前提下，准备对访谈进行全程录音，为后面的文本转录和分析奠定基础。

2. 寻找研究合作者

在预访谈的基础上，结合本书的实际情况，确定了一些成为研究合作者的基本条件。

（1）关于年龄、性别：将主要选取青年农民工，即农村户籍、年龄在15—35岁的进城务工人员。既包括男性青年农民工，也包括女性青年农民工，性别比例基本保持在1∶1。

（2）关于职业：将从建筑业、制造业、服务业、个体经营业等行业中各选取几个。

（3）关于学习过程：将了解正在学习着的和已经学有所成的青年农民工的学习情况。

（4）关于学习行为：既关注正规学习，也注意非正规学习、非正式学习等。

（5）关于学习形式：将分别观照不同形式的学习行为，如参加成人高等教育、参加高等教育自学考试、参与培训、自我探索学习等。

以上基本条件为起点，笔者请朋友、同事、同学等帮忙联系。自己也到一些学习机构请它们推荐合适的访谈对象。最后，笔者终于找到了13位研究合作者。

（二）访谈过程

本书共访谈了13位青年农民工，总体上比较顺利。首先就是联系访谈对象，刚开始确实比较困难。当笔者制定好访谈提纲，准备好录音设备，做好了访谈的准备后，就开始通过朋友、老师、同事联系访谈对象。一个星期之内笔者没联系到任何人。后来，一位同学终于向笔者推荐了她的一位朋友。经两次联系后，笔者同学的朋友最终同意参与研究，后来，笔者在精心准备的基础上对她进行了访谈。在前期预访谈的基础上，笔者的访谈进行得相对顺畅。访谈中，除了涉及访谈提纲中的内容，笔者还鼓励她放开谈她的成长、打工、学习过程，她也非常配合。后来，笔者又主要从参加学历教育如参加高等教育自学考试、参加成人高等教育的青年农民工着手，让朋友帮忙联系。不久，又联系到了多个研究合作者。然后，也通过研究合作者推荐他们的朋友的方式，即通过滚雪球抽样的方式，也找到了两位研究合作者。

找到研究合作者后，笔者首先向他们说明本书的目的，采取的方式、方法，事先约好时间，做好访谈前的准备工作。征得研究合作者的同意，对整个访谈过程用录音笔进行了录音。访谈之后，笔者尽快对录音资料进行逐句转录，不仅包括研究合作者的言语行为，而且包括他们的非语言行为，并追问了不清楚或访谈不详尽的地方。每次访谈后，笔者都做了田野笔记，并反思访谈过程中的不足，力争在下次访谈时避免。

每次访谈，笔者都力争在一次访谈内获得尽可能多的信息。当然，访谈文本整理过程中又对不清晰或遗漏的问题进行了追问；后来，在文本分析过程中，发现需要补充的地方，又通过电话、E-mail、QQ聊天等方式进行了追问。

（三）成文过程

1. 整理访谈资料

访谈材料收集以后，首先是分析、整理资料，即通过一定的分析手段将资料"打散"、"重组"、"浓缩"的一个过程。质性研究强调对原始资料的整理越早越好，整理时不宜同时进行文字上的编辑，通常要求将资料的内容一字不漏地记录下来，不仅包括被访者的言语行为，而且包括他们的非语言行为；观察过后必须对遗漏的细节进行补漏。质性研究认为"所有的事情都是资料"，有时，在整理资料时我们认为不重要的资料可能今后在分析资料时被发现有非常重要的价值。[①]

---

① 陈向明：《教师如何作质的研究》，教育科学出版社2001年版，第161—162页。

因此，笔者在访谈后对访谈资料在最短的时间内进行了逐句转录，并为每个文本建立档案，为以后的分析和写作奠定基础。

待全部访谈文本转录后，笔者就开始对访谈资料进行分析和整理。具体步骤如下：

（1）仔细地阅读访谈资料

笔者认真、细致地阅读了原始资料，熟稔访谈资料的全部内容，并仔细琢磨其中的意义和相关关系。在阅读原始资料时，笔者尽量悬置自己已有的观念和看法，并对自己阅读资料过程中的所感所想及时记录下来。笔者对每个访谈文本的原始资料至少通读了三遍，做到了对每个故事都非常熟悉，能流利地复述他们的"故事"。而且笔者体会到，每多读一次，对研究合作者的感佩便增加一些，同时也会有一些新的想法产生。

（2）详尽地登录和编码

在最大程度熟稔访谈文本原始资料的基础上，笔者开始对其进行登录和编码。登录和编码过程中，笔者注意寻找研究合作者经常使用的，用来表达他们看世界的方式的概念，即"本土概念"。笔者首先对研究文本中青年农民工的生存境遇和学习行为涉及的元素进行了开放性的登录，力争做到全面、详尽，并尽量排除自己的"成见"；其次，从这些已经登录的元素中寻找他们之间的联系，最终确定了"客观生存境遇"、"主观生存境遇"作为统领生存境遇的主要类属；"学习样态"、"学习内容"、"学习动机"、"学习方式"、"学习方法"、"学习困难"、"学习效果"等作为统领学习行为的主要类属；最后，以"学习行为"与"生存境遇"之间的关系作为"核心类属"统领全文。

2. 分析及成文

笔者在成文时，首先选择了情境型的方式，即按照每位青年农民工的打工过程、学习故事进行呈现，展现他们的生存境遇和学习行为，运用各种相关理论进行解读，进而分析他们的生存境遇与学习行为之间的关系。这种方式，使每位青年农民工的生存和学习故事都得到了活灵活现、淋漓尽致的展现，非常形象、生动，容易吸引读者。但后来笔者发现这种分析及成文方式会造成重复，即青年农民工学习中、生活中一些共同的要素会反复出现，容易给读者带来乏味的感觉，而且其相同的特点不能集中体现。因此，经反复考虑，笔者选择了以"类属型"为主、"情境型"为辅的成文方式。即对青年农民工的生存境遇和学习行为以一定的类属为统领，然后辅以典型个案，分门别类地加以呈现。

三　本书的基本框架与内容

本书共有十章，分上、中、下三篇。

上篇是研究基础，包括第一、二、三章。第一章为绪论，主要阐明了本书缘起、本书的目的及意义、研究方法与过程；第二章是文献综述，概括呈现了与本书主题相关的研究成果，包括农民工一般研究、青年农民工研究、生存境遇与学习行为研究等方面的国内外研究现状，并对已有研究成果进行了评析；第三章是理论背景简析及相关概念界说，主要包括变革的时代、终身学习的时代、成人学习的必要性及可能性、成人具有学习权等方面的理论背景，并界定了本书的主要概念，包括农民工、青年农民工、生存境遇、学习行为。

中篇为"故事"呈现，包括第四、五章。第四章为青年农民工的生存境遇与学习行为素描，分为"摸索者"、"攀登者"、"求索者"三种样态，并分三节呈现；第五章揭示了青年农民工生存境遇与学习行为的影响因素，主要包括社会环境的变化与挑战、成年早期面临的生活任务使然、个性因素作用等，也分三节阐述。

下篇为探索与发现，包括第六、七、八、九、十章。第六章解读了青年农民工的生存境遇特点，分客观生存境遇、主观生存境遇两节阐明；第七章、第八章解读了青年农民工学习行为的特点。第七章分两节解析了青年农民工的学习动机、学习内容的特征；第八章分三节解析了青年农民工学习方式、学习方法、学习困难等方面的特征；第九章解析了青年农民工的生存境遇与学习行为的关系；第十章对本书进行了总结和反思。在对研究成果进行总结的基础上，对本书的研究过程、研究的效度、推广度、伦理性等方面进行了反思，并阐明了相关启示及建议。

第二章 文献综述

本章将对与本书相关的研究情况进行综述，主要包括国内研究现状综述和国外研究现状综述。

第一节 国内研究综述

这一节将概括与本书相关的国内研究成果，主要包括农民工一般研究的综述、青年农民工研究的综述、生存境遇与学习行为研究的综述。

一 农民工一般研究综述

关于农民工一般研究的综述，主要包括关于农民工的总体研究、关于农民工教育培训方面的研究。

（一）关于农民工的总体研究

"改革25年来，中国社会最大的变化莫过于社会结构的变化，而巨大的流动人口和城市农民工是中国社会社会结构变化的核心内容。"[①]

从目前所查到的资料来看，关于我国农民工的研究相当多，如从中国期刊网以题名为"农民工"、时间从"1979—2008"年、匹配为"精确"、查询范围为全部、搜索，发现相关记录有"8895"条，如果再加上万方、维普等其他数据库的资料，则相关研究就更多。

初步分析，其研究总体上可以分为三类：关于农民工由来的研究、关于农民工现状的研究、关于农民工发展趋向的研究。下面就分

---

① 李强：《农民工与中国社会分层》，社会科学文献出版社2004年版，第16页。

述之：

1. 关于农民工由来的研究

关于农民工的由来，单独进行研究的不多，相关研究基本上是在开篇之首以极为简短的"绪论"、"卷首语"、"引言"等方式提及。有的进行了较为详细的阐释，有的则是几句话带过。在此，稍作总结。

"推拉理论"是研究流动人口、移民的最重要的理论之一。该理论认为，在市场经济、人口自由的情况下，人口之所以迁移、移民之所以搬迁，是因为人们通过搬迁可以改善生活条件。这里借用这一理论来总结一下我国农民工的由来。相关研究指出，导致我国农民工产生的因素主要有以下方面：

（1）"推"：农村剩余劳动力的增多及农村整体经济的相对劣势

相关研究认为，农民工的产生首先得益于农村剩余劳动力的增多。20世纪70年代末和80年代初，我国农村开始实行"家庭联产承包责任制"，联产承包责任制的实施，不仅极大地调动了农民的生产积极性，促使了劳动生产率的大幅度提高。农民可以挤出自由支配的时间进入非农产业从事其他活动。另外，加之户籍制度的松动，使农民有了流动的可能性。1984年中共中央文件明确提出，"允许务工、经商、办服务业的农民自理口粮到集镇落户"，1985年，又"允许农民进城开店、设坊、兴办服务业，提供各种劳务"。也正是从20世纪80年代中期以后，民工潮开始骤然激增。

另一方面，农村总体效益低下，增收缓慢，与城市收入差距增大也是重要原因之一。据统计，改革开放以来，我国农民收入曾出现过两个高峰期，即几乎整个80年代和90年代中期，而到了90年代后期，增幅则急剧下降，到2000年，仅比1999年增长1.94%。[①]

有的学者认为，不能仅仅从剩余劳动力的角度来解释目前我国这样大规模的民工潮。如孙立平认为，"农村中大量剩余劳动力的存在而造成的普遍贫困化"才是真正的原因。他认为，现在我们很难判定

[①] 李强：《农民工与中国社会分层》，社会科学文献出版社2004年版，第45页。

哪些农民工是剩余的农村劳动力，哪些不是，实际上凡是人口外出多的农村已经出现农业劳动力短缺或者老龄化的问题，已经影响到了农业生产。所以，务农没有收入，农村比较贫困，才是导致大量农村人口外出务工经商的主要原因。①

更有学者系统概括了流出地对农民工进城的推力，其中包括：人多地少，人地关系紧张，农村劳动力大量剩余；农业生产效益低下，农民单靠种地收入菲薄，促使农民外出打工；乡镇企业吸收农村劳动力的能力进一步下降，促使大批农村剩余劳动力外出寻找出路；农民进城打工能有效回避农业生产的风险和自然灾害，求得更稳定的家庭收入；中国价格体制的沉疴，造成农产品成本增加和农民负担加重，影响了农民收入的增加，迫使农民弃农进城打工；国家对农业投入的不足也弱化了农业生产对劳动力的消化吸收能力。②

(2)"拉"：城市化进程的需要及城市整体经济的相对优势

相关研究指出，相对农村而言，我国城市的整体经济发展较好，加之城市化进程的加快是农民进城打工的重要"拉力"。20 世纪 80 年代中后期，我国城市建设进入调整发展时期，大规模的城市建设活动，不仅需要大批的建筑工人，而且拉动了其他的相关行业的发展。城市居民生活水平的提高，拉动了第三产业的兴旺，需要大批的服务人员；个体工商户、私营企业、外商投资公司等非国有经济的发展，需要大批的劳动力；居民工作节奏的紧张，需要大量家政服务人员。城市发展腾出了劳动力的吸纳空间，为农民提供了可作为的天地。并且，相对农村的整体经济效益不高，增收缓慢的情况而言，城市居民的收入却始终以较高幅度增长，导致城乡之间的经济差距持续扩大。对比城乡居民人均消费水平可以发现，改革开放以前，城市人均消费水平是农村的 2.9 倍；改革开放初期，由于农村充当了改革的先锋，

---

① 宋艳：《进城农民工弱势地位改变研究——政府人力资源管理视角》，博士学位论文，吉林大学，2007 年，第 14 页。

② 张跃进：《中国农民工问题解读》，光明日报出版社 2007 年版，第 24—27 页。

曾降至2.2—2.3倍，但到90年代末和21世纪初，却达到3.8倍。[①]而且据调查数据显示，农民进城后确实可以比在农村收益高。"国家统计局11月5日发布的报告指出，改革开放以来，中国农民收入结构呈现新特点，以外出务工收入为代表的工资性收入比重稳定上升，成为农民增收的主要来源。统计显示，2007年中国农村居民工资性收入人均1596元人民币，在农民人均纯收入中占38.6%，比20世纪80年代初期提高了近20个百分点。"[②]所以，尽管农民进城后也会遇到诸如各种针对外地人的限制、歧视、精神的孤独寂寞等城市推力因素，但两相权衡，城市对农民的吸引力还是很大的。因此，也就会有一波又一波的农民争先恐后地涌到城市。

（3）中间因素：户籍制度的屏蔽

同时，相关研究认为，我国农民进入城市，没有像其他国家那样自然成为城市居民，而被定义为"农民工"，其主要影响因素可以归结为我国特有的户籍制度的屏蔽作用。一段时期，学者们猛烈抨击限制流动的二元社会结构的弊病，批评长期以来采取的城乡隔绝的体制。如"农民工群体是中国城乡二元社会经济结构在转型期的必然产物，这主要是由城市户籍制度与用工制度决定的。农民工在城市社会中受到社会发展的先天性制度的整体排斥。改革开放后，二元社会结构虽有所松动，但仍未能有本质意义上的突破，使农民工很难融入城市的制度和经济生活体系。尽管他们在职业上实现了从农民到工人的转化，但在社会身份上很难实现由村民到市民的过渡"。[③]关于农民工户籍身份转移的困难，陆益龙认为，改革以来户籍制度对于人身的社会控制在松动，但户籍制度赋予人的身份具有先赋性和世袭性，正是这种松动为农民从事非农产业提供了可能，而正是这种世袭性，使农民即使从事工业生产或不再居住在农村也仍然保留着农民身份。当

[①] 李强：《农民工与中国社会分层》，社会科学文献出版社2004年版，第46页。

[②] 刘铮、周英锋：《工资收入成农民增收主要来源》，2008年11月，新华网（http://money.163.com/08/1106/08/4Q26DL79002524SC.html）。

[③] 宋艳：《进城农民工弱势地位改变研究——政府人力资源管理视角》，博士学位论文，吉林大学，2007年，第14页。

然，随着户籍制度改革的深入发展，这一问题会逐步得到解决，但由于社会心理上的惯性作用，户籍仍然有巨大的心理限制效应。所以，其屏蔽作用还是较为突出的。①

2. 关于农民工现状的研究

关于农民工现状的分析，可以说是相关研究的重中之重，大多都是浓墨重彩展开专门论述，而且从不同学科、不同视角、不同维度进行了剖析。关于农民工的现状，相关研究主要展现了农民工的生存状况、农民工带来的问题（犯罪等"失范"行为），揭示了造成农民工生存状况"不尽如人意"的原因，并提出了解决农民工问题的举措。考虑到与本书的相关性，在此将主要陈述一下关于农民工生存状况、生存境遇方面的研究成果。

（1）关于农民工政治境遇的研究

相关研究指出，农民工在政治境遇方面主要表现为一些政治权利难以行使。"由于我国公民政治权利的行使必须按照户籍登记来进行，对于不具备城市户口的农民工，这一权利根本不可能在居住地即城市行使。农民工从离开故土的那一刻起，实际上就被迫放弃了选举权和被选举权，数以亿计的农民工几乎哑言，没有了自己的声音。"②

当然，也有学者也从农民工角度指出了农民工自身公民意识方面存在的问题，"农民工遭遇到公民意识的诘难，即存在着与现代化、工业化和城市化发展要求不尽一致的诸多公民意识问题，主要表现为主体意识不足，权益意识不强，责任意识不强"。③

总之，农民工的政治境遇是不佳的，而且处于一种"集体漠然"的状态，农民工自身公民意识不足，也不太关心政治权利的拥有和行使，社会方面也基本"无视"农民工这方面的权利和需求。

---

① 陆益龙：《户籍制度——控制与社会差别》，商务印书馆2003年版，第52页。
② 迟淑清、张丽宏、李健：《农民工的生存状况及其制度体制原因分析》，《职业技术》2006年第12期，第231页。
③ 郭文亮、汪勇：《公民意识诘难青年农民工及其培养刍议》，《大连理工大学学报》（社会科学版）2008年第1期，第48页。

(2) 关于农民工经济境遇的研究

农民工的经济境遇是农民工总体生存境遇的缩影,也正是由于经济的决定作用,使得农民工的总体境遇较差。其经济境遇主要表现在工作方面,如工作时间长、工作环境差、工作保障少、工资水平低等,总体而言,经济地位较低。"劳动权利和经济权利是农民工生存的最基本的保障条件,但却不能得到有效的保障。在城市务工农民工与城市正式职工相比,获得的是'同工不同酬'、'同工不同时'、'同工不同权'的地位。即使如此,农民工少得可怜的工资却还经常被大量的拖欠,甚至被恶意地克扣。付出劳动获得报酬这一最为简单的社会'游戏规则'竟成为每年年底的'浩大工程',更有一些企业前清后欠恶性循环,迫使农民工不得不用生命呼喊:给我血汗钱。"[①]

另外,绝大多数的农民工社会保障权缺失。农民工因为户籍和临时工的身份问题,基本上不能享受到应有的诸如失业保险、最低生活保障、医疗保险、养老保险等社会保障权,严重损害了农民工的应有权益。农民工的休息权经常受到侵害。据统计,农民工基本没有节假日,每天平均工作时间12小时,甚至更长。相当一部分用人单位不按规定给农民工支付加班工资或少给加班费,对农民进行超经济剥削。[②]也有学者尖锐地指出农民工在带给城市面貌发生极大改变、促进城市GDP大幅增长的同时,在现实生活方面与城镇居民的差距却越来越大,"工资偏低:雇主可以随意雇佣或者解聘民工,长期被雇佣的农民工每月只有几百元的工资,随着国家公务员和事业单位系统的逐年提薪以及物价的上涨,实际工资是下降的;普遍强制超时劳动:据调查,农民工每月只有一两天不扣工资的休息日,而且一天劳动多在12小时以上,一旦工程进度需要,绝大多数被强制超时劳动;劳动环境和劳动保护差:许多房屋建筑工、装修工、油漆工长时间在对

---

① 蔡建文:《同在蓝天下——中国农民工生存纪实》,《记者观察》2005年第2期,第14—15页。

② 迟淑清、张丽宏、李健:《农民工的生存状况及其制度体制原因分析》,《职业技术》2006年第12期,第231页。

身体有害的粉尘或甲醛环境中,没有起码的劳动保护监督,身体受到严重伤害"。①总之,农民工的就业生态位,主要表现出两大特征:就业在低层次传统劳动力市场,以从事制造加工业和建筑施工业为主;从事职种以脏、累、苦、险和收入低为主要特点。②农民工所能进入的,是那种收入低、工作环境差、待遇差、福利低劣的次属劳动力市场。劳动力市场的分割造成了农民工在城市就业的弱势和生存状况的边缘化。③

(3) 关于农民工文化境遇的研究

相关研究认为,农民工在文化境遇方面,主要表现为精神文化生活较为贫乏、单调。

首先,农民工的教育权利较难实现。教育权利是公民掌握一定生产技术和知识水平,谋取生存发展的必要条件。农民工本来文化水平就比较低,技术技能缺乏,在城市就业中处于不利的地位,但城市的职工培训计划却把他们排除在外,尽管近两年来在部分城市地区启动了对农民工的技能培训计划,但相对数量庞大的农民工需求来说,仅是杯水车薪。"他们处在中国社会转型的特定时期,立足于乡村文化向都市文化迈进的前沿。他们在城市文明的洗礼下接受新的价值观的冲击,在痛苦的蜕变中实现着人格的转换。"④

其次,农民工的文化娱乐活动也较为单调。"农民工可消费的文化娱乐活动主要有聊天、逛街、打扑克、看电视、发短信等。他们只能满足生存生理需要,对安全安定需要的满足程度亦较低,而对社交和爱情的需要、自尊与受人尊重的需要、自我实现的需要的满足程度

---

① 李琳:《农民工生存现状与和谐城市构建》,《成都大学学报》(社会科学版) 2007年第3期,第29—30页。

② 王桂新、张得志:《上海外来人口生存状态与社会融合研究》,《市场与人口分析》2006年第5期,第6—8页。

③ 杨云彦:《农民工一个跨越城乡的新兴群体》,《人口研究》2005年第4期,第37页。

④ 张向东:《农民工社会心理分析与素质提升》,《中国市场》2006年第31期,第65页。

则更低了。"①

（4）关于农民工生活境遇的研究

相关研究对农民工的生活境遇主要是从农民工的衣、食、住、行等方面进行的。有研究指出，"为了挣钱，同时又为了省钱，在衣食住行方面，农民工大做'节约'文章。从衣的方面看，农民工穿得很破、很脏，宁可一双旧皮鞋，在工作时磨得脚上起泡、淌血、流脓，也要等到春节回家，才添置新衣；从吃的方面看，他们吃得也很差，吃的是最便宜的菜，有时雇主还会故意把馒头做酸，因为这样一来，会让农民工少吃一些"。②从住的方面看，"全国总工会的另一份报告中则指出，当前农民工的生活、生产条件都相当差，多数用工单位为农民工提供的住宿条件拥挤、脏乱、不通风，根本达不到有关法律和规定的要求"。③从行的方面看，"出门乘车，上厕所交费，还有那些不欢迎他们光临的场所带给的冷遇，使他们对出行基本上望而却步"。④

总之，从他们的消费情况看，据了解，大部分农民工的精神文化类享受和发展性消费贫乏，对温饱需求以外的东西极少涉及，消费方式单调而又高度同质，除了做工时间便是吃饭、休息、睡觉。⑤

3. 关于农民工发展趋向的研究

这方面的研究主要是在农民工由来、现状的基础上展开的，也是研究对策中建构的主要方向。农民工的最终发展趋向是"终结"，具体表现为促进农民工"市民化"，实现就业迁移为"迁徙"。对于农民工的最终走向，学者们的判断基本是一致的。即农民工作为中国社

---

① 宗成峰、朱启臻：《农民工生存状况实证分析——对南昌市897位样本农民工的调查与分析》，《中国农村观察》2007年第1期，第51页。

② 周军：《农民工生存状况透视》，《政府法制》2005年第1期，第16页。

③ 蔡建文：《同在蓝天下——中国农民工生存纪实》，《记者观察》2005年第2期，第14页。

④ 周军：《农民工生存状况透视》，《政府法制》2005年第1期，第16页。

⑤ 唐土红、林楠：《边缘化与城市化——外来工的现代境遇与现代性进路》，《求实》2006年第1期，第47页。

会转型推进到一定历史阶段的产物,从现实角度看,由于城乡之间的差别不可能在短期内迅速消失,农民工阶层将在一定时期内存在;从长远角度看,随着中国改革与发展进入整体性推进阶段,农民工作为一个阶层最终将不复存在。[①]关于这个群体的发展方向,有学者指出,城市农民工作为个人存在重新回到农村的可能性,而且这种从城市农民工到农民的回归要经历许多次反复,但是城市农民工作为一个整体已经不同于在农村务农的农民,已不可能再回到农村务农,恰恰相反,他们从农民中分化出来,而且这种分化会越来越多,并必然要朝着完全的工人方向转变。[②]

近年来,我国关于户籍制度改革的呼声渐高,改革活动异常活跃,如有石家庄、宁波、常州、郑州、广州、深圳等,在不同程度上,放宽了常住人口的准入条件,有的甚至取消了城市户籍和农村户籍的分割。而且,党的十八大报告指出,在今后的工作中要"加快改革户籍制度,有序推进农业转移人口市民化,努力实现城镇基本公共服务常住人口全覆盖"[③]。2014年7月30日《国务院关于进一步推进户籍制度改革的意见》提出,2020年努力实现1亿左右农业转移人口和其他常住人口在城镇落户,取消农业户口与非农业户口性质区分。[④]可见,国家、社会已经在采取得力措施改变这一问题,相信随着改革的深入和社会经济条件的成熟,加之农民工个人自身的努力,农民工这一问题终会得到解决,"农民工"将为成为历史现象和历史名词。

综上所述,目前学术界对农民工的研究已经从社会学扩展到人口学、经济学、教育学等领域,多学科力量的交叉联合必将推动这项研

---

① 刘祖云:《农民工转型中的中国社会的特殊阶层》,《江汉论坛》2006年第1期,第132页。

② 刘应杰:《中国城乡关系与中国农民工人》,中国社会科学出版社2000年版,第254页。

③ 新京报:《十八大报告不再用农民工称呼改称农业转移人口》,2012年10月,腾讯新闻(http://news.qq.com/a/20121110/000039.htm)。

④ 意见原文见http://he.people.com.cn/n/2014/0730/c192235 - 21826014.html。

究的深入。不同学科的学者们从各自学科的理论视角出发，从不同的方面研究了农民工现象，形成了多角度、多层次、多方面的成果，这为本书的研究奠定了良好的基础。但与此同时，也可发现以往研究中将农民工的生存境遇与学习行为联系起来的直接研究却非常少。因此，本书将研究农民工特定生存境遇下的学习行为。另外，以往研究多以问卷调查法（少量的辅以访谈法）展现农民工的生存状况，而本书拟在研究方法方面有所突破，将主要运用质性研究方法，通过农民工"现身说法"的角度"深描"农民工的生存境遇及其学习行为。

（二）关于农民工教育培训方面的研究

1. 关于农民工教育培训必要性的研究

（1）农民工自身发展的需要

已有研究认为，农民工接受教育培训的必要性首先来自农民工自身素质不足，难以适应城市工作的要求。据调查，农民工进城找工作，因为没有技术而被用人单位拒绝的占 57.8%，因为学历层次低被拒绝的占 51.4%。截至 2004 年年底，我国农村剩余劳动力大约有 1.5 亿人，每年有 600 多万的新增劳动力，其中接受专业技能培训者仅占 9.1%。以上状况的直接后果是：造成了输出地农村大量富余劳动力无法实现充分转移或转移后无法充分就业，输入地有许多职位缺乏就业人员和出现"民工荒"这样一种矛盾的现象。农村劳动力的素质问题，已成为农村剩余劳动力有效转移的制约因素，加强农民工的教育和培训已成为当务之急。[①]农民工进入城市以后，其就业岗位和生活的改变使农民工面临的困境，折射出其先前的教育并不能满足目前的文化和技能水平的要求。在规范的劳动力市场中，受教育程度和工资水平的正相关关系也在一定程度上促生了农民工对教育培训的需求。[②]据调查表明，农民工的收入与自身的

---

① 沈年耀：《农民工教育培训的现状及对策》，《孝感学院学报》2007 年第 5 期，第 91 页。

② 刘青秀：《从农民外出务工看中国农村教育》，《开放教育研究》2002 年第 4 期，第 50 页。

文化水平和专业技能成正比,具有高中文化的农民工与小学和小学以下文化程度的农民工相比,平均收入高9%,拥有专门技术的农民工的收入比没有技术的高16.5%,受过技术培训的农民工比没有受过培训的收入高7.5%。因而搞好农民工教育培训,在拓宽农民工就业领域、增加农民工收入,并最终解决"三农"问题上具有举足轻重的作用。①

(2) 经济社会发展的需要

农民工培训的必要性和迫切性更多地是来自社会经济发展的需要。一是工业化、城市化发展的需要。工业化、城市化进程导致了农业部门大量剩余劳动力向非农部门转移和再配置。这一时期的劳动力资源配置非均衡状态的表现即是大量农民工的出现,而他们的文化素质和职业技能是与经济发展不相适应的。二是实现经济增长方式转变的需要。经济增长方式转变最突出的特征之一就是人力资源在经济增长中的贡献率和投资回报率都远远大于物质资本。加大农民工教育的力度是增加我国人力资本的重要途径。三是满足知识经济时代的需要。知识经济时代最重要的资源是知识和技能。在知识经济时代激烈的竞争中,保持产品和企业竞争力最重要的一条是提高从业人员的科学文化素质。②相关统计表明,劳动力受教育的平均时间增加一年,GDP就会增加9%,可见劳动者受教育水平的提升可以大大促进其创造社会财富的速度。解决社会和经济发展对农民工提出的更高素质的要求与他们自身素质较低下两者之间的矛盾,最行之有效的途径就是加强农民工教育培训。③

2. 关于农民工教育培训现状的研究

关于目前农民工教育培训的现状,研究者主要从教育培训机制、

---

① 沈年耀:《农民工教育培训的现状及对策》,《孝感学院学报》2007年第5期,第94页。

② 赵本涛、肖泽群:《农民工培训:我国人力资源开发的重大问题》,《淮北煤炭师范学院学报》2004年第8期,第72页。

③ 刘立宏:《从强化农民工教育培训入手加速农村人力资源开发》,《辽宁行政学院学报》2004年第4期,第119页。

教育培训内容、教育培训方法、教育培训效果等角度进行研究，多角度的反思、回顾，有利于农民工教育培训的深入开展。有学者概述了目前农民工教育与培训的现实境况：教育实践漂移；政策缺失与体制乏力；学界失语；社会流动机制规陈弊积；农民工自身教育上的"先天不足"与"后天残缺"；农民工群体弱势化导致自身话语权缺失。①概括而言，相关研究成果主要有以下几方面：

（1）教育培训机制：没有统一的组织机构及配套机制

有学者从认识、机制、政策三方面分析了农民工培训的制约性因素。首先，是农民工自身和政府对农民工培训工作在认识上的不到位，农民工更倾向于选择即时工作维持生活，而不愿意承担培训费用；政府则对农民工培训工作没有给予足够的重视和财政支持。其次，是各地方政府正处于落实中央政策、制定和实施本地政策的初始阶段，工作机制有待进一步完善；对农民工、用人单位、培训机构参与农民工培训的激励功能不强。再次，是尚未形成合理的、多元化的资金投入机制。②就行政管理而言，农村劳动力培训和就业涉及多个行业和部门，需要有关行业和部门之间密切配合。但实际上，组织管理还未理顺，与此相关的部门之间缺乏沟通，配合力差，还没建立起管理、培训、指导、服务等功能协调的专门机构。结果导致对农民的培训各自为政，一盘散沙，多头管理，盲目性、无序性非常突出。③

此外，对农民工开展培训尽管从理论上讲城乡都有义务，但在农村人眼里这不属于农村的责任，在城里人眼里也不是城市人的义务，因为农民工对于农村而言属于精英群体，农村关注的多是他们给农村带来的经济回报；在城市，城里人从来没有把农民工当作城市的一分子，况且目前城市人自身问题多且自顾不暇，也不会把多余的精力和

---

① 李亚芹、凌云、张新民：《边缘化危机：农民工教育与培训的现实境况分析》，《职教通讯》2007 年第 1 期，第 10—11 页。

② 马桂萍：《农民工培训的制约因素及突破思路》，《高等农业教育》2004 年第 11 期，第 88—89 页。

③ 沈年耀：《农民工教育培训的现状及对策》，《孝感学院学报》2007 年第 5 期，第 92 页。

心思放在这些城市的"临时工"或者说"编外人"身上。①

（2）教育培训内容、方法：未能切合农民工特点及需求

农民工教育培训现状的第二个特点是其教育培训内容、方法未能切合农民工的特点及需求。从培训内容来看，培训内容与就业脱节的情况比较严重。许多培训学校在对农民工进行培训时，一是不考虑农民工的文化基础，不管农民工能否听懂；二是培训内容落后于市场需求，不考虑农民工参与培训后所学技能是否为社会急需；三是忽视相应的文化及思想观念的培训。②从培训方法看，重文化知识教学，轻职业技能教学；重课堂系统理论讲解，轻实际操作演练；培训时间和培训地点安排不合理。现在的培训往往是集中进行的，时间较长，而且时间和地点也是由培训机构根据自己的实际、方便来安排的，这往往给农民工造成一定的麻烦。③

（3）教育培训效果：不理想

有研究指出，农民工教育培训的效果不甚理想。农民工职业技能培训机制不健全，培训资源利用率低，培训工作管理比较松散，不能很好借助社会培训力量开展职业技能培训，培训内容随意性也比较大，如礼仪、普通话、法律辅以行为规范、价值观念、文化休闲等教育都难以涉及，从而使培训质量不能适应当前市场的需求。政府相应的就业服务体系不健全。由于缺乏必要的职业指导和就业服务，农村劳动力转移带有很大的自发性和盲目性。④

总体来看，我国农村劳动力转移培训还处于起步阶段，培训规模偏小，培训率不高，工作进展很不平衡。在思想观念、政策措施、就

---

① 李亚芹、凌云、张新民：《边缘化危机：农民工教育与培训的现实境况分析》，《职教通讯》2007年第1期，第11页。

② 沈年耀：《农民工教育培训的现状及对策》，《孝感学院学报》2007年第5期，第92—93页。

③ 高存艳：《农民工培训模式应"短、平、快"》，《职教论坛》2004年第16期，第32—33页。

④ 薳敬恪：《农村剩余劳动力转移培训与职业教育的发展》，《农业与技术》2005年第10期，第34页。

业服务、教学工作等方面与实现农业现代化和新农村建设的客观要求不相适应，还存在诸多问题。

3. 关于农民工教育培训发展策略的研究

概括而言，目前关于农民工教育培训对策的研究成果主要有以下几方面：

（1）建立农民工教育培训的专门机构

有研究认为，一个强有力的培训管理机构以及一套科学的培训管理机制，是搞好农民工教育与培训的组织保证，因此，必须建立专门的培训机构，具体负责农村剩余劳动力的转移培训，克服过去那种政出多门、分散重复、效率低下的培训方式。同时，建立农民工培训激励机制，在发挥政府主办的各类学校在农民工培训中的主渠道作用的过程中，鼓励和支持社会力量尤其是具有特色的民办机构开展农民工培训。①

同时，也有研究者认为，要引入市场竞争机制，努力形成政府买单、培训机构自由竞争、农民工自主选择培训点和培训内容的格局。在方法上，可以由政府按培训项目的不同给农民工核发培训券（代金券），由有关部门审定合格的培训机构，根据业已确定的培训内容组织培训，培训机构除向农民工收取培训券外不再另外收取现金，由政府或政府委托的检查验收机构对参训农民工验收合格后，培训机构统一到政府指定机构结算，形成培训、验收分离的格局。②

（2）开展适合农民工特点的形式多样的教育和培训

有研究指出，要开展适合农民工特点的教育培训。要经常开展市场调查，加大宣传力度，增强农民工教育与培训内容的针对性和实效性。一要以农民工的现有文化知识水平为基础，对他们进行学历补偿教育，逐渐提高农民工的知识水平和城市生活适应能力，拓展其生活空间。二要以农民工的现有技术水平为起点，充分考虑个人职业倾向，提高农民工个体参与培训的兴趣及实际就业能力，扩大农民工就业择业范围。三要根据农民工流动性强、闲暇时间少等特点，充分利

---

① 沈年耀：《农民工教育培训的现状及对策》，《孝感学院学报》2007年第5期，第93页。
② 游清泉：《农民工教育培训鼓与呼》，《中国远程教育》2004年第4期，第71页。

用一切可能条件，通过灵活多样、形态各异的教学培训形式，就近开展便捷式培训活动。四要以市场需求为导向，以培养农民工实际工作岗位所需要的技术为目标，教学过程尽量做到实践性强，直观并且浅显易懂，尽量实现即学即用、活学活用。①

另有学者指出，可采用多种多样的教育模式开展农民工教育培训，如"富平模式、MES 模式、订单加定向式教育模式、补偿教育模式、多元教育模式、平民教育模式、终身教育模式"等。②

（3）通过法律和监督机制确保农民工教育培训的规范和质量

有研究认为，要想真正落实农民工教育培训，首先，必须建立有效的教育培训运行及经费保障机制，并对其进行有效监督。如：聘请专家统筹农民工教育培训，指导和制订培训计划，监督考核目标任务和工作进度；制定相应的政策法规，保障基础培训费用的投入及落实，并对其进行跟踪监督，以确保农民工基本就业培训权利的真正实施；及时提供咨询中介服务及职业需求信息，扶持那些无力承担教育费用的农民工参加培训，激励支持对农民工进行连续培训的用人企业；等等。③其次，要设置农民工教育服务供给的质量标准，对服务进行全面质量管理。通过全面质量管理，多机构合作提供的农民工教育培训的质量才有可能既满足农民工对教育服务的要求，也满足企业和社会对人才质量的要求。④

综上所述，主要总结了农民工教育培训方面的研究成果。此类研究既指出了开展农民工教育培训的必要性、重要性，分析了目前农民工教育培训的现状及存在的问题，又从各个层面和维度提出了诸多建议，对促进农民工教育培训实践的健康发展大有裨益。但也不难发现，这些研究主要是从施教者、管理者、"局外人"的角度进行建构

---

① 金崇芳：《农民工教育培训的社会学分析》，《理论导刊》2008 年第 5 期，第 69—72 页。
② 谢建设、黎明泽：《农民工教育研究综述》，《学习与实践》2007 年第 4 期，第 27—28 页。
③ 金崇芳：《农民工教育培训的社会学分析》，《理论导刊》2008 年第 5 期，第 69 页。
④ 寿钰婷：《论农民工教育服务的多边合作供给制——基于制度变迁理论的分析》，《职业技术教育》2007 年第 13 期，第 65 页。

的，而从农民工自身作为学习者、"局内人"的角度展开研究的非常少，这一方面需要加强。

二 青年农民工研究综述

从笔者已经查到的资料来看，目前关于我国农民工的研究相当多，而对青年农民工的研究则较少。若以题名"青年农民工"搜索（其他搜索条件同"农民工"），发现相关记录只有"95"条。下面总结一下国内关于青年农民工的研究状况，其研究大致可以概括为以下几方面：

（一）关于青年农民工的总体研究

关于青年农民工的研究可分为有关青年农民工的总体研究和分化研究，其总体研究主要是展现这个群体的生存、就业、社会适应、教育培训等情况，对其发展提出针对性的建议或对策。概而言之，青年农民工在居住条件、物质生活、社会交往等方面都居于弱势，处于"边缘人"的地位。如苏玫瑰、徐晓军从青年农民工的工作与发展机会、经济收入、生活状况、心理状况、权利保障情况、社会交往状况、城市认同感及职业发展规划等方面描述了青年农民工的城市发展现状。[①]

再如，吴鲁平等将当前城市青年农民工的总体弱势特征概括为四个方面："一是遭遇到城市社会难以改变的偏见和歧视；二是受到经济排斥，就业状态堪忧；三是面临社会排斥，合法权益受侵害现象比较严重；四是受到文化排斥，处于城市社会的文化边缘，经历着较大的文化冲突。"并指出，面对弱势和无助，青年农民工改变弱势地位的方式往往有两种，一种是内部依赖，即由弱势性所带来的团体意识与组织体系；另一种则是较为极端的方式即犯罪。[②]

（二）关于青年农民工的分化研究

有关青年农民工的分化研究主要可分为青年农民工的政治参与、经

[①] 苏玫瑰、徐晓军：《青年农民工城市发展现状分析及启示——以武汉市7个主城区的问卷调查为例》，《青年探索》2007年第5期，第37—40页。

[②] 吴鲁平、俞晓程、闫晓鹏、郑丹娘：《城市青年农民工的弱势特征及其后果——对1997—2002年43篇学术论文的文献综述》，《中国青年研究》2004年第9期，第7—21页。

济状况、文化素质、社会适应、教育培训等几个维度,下面分述之:

1. 关于政治参与及社会地位的研究

这类研究主要从政治参与等角度阐明青年农民工在政治方面特别是社会地位方面的弱势特征。学者陈赵阳从政治参与的认知、情感、动机和态度四方面,对青年农民工的政治参与心理状态进行了研究。[1] 郭文亮、汪勇认为,"青年农民工遭遇到公民意识的诘难,即存在着与现代化、工业化和城市化发展要求不尽一致的诸多公民意识问题,主要表现为主体意识不足,权益意识不强,责任意识不强"。并探讨了影响青年农民工公民意识存在的问题及不良因素,指出采取相应措施给予其培养具有相当的现实意义。[2]

2. 关于经济状况及经济地位的研究

这类研究主要从青年农民工的就业渠道、就业特征、工资、福利等方面展开,揭示了青年农民工的经济弱势处境。有学者指出,"青年农民工就业的次要劳动力市场具有两大特点:劳动力供给的长期相对过剩和劳动力的需求垄断,这两个特点决定了工资的市场定价机制必然使青年农民工工资低于劳动力价格,导致劳动力的简单再生产和劳资关系的紧张。要解决这个问题,必须进行一系列'面对市场'的改革"。[3] 也有研究者如彭国胜通过对湖南省长沙市301名青年农民工的调查,表明青年农民工在经济资源、组织资源、文化资源等方面处于相对贫乏状态,在社会职业地位等级上处于较低层次。并认为人力资本偏低和社会制度缺陷,是导致青年农民工就业质量偏低的重要原因。[4]

---

[1] 陈赵阳:《当代青年农民工政治参与心理研究——对福州市区青年农民工的调查与分析》,《青年研究》2007年第4期,第30—33页。

[2] 郭文亮、汪勇:《公民意识诘难青年农民工及其培养刍议》,《大连理工大学学报》(社会科学版)2008年第1期,第78—80页。

[3] 刘帆:《青年农民工低工资问题研究》,《当代青年研究》2006年第3期,第37—41页。

[4] 彭国胜:《青年农民工的就业质量及影响因素研究——基于湖南省长沙市的实证调查》,《青年探索》2008年第2期,第11—17页。

3. 关于文化素质及心理特点的研究

相关研究描述了青年农民工的总体文化素质状况，并揭示了他们的心理需求及特点，特别是其"边际人格"特征。有学者集中概括了当代青年农民工的文化素质状况，如学者王琳、吴清军、夏国锋通过对青年农民工文化生活的实态及其所具有的潜在文化消费能力的差异性这一维度的考察，认为在企业和政府文化服务或设施总体供给不足的情况下，青年农民工文化生活水平整体不足。并对这种整体不足现象进行经验性研究分析，提出了解决目前青年农民工文化生活现状的几点相关建议。[①]又如，何雪松、陈蓓丽、刘东基于对195名青年农民工的调查发现，这个群体承受着较大的压力，心理健康状况不佳，对现行管理体制不满。论文建议成立相应的社会服务机构提供适当的支持服务以回应青年农民工的需求。[②]再如，傅慧芳指出，目前农民工内部已出现代际分化和更替，当代青年农民工在思想认同、价值观上矛盾性更突出，心理不平衡感较大，描述了青年农民工在价值目标、价值信念、价值认知上的矛盾和困惑，分析了他们价值观矛盾形成的内外因素，并在此基础上提出了帮助青年农民工实现价值观正向转型的措施和对策。[③]

4. 关于社会化及市民化的研究

此类研究较多，主要涉及青年农民工的城市适应、市民化历程、社会保障维权、人际交往、婚恋、"失范"等社会学方面的内容。

关于青年农民工城市融入的研究，相关研究普遍认为，青年农民工既渴望融入城市，但由于客观条件的限制及自身的差距又往往使得他们难以实现愿望。有学者研究了青年农民工的城市适应状况，指出，青年农民工适应城市的实践受到乡土世界、想象世界、城市世界

---

① 王琳、吴清军、夏国锋：《我国青年农民工文化生活现状的调查研究》，《四川职业技术学院学报》2006年第3期，第6—9页。

② 何雪松、陈蓓丽、刘东：《上海青年农民工的压力与心理健康研究》，《当代青年研究》2006年第11期，第22—25页。

③ 傅慧芳：《青年农民工价值观的矛盾透析》，《福建师范大学学报》（哲学社会科学版）2006年第2期；第44—49页。

和实践世界交互作用的影响，其形态和逻辑被四个世界形塑。他们的行为和价值观都是其实践世界之社会与人际关系结构的直接反映。他们通过实践性惯习的生产与再生产方式，来寻求一种界定并表达自身身份的社会适应性。这足以使他们应付城市的一般生活，并不一定需要获得现代性来适应城市。乡土性在他们的生活中仍然发挥着较大的路径依赖作用，获得一些现代性特征并不意味着他们就能适应、融入城市。青年农民工实践世界里诸多冲突关系和限制因素直接导致他们难以适应和融入城市。[1]

另有学者研究了青年农民工的市民化历程，指出，在当代中国，随着工业化和城市化进程的加快，青年农民工市民化成为一种必然趋势。推进青年农民工市民化进程，可以从五个角度进行：一是在宏观制度上要消除歧视农民工的体制性障碍；二是各级政府要加大对公共政策的落实力度；三是用工单位要进一步增强社会责任感；四是城市社区要充分发挥接纳功能；五是青年农民工要不断提高自身素质。[2]

关于青年农民工的社会保障维权的研究也较多，如李嘉惠、吕红基于对唐山市采煤业青年农民工的调查，认为，青年农民工自身的维权意识较以前有了提高，指出青年农民工将成为社会保障系统的新成员，提出要树立"以人为本"的理念，努力提高青年农民工的社会保障。[3]李薇莉、魏宏纯认为青年农民工权益得不到保障主要体现在有劳动无关系、同工不同酬、工资拖欠或克扣严重、社会保障不到位、工作环境差和劳动保护缺失、群体被边缘化六个方面。要解决此问题，抓住机遇是重点、抓好源头参与是关键，抓好组建

---

[1] 符平：《青年农民工的城市适应：实践社会学研究的发现》，《社会》2006年第2期，第136—157页。

[2] 胡献忠：《促进青年农民工市民化的对策分析》，《四川行政学院学报》2008年第3期，第71—73页。

[3] 李嘉惠、吕红：《青年农民工自身权益的维护与社会保障——对唐山市采煤业青年农民工的调查》，《唐山学院学报》2008年第2期，第97—100页。

是基础,抓好机制建设是根本,抓好监督是保证,抓好培训是职责。①

关于青年农民工人际交往方面的研究认为,青年农民工由于经济地位、思维方式、文化素质性差异,使得他们难以与城里人进行全面的人际交往、社会互动。如朱考金、刘瑞清通过问卷调查对青年农民工在进入城市及在具体的城市生活过程中所依赖的社会支持网进行分析,展现了青年农民工的人际交往特征,指出了青年农民工群体的正式社会支持网及非正式社会支持网的特点,并分析了二者与青年农民工群体能否实现城市融入间的关系。②

关于青年农民工的婚恋的研究,主要从青年农民工的婚恋态度、择偶选择、生育观等角度展开。有学者以青年农民工的爱情故事为研究个案,采用深度访谈的方法,描述、分析和解释了转型期青年农民工在婚恋问题上的观念、行为及其作用机制,指出了他们婚恋观念和行为是由"双重边缘人"身份所决定的社会事实。③

关于青年农民工犯罪、"失范"等问题化行为的研究也较多,这类研究既描述了青年农民工失范行为的表现,又揭示了造成其犯罪等"失范"行为的深层心理机制。有学者指出,随着社会主义市场经济体制的逐步确立,城乡交流日益频密,越来越多的农村青年进城务工,这一群体具有较高的社会活动能量,他们在给城市带来巨大发展的同时,也引发了一些社会问题,如青年农民工的越轨问题。该研究从社会体制结构及群体心理这两个维度对青年农民工的越轨心理进行路径分析,认为:"体制隔离造成的边缘化地位导致青年农民工'身份认同的混乱';社会资本占有量的落差致使相对

---

① 李薇莉、魏宏纯:《论青年农民工群体权益的维护》,《党政干部学刊》2007年第3期,第34—35页。

② 朱考金、刘瑞清:《青年农民工的社会支持网与城市融入研究——以南京市为例》,《青年研究》2007年第8期,第9—12页。

③ 贺飞:《转型期青年农民工婚恋观念和行为的社会学分析》,《青年研究》2007年第4期,第42—48页。

剥夺感增强和放大；制度上的保障缺位引发青年农民工的'自我拯救式越轨'心理。"① 另外，也有学者强调导致青年农民工极端化问题出现的原因主要有：青年农民工素质较低、主流社会的排斥与歧视、转型期市场经济的负面影响、同乡环境潜移默化的影响、两极分化的日益扩大所导致的相对剥夺感的产生、农村亚文化环境的非正确性引导等。②

5. 关于教育及培训的研究

综观青年农民工的总体研究状况，发现除了关于青年农民工社会学方面的研究较多以外，其教育、培训需求及现状方面的研究也颇多。相关研究主要从以下角度展开：

（1）关于青年农民工教育需求的研究。有学者指出，青年农民工是流动农民工的主力军之一，但青年农民工与第一代农民工相比出现了许多新特点，与城市居民相比又有其特殊性。青年农民工个体教育需求首先受其个体自身因素的影响，同时受特定社会历史条件影响。并且在分析这些影响因素的基础上，探讨了青年农民工教育需求的特殊性，如主观上有强烈的接受教育培训、学技术的愿望；职业准备性为主，具有明显的功利性；多层次、多样化的个体教育需求；具有一定的盲目性等。③

（2）关于青年农民工培训的研究。有学者首先分析了目前农民工转移就业现状，进而对青年农民工的培训需求进行了阐释，最后提出了构建青年农民工培训体系的策略性建议，包括协调整合农民工输入地与输出地的作用；加大财政支出对农民工培训的力度；引入市场运作模式，加强监管力度；重视对潜在农民工的教育投入；以素质为导

---

① 林敬平：《在生存与失范之间——青年农民工越轨心理的二维路径分析》，《青少年犯罪问题》2007年第3期，第9—11页。
② 姜华：《城市中的青年农民工极端化问题成因探析》，《山东省农业管理干部学院学报》2006年第6期，第19—21页。
③ 罗忆源：《青年农民工个体教育需求特点分析》，《成人教育》2008年第2期，第62—64页。

向，构建可持续发展的农民工培训体系等。①

（3）关于青年农民工运用信息资源能力的研究。如胡杨玲选择深圳特区625位青年农民工作为调查对象，探究了青年农民工对公共图书馆消费的状况及其影响因素，调查结果显示：性别、家庭规模、社会阶层、来深时间、月均支出以及单位性质是影响青年农民工公共图书馆消费水平的显著变量，并建议拆除制度门槛，将各级公共图书馆建设成"无门槛"的社会文化公益场所；加强开放性建设，将公共图书馆打造成"无围墙"大学，面向社会各阶层开放；重构公共图书馆服务理念，加大对读者服务的投入。②

以上主要从国内角度总结了目前关于青年农民工的研究，主要分为总体研究和分化研究两个方面。而分化研究又主要以青年农民工的政治、经济、文化、社会、教育等方面的特征和状况的研究为视角展开，并辅以实例代表性地呈现了相关研究的主要观点，以期为后续研究奠定基础。

（三）关于青年农民工生存境遇的研究

据笔者所查到的资料而言，关于"青年农民工生存境遇"方面有一些零星、散落的研究，但直接研究较少。从CNKI、万方、维普等数据库以题名为"青年农民工生存境遇"、时间为"1979—2008"年、匹配为"精确"、查询范围为全部搜索，发现相关记录只有2条，现将其主要研究成果概括如下。

第一条是符平的《漂泊与抗争：青年农民工的生存境遇》。该研究以田野调查资料为基础，分析了青年农民工生命历程中的"漂泊"特征及他们生存遭遇的抗争特点。他们有意或无意地表现出了超越自身先赋性社会地位的渴求，很难有落叶归根的打算和想法。尽管他们在努力避免复制父辈的生活方式，争取实现代际的向上层社会流动，

---

① 张三保：《构建可持续发展的青年农民工培训体系》，《中国培训》2007年第8期，第52—53页。

② 胡杨玲：《青年农民工公共图书馆消费的实证分析》，《图书馆学研究》2008年第4期，第82—86页。

但同时,他们在城市里又居无定所,漂泊变动,不过是"漂泊"在城市社会里游离的主体。权益遭到侵害时,他们有三种类型的抗争行动:忍气吞声(沉默)、向有关部门投诉、越轨和犯罪。其中的越轨和犯罪行为是他们改变弱势地位或控诉社会不公的一种极端方式。城乡二元结构、歧视性的制度和政策以及城市居民的文化排斥,无不容易让他们产生二等公民的体验和认知。①

第二条是吴洪富的《青年农民工的生存境遇与教育诉求》。主要涉及如下内容:

(1)城市边缘人。青年农民工群体通常在非正规部门或正规部门的非正规岗位就业,因而工作状态十分不稳定。其工作性质多为劳动密集型,技术含量往往很低,收入来源单一且薪水很低,而且不享受正规部门的社会保障。由于社会地位和收入水平低下,他们的自尊心和自信心普遍偏低,他们既渴望拥有自尊和自信,又不得不选择忍耐和包容。他们更缺乏对城市政治决策的参与机会,也本能地排斥参与的可能性。可以说,青年农民工是城市的边缘人群。

(2)乡村浪子。青年农民工进入城市,每天感受的、参与的是一种完全不同于以往在农村生活时的文化氛围,这种巨大的"文化震荡"让他们不知所措,而又无法抗拒,从而对传统的生活方式和价值观进行消解或解构。②青年农民工,具有了一定的城市性,但又不能完全融入城市生活;具有乡村性的底色,但又不愿回归农村,他们是漂泊的群体。

三 "生存境遇与学习行为"研究综述

至于将"生存境遇"与"学习(行为)"联系起来进行的研究也不多,下面对其较有代表性的成果进行一下介绍:

---

① 符平:《漂泊与抗争:青年农民工的生存境遇》,《调研世界》2006年第9期,第20—23页。

② 吴洪富:《青年农民工的生存境遇与教育诉求》,《成人教育》2007年第7期,第80—81页。

其中一篇是应方淦的《成人生存境遇与学习——基于余力理论的解读》，文章认为，生存境遇既是成人个体得到尊重、爱戴和保护的源泉，也是产生紧张、压力、冲突和挫折的根源，它直接影响着成人个体精神家园的构建，并无时无刻不在谋划与约定着成人个体行为的选择和实施。该研究介绍了余力理论，并认为成人生活的负担和能量共同影响着成人的学习需求水平、意义认知和价值取向，借助余力理论对于成人生活分析结果所展示的其实就是成人个体所处的真实生存境遇，以此为基，可以对成人源于、寓于并指向于生存境遇的各种行为作出合理的分析和理解。[①]

另一篇是吴洪富的《青年农民工的生存境遇与教育诉求》，作者认为，近20年来，农民工作为一个新型群体在中国社会迅速崛起，青年农民工则是其主体。他们作为社会经济发展的一支生力军，为城市建设和我国经济发展作出了巨大的贡献，然而生存境遇却十分尴尬与艰难：步入城市，却不能融入城市被城市完全接受，沦为都市边缘人；回到乡村，却又发现难以忍受乡土生活，成为乡村浪子。教育部门要帮助青年农民工摆脱困境，或使他们市民化，或使他们转化为新型农民。[②]

由此可见，将"生存境遇"与"学习行为"联系起来的研究不多，而关于农民工特别是青年农民工的生存境遇与学习行为的研究就更少。基于此，本书将在这一方面作一尝试，探索青年农民工的生存境遇与学习行为。

第二节　国外研究综述

关于与本书课题相关的国外研究，主要集中在以下几个方面——

[①] 应方淦：《成人生存境遇与学习——基于余力理论的解读》，《中国成人教育》2007年第19期，第16—17页。

[②] 吴洪富：《青年农民工的生存境遇与教育诉求》，《成人教育》2007年第7期，第80—81页。

关于人口流动问题的研究、关于移民人力资本的研究、关于成人生存境遇的研究等方面，下面简而述之。

一 人口流动研究

国外学者对人口流动这一问题的研究各有侧重，主要集中于对人口流动、城市化和城乡关系以及地区发展差异等方面的研究。农民流入城市，作为人口流动的一个重要方面，它受到人口流动一般规律的制约。国外对人口流动的研究可归纳为五个方面[①]：

（一）关于人口流动规律的研究

近代以来，人口流动、人口迁移一直是与工业化、城市化联系在一起的。关于这方面最早的研究，见于英国学者雷文斯坦（E. Ravenstien）在1880年发表的一篇题为"人口迁移之规律"的论文。雷文斯坦提到了当时的流动主要是短距离的。对于人口迁移规律的研究还有一个很重要的观点，即美国社会学家齐普夫（G. K. Zipf）在一篇论文中提出的"P1P2/D假设"。该假设认为，人口迁移总是与流出地和流入地的人口数量成正比，而与流出地和流入地的距离成反比。用公式表示即 $M = P1P2/D$ （人口迁移 P1：流出地人口；P2：流入地人口；M：流出地与流入地之间的距离。）针对齐普夫强调距离的因素，斯托佛（S. Stouffer）在20世纪40年代提出，机会的因素对于流动人口更为重要，他提出了"工作机会"的概念，到了1960年，斯托佛又进一步发展了他的理论。他认为一个城市的机会总是有限的，为争夺有限的机会，流动人口之间就产生了竞争，这种竞争及其激烈程度也是影响流动人口的重要因素。

罗斯（A. M. Rose）1958年在《迁移的距离与移民的社会经济地位》一文中研究了流动距离与社会经济地位的关系。他提出了这样的假设，教育程度高的人比教育程度低的人流动的距离更远，这是因为，学历高的人比学历低的人能追求更好的工作与机会。

[①] 牟新云：《基于需要理论的进城农民工行为分析与管理研究》，博士学位论文，西南交通大学，2007年，第14—16页。

伯福德（R. L. Burford）在研究中，将距离的概念进一步扩大，他认为在决定迁移的因素中，心理的距离比地理上的距离更为重要。

格林伍德（M. Greenwood）在《家庭亲友关系对于不发达国家人口迁移的影响》一书中提出，同一地区先流出的人口及其流向对于后流出的人口会有重大影响。

（二）关于人口流动原因与动机的研究

在人口流动的原因与动机方面，最重要的理论是"推拉理论"。首先提出这一理论的是巴格内（D. J. Bagne），该理论见于他的《人口学原理》一书。巴格内认为，人口迁移的目的是为了改善生活条件，这样，流入地的那些使移民改善生活条件的因素就成为拉力，而流出地的那些不利的社会经济条件就成为推力。人口迁移的发生就是因为流出地的推力和流入地的拉力两种强力造成的。流动人口受到推拉因素的影响，实际上是一个复杂的过程。埃弗雷特·李（E. S. Lee，1966）在《移民人口学之理论》一文中对这个复杂的过程作了全面的分析。李将影响流动的因素分为三个方面：一是流出地的影响因素；二是中间障碍因素；三是流入地的影响因素。关于人口迁移原因的研究，赫尔（D. M. Heer）在《社会与人口》一书中作了归纳，主要包括经济原因、政治原因、气候与地理原因、婚姻原因。赫尔还认为，引起美国国内迁居的另一个最普遍的原因是为了寻求更宽敞的住房。

另外，国外分析城乡人口流动的经典模型是"刘易斯—费景汉—拉尼斯"模型和托达罗模型。威廉·刘易斯的"双元结构理论"被许多西方学者认为是解释第三世界国家发展过程的"普遍真理"。刘易斯研究的中心问题是不发达国家利用什么样的经济机制才能使国民经济结构从以仅能糊口的传统农业为主的社会转变为现代化、城市化、多样化的以制造业和服务业为主的社会。刘易斯由于这一研究而获得诺贝尔奖，他的"双元结构理论"后来经耶鲁大学的费景汉和拉尼斯等人的发展，被称为"刘易斯—费景汉—拉尼斯模式"。在刘易斯的双元结构模型中，农村剩余劳动力进城的经济动因是城乡之间存在的实际收入差距。工业部门高工资吸引了农业剩余劳动力，城市吸纳了农民。农民转变为市民是以城乡实际收入差距的存在为基础的。费景汉与拉尼斯对刘易斯模型进行了修正，认为农业生产率的提高而出现剩余农产品应是农业中的劳动力向工业流动的先决条件。但是他们仍然坚持了刘易斯的城乡实际收入差距是劳动力由农业向工业转移的经济动因的判断。迈克尔·P.托达罗在《经济发展与第三世界》一书中，依据发展中国家的经济现实，对"刘易斯—费景汉—拉尼斯"模式进行了批评，并建立了自己的以城乡预期收入差距为基础的人口流动模型。托达罗模型认为，尽管城市中失业现象十分严重，准备流向城市的人们还是可以作出合理的决策。决定他们流动的不是城乡现实的收入差距，而是准备流动的人口把农村的现得收入，与如果进入城市后找到工作的预期收入作比较后得出的结论。这就解释了为什么即使在城市存在失业的情况下，剩余劳动力的城乡移动依然会进行的现象。[①]

（三）关于人口流动差异因素的研究

关于人口流动差异的研究也称作"迁移选择理论"，即迁移是有选择性的，它只选择了一部分人而没有选择另一部分人。其实，在埃弗雷特·李的关于推力和拉力分析中，就已经提到了迁移选择理论问题。

（四）关于人口流动结果的研究

索瓦尼（N. V. Sovani）在1969年出版的《印度的人口问题》一书中，比较了发展中国家与发达国家人口流动的影响。哈撒韦（D. E. Hathaway）在《来自农业的移民历史的记录及其意义》一文中，研究了美国农村人口流往城市的历史。他认为，农村人口向城市的迁移不仅没有改善农村的相对落后地位，反而使这些地区变得更为落后，因为，有能力的人都迁移走了。康内尔（T. Conell）在1976年出版的《来自农村地区移民村庄研究之证据》一书中，研究了移民向流出地的汇款问题。甘古里（B. N. Ganguli）在1978年出版的《人口与发展》一书中，研究了作为移民结果的过度城市化问题。他

[①] 宋艳：《进城农民工弱势地位改变研究——政府人力资源管理的视角》，博士学位论文，吉林大学，2007年，第13页。

认为，在印度的很多大城市里，由于农村人口的大量涌入，使得劳动力的供给大大超过了对劳动力的需求。这样，原来的农村中的失业人口就转变为大量的城市中的失业人口。

（五）关于人口流动类型的研究

从文献上看，较早的人口流动类型的研究是由费尔柴尔德（H. P. Fairchaild）进行的。他在1925年发表的《从国外来的移民：一种世界性的运动及其在美国的意义》一书中，将人口流动分为入侵型的人口流动、征服型的人口流动、殖民化的人口流动以及流入型的和流出型的人口流动，等等。坎特（K. Kant）在1953年发表的《移民的分类及其问题》一文中，提出了完全不同的另一种分类。他将人口流动分为环游的人口流动、半游牧的人口流动、游牧的人口流动、季节型的人口流动，等等。乔治（P. George）在1970年发表的《根据移民的专业与构成对流动人口所作的分类》一文中，从移民发生的原因上对移民人口作了分类。彼得森（W. Peterson）在1958年发表的《移民的一般类型》一文中提出的分类是比较著名的，他还将移民分为五种类型，即初始型的移民、强迫型的移民、推动型的移民、自由型的移民和群体型的移民。库斯尼斯（L. Kosins）在1975年发表的《移动的人口：国际移民之研究》一书中，进一步发展了彼得森的分类，从多重角度作了分类。其他理论涉及流动人口的具体行为较少，这里不再赘述。[①]

二 移民人力资本研究

就笔者所掌握的资料而言，国外在移民研究中对人力资本问题非常关注。在国外有关移民经济地位获得的研究中，研究者们最早关注的问题多集中于移民的人力资本对其经济地位的决定性作用。人力资本理论的创始人之一——贝克尔提出，如果移民进入的是一个公开竞争的市场，则他们在迁入国的经济成就将主要取决于其人力资本。其

---

① 牟新云：《基于需要理论的进城农民工行为分析与管理研究》，博士学位论文，西南交通大学，2007年，第17页。

后，切茨维克和博加斯也将"人力资本"概念引入移民研究，用移民的教育水平、工作经验和其他劳动技能来代表他们的人力资本。切茨维克根据对美国外来移民的经验研究发现，移民在美国居留时间越长，就越有可能积累相关的劳动经验、语言能力等人力资本，从而更有可能获得经济成功。切茨维克同时认为，移民在新环境中面临的最重要问题之一是如何将在原住国获得的人力资本转化为移居国可用的人力资本。这实际上是一种重新学习和适应的过程。[①]

也有研究认为，在国外的移民研究中，研究者都强调移民在原住国获得的人力资本到了他们所移民的国家之后都需要经过"转化"才能发挥作用，这实际上是一种重新学习和适应的过程。这一点对于中国的农民工同样是适用的。尽管他们不需要重新学习语言和文化，但他们也面临着如何适应新的工作环境并在新环境中充分发挥自身能力的问题。[②]

三 成人生存境遇研究

关于成人的生存境遇，不同的视角和维度有着不同的解读。国外对此也展开了一定的理论研究，如美国密歇根大学的麦克鲁斯基（Howard Yale Mc Clusky，1900—1982）教授援引"余力"（Margin）概念来衡量成人的生存境遇。认为，决定余力大小的，乃是构成成人生存境遇的两大要素，即生活中所承受的"各种负担"（Load）和所拥有的用以消解这些负担的"能量"（Power）。麦克鲁斯基用两者之间的比率来加以形象地表述：余力［M］＝负担［L］／能量［P］。随着年龄的增长，面对人生历程中不断出现的变化、发展和整合等课题，成人需要不断地努力以保持自身最低水平的自主并逐渐提升自主水平，由此便会产生一些自我和社会需求，这些需求构成了麦克鲁斯

[①] 宋艳:《进城农民工弱势地位改变研究——政府人力资源管理的视角》，博士学位论文，吉林大学，2007年，第5页。

[②] 邓晓丽:《我国农民工教育培训问题研究》，硕士学位论文，四川师范大学，2007年，第5页。

基所谓的"负担"。①

面对日常生活中所承受的种种负担,成人必然会寻求各种途径、利用和支配周围的各种资源即"能量"去加以处理和消解。成人的能量不仅包括诸如灵活性、处世技能和个性特征等一些内部获得或积累的、有助于个体有效作为的技能和经验,同时也包括家庭支持、社交能力、经济实力、人际脉络等外部资源。

美国成人教育学者希姆斯特拉(Roger Hiemstra)在成人如何消解负担方面作出了有益的探索。他基于成人生活中负担和能量之间的不平衡,建构了设计成人教育项目、编制成人教育计划的模型。他建构的模型在实际运作中取得了较为理想的效果,同时,也暴露出了一些不足和纰漏。其中一个比较关键的问题是,以上模型所顾及的负担只是成人学习者在接受成人教育之前所承受的负担,对于成人学习者在接受成人教育的过程中因为成人教育本身的不合理而增加一些不必要的额外负担却没有引起应有的关注。②

美国怀俄明大学的研究人员戴(Day)和詹姆斯(Jim James)在对成人学习者进行了一系列访谈,经过对访谈对象提供的信息的整理,他们把因成人教育本身不合理而给成人学习者带来的额外负担大致归结为以下四类:(1)教师态度。具体表现为:学习者被视为下级;学习者的意见得不到尊重甚至被忽视;教师极不耐烦;教师过于严格等。(2)教师行为。具体表现为:准备不充分、教学内容条理不清;教师讲课自顾喃喃而语;教师与学习者缺乏眼神交流;上课抽烟、接听手机等;教师有一些分散学习者注意力的怪癖等。(3)学习任务。具体表现为:不适当的任务分配;学习效果评价标准模糊;忙碌的工作;几乎没有时间从事分配下来的工作等。(4)教室环境。具体表现为:教室太热或太冷;光线不足;桌椅不舒服、发出响声等。而且,在这些负担中,源于教师态度和教师行为范畴的负担相当

---

① 应方淦:《成人生存境遇与学习——基于余力理论的解读》,《中国成人教育》2007年第19期,第16页。

② 同上书,第17页。

于学习任务范畴的三倍,这意味着多数成人学习者可以想方设法调整他们的余力去处理教师分配给他们的学习任务,即便这种学习任务是不合理的,但是对于成人教师的态度和行为特征给他们圆满完成学习目标过程中造成能量上的无谓损耗则表现得比较难以容忍。[①]

总之,由于农民工是我国特有的现象,所以国外关于农民工的直接研究成果必然鲜见,上述国外的与本书间接相关的研究成果将提供一些可资借鉴的视角,但仍需结合我国实际情况,反思性地吸纳其精华,以丰富本书的研究。

---

① 应方淦:《成人生存境遇与学习——基于余力理论的解读》,《中国成人教育》2007年第19期,第17页。

第三章 理论背景简析与相关概念界说

第一节 理论背景简析

本节将简析本书的理论背景,这将为笔者的后续研究奠定一定的理论根基。概括而言,主要包括以下几方面:

一 社会变革与社会转型

(一) 社会变革与社会转型

无疑,我国社会正处于社会变革、社会转型的时期。1978年,我国开始实行改革开放政策,社会掀起了政治、经济、文化、社会各个领域的大变革,与此同时,中国也进入了一个社会转型的时期,正在由计划经济向市场经济转轨,由传统农业社会向现代工业社会转型,由乡村社会向城镇社会转变。这一问题引起了人们的关注和思考,诸多学者对此进行了理论探索,现将其主要观点概括如下[①]:

1. 从计划经济向市场经济转型

社会转型的基础在于经济转型,目前我国社会转型的首要标志就是从高度集中的计划经济向社会主义市场经济转型。新中国成立初期,我国沿袭了苏联的计划经济模式。1978年,党的十一届三中全会公开承认计划经济的缺陷,提出要改革我国的经济管理体制和经济管理办法。从此,我国经济走上了以市场为取向的转型之路。截止到2002年,社会主义市场经济体制在我国初步建立,所有制结构进一步调整和完善,

---

① 袁方等:《社会学家的眼光:中国社会结构转型》,中国社会出版社1998年版,第23页。

公有制经济在调整和改革中发展壮大，探索公有制多种实现形式取得成效。国有企业改革稳定推进，城乡集体经济得到新的发展，股份制经济不断扩大，个体、私营等非公有制经济较快发展。市场体系建设全面铺开，市场在资源配置中的基础性作用明显增强。

2. 从农业社会向工业社会转型

工业化是现代化的必要条件，从这一意义上说，从传统社会向现代社会转型实质是从农业社会向工业社会的转变。新中国的成立，尤其是社会主义制度的确立为我国社会的工业化创造了条件。20世纪50年代中期，我国就开始了大规模的工业化运动。但受到僵化的计划经济体制和城乡二元分割政策的影响，工业化进程比较缓慢，此时的中国依然是农村人口占多数的农业社会。

20世纪80年代后，随着经济体制转换，经济发展战略转移以及农村乡镇企业的崛起，我国农业在国民经济中的比重不断下降，工业化率进一步提高，我国从农业社会向工业社会的转变驶入快车道。

3. 从乡村社会向城镇社会转变

城市化是工业化的伴生现象，从乡村社会向城镇社会转型是当前我国社会转型的另一重要表现。1978年以来，随着我国改革开放的不断深入和社会主义市场经济体制的逐步建立，我国城镇化建设也进入了快速推进阶段。

城镇人口及城镇数量是衡量城市化水平的重要指标。我国城镇人口占总人口比重从1978年的17.9%上升为2000年的36.22%。据预测，2050年我国城镇人口占总人口比重将增长到70%，基本达到中等发达国家城市化水平。而且，建制镇平均规模扩大，小城镇开始从数量扩张向质量提高和规模成长转变。城市经济保持良好的发展势头。城镇基础设施和环境进一步完善，一些多年滞后的领域得到加强。城镇经济体制改革全面展开，符合市场经济要求的城镇经济体制正在形成。[①]

---

① 柳士彬、何爱霞：《目前社会转型及其对成人教育发展的要求》，《继续教育研究》2004年第5期，第17页。

(二) 农民工是社会变革、社会转型的必然产物

农民工是具有农村户籍的农民从农村进入到城市,在城市工作,以"工资"作为主要收入的一部分群体。他们背起行囊、摆脱乡土观念的束缚、跨越传统制度的藩篱,义无反顾地闯荡在陌生的城市。他们是伴随着我国工业化、城市化和改革开放的进程而产生和不断发展的一个社会群体。他们是我国由传统农业社会向现代工业社会和城市社会转型的一个转折点,是中国现代化过程中社会变迁的必然产物。[①]

韩长斌等学者指出,农民工发展壮大的历程主要有:第一个阶段:"离土不离乡";第二个阶段:"离土又离乡"。1992年邓小平同志南方讲话后,我国经济又进入了新一轮增长期,农民工也出现了新的高潮。新中国成立以来,国家对待农民工的政策也经历了以下三个阶段:从"自由迁移"到"严格限制"、从"离土不离乡"到"离土又离乡"、从"消极应对"到"积极引导"。[②]

农民工的产生既与制度变迁有关,又与农村改革、工业化、城市化进程加快的社会变革、社会转型有关。韩长斌等学者从以下角度分析了这种必然性。[③]

首先,从制度变迁的角度来说,我国长期以来实行的城乡分割的二元结构,是农民工产生的制度根源。新中国成立后,在全国范围内进行了土地改革,实行了户籍制度,这一方面便于行政管理,但同时也阻断了城乡之间的劳动力流动。十一届三中全会以后,以户籍制度为基础的一系列城乡隔绝制度开始松动,城乡之间的人口流动加剧,于是很多农民进城打工,成为农民工。后来农民工逐渐形成规模化趋势,形成蔚为壮观的景象。

其次,农村的改革也促使了农民工的产生。家庭承包责任制的推行,使农民获得了生产经营的自主权,农村生产率大大提高,农村出

[①] 韩长斌:《中国农民工的发展与终结》,中国人民大学出版社2007年版,第9页。
[②] 同上书,第14页。
[③] 同上书,第19—33页。

现了剩余劳动力,这为农民工的形成奠定了可能性基础;农村生产力的发展,农产品产量增加,对商品性粮食的供应量增加,使农村劳动力流入城市具备了现实可行性;后来,国家放宽了政策,取消了对农民外出务工的限制,为农民到城市打工、就业创造了条件。

再次,工业化进程的加快也促使了农民工的产生。重工业的高速推进,需要大批劳动力;城市第二、第三产业迅猛发展,急需新的劳动力的注入,大量的就业机会,创造了大量吸纳农村劳动力的机会。

最后,城市化的进程加快也促进着农民工的产生乃至扩大。城市化的推进占用了大量土地,导致农民人地矛盾突出,20世纪90年代农产品出现买方市场,务农的低收益也加速了农民进城的速度;城乡收入差距的扩大也刺激着农民工的产生;城市化过程中基础设施建设也需要大量农村劳动力。

总之,城乡两个方面都不断冲击着城乡二元结构,促使其进行体制转型和政策变革,释放了劳动力自由流动的资源、范围和空间。中国社会从不流动到流动,首先是传统发展战略和经济体制转型的结果,同时它也为随后农村劳动力的大规模流动奠定了必要的政策、体制条件和现实基础。农民工由农村来到城市是"生存压力"和"理性选择"共同博弈的结果,包括农村资源环境(如人多地少、劳动力过剩)、自然环境恶化所带来的生存问题,也包括制度壁垒的存在、解冻和逐渐宽松的事实。[①]

农民工群体的形成,既是社会发展、社会转型的必然产物,也在一定程度上促进了社会流动。实现社会资源的重新配置,妥善对待农民工,也有利于整个社会的和谐发展。在社会阶层结构的变动中,社会流动的增强,特别是普遍向上流动的趋势的形成,具有化解社会紧张和社会冲突的重要作用。俗话说"流水不腐"。社会流动频率的加快,增加了社会的活力,使每个人的才能都得到充分的发挥,使各种社会资源的配置更加具有效率。这种社会运行机制将使人们建立起一

[①] 潘泽泉:《社会、主体性与秩序:农民工研究的空间转向》,社会科学文献出版社2007年版,第42页。

种信念,即每个人通过自己的知识学习、技能培养、工作努力和机会选择,都有可能改变自己的生命轨迹,实现自己的理想和抱负。这就是我们要塑造的"中国梦"。有梦想的一代,才是有希望和有未来的一代。[1]

本书中的青年农民工,他们在辍学或者毕业后到城市里打工,既是适应我国城市化、工业化发展的必然产物,也是他们寻找改变自己、发展自己的路径之一。他们在打工过程中又孜孜不倦地学习着,通过学习,一方面改变着他们的物质生活,另一方面也在提升着他们的精神境界。

二 学习与成人终身学习

(一)学习的时代

人类已经迈入 21 世纪,面对经济全球化、科技日新月异的进步及知识经济给世界带来的深刻变革,构建终身教育体系,创建学习型社会正成为世界各国为实现可持续发展、提高综合国力而采取的主要发展战略之一。"知识社会""专业化发展"等现代化特征都越来越关注和寄希望于人的学习——学习什么和如何学习,而不再是教育或者培训的组织和实施——毕竟个体参加教育和培训活动的可能和效果都以个人学习的自主意识和能力为基础。终身学习、全民学习已经成为世界教育发展的主要潮流,我们正在迎接一个新的学习时代的到来。

(二)终身学习的时代

与此同时,学习又在时间的跨度和空间的维度上延展,以至于进入了终身学习的时代,最终将建立一个"人人可学、处处能学、时时在学"的学习化社会。

1994 年 11 月,在意大利罗马举行了首届世界终身学习会议,会议确定"终身学习是 21 世纪的生存概念……是通过一个不断的支持过程来发挥人类的潜能,它激励并使人们有权利去获得他们终身所需

---

[1] 李培林、李强、孙立平:《中国社会分层》,社会科学文献出版社 2004 年版,第 15 页。

要的全部知识、价值、技能与理解，并在任何任务、情况和环境中，有信心、有创造地愉快地应用它们"。①

终身学习的正式提出时间是20世纪70年代初。其倡导者是法国前总理，时任联合国教科文组织国际教育委员会主席的埃德加·富尔（Edgard Faure）及其同事。他们指出，在急剧变化的现代社会，人的学习精神更加重要，因为人在接受教育的过程中，"越来越不成为对象，而越来越成为主体了"。因此，教育过程的重心必须发生转移，应当"把重点放在教育与学习过程的'自学'原则上，而不是放在传统教育学的教学原则上"。也就是说，"新的教育精神使个人成为他自己文化进步的主人和创造者"，因此，"每一个人必须终身不断地学习"。②

如果说"终身教育"是贯穿教育组织的内部原则，而"终身学习"则落实到个体践行的层面。从"终身教育"到"终身学习"的理念转向，体现了人们对学习者的关注。终身学习已经成为现代人的一种生活和存在方式，"学"终究比"教"更为重要。学习者只要具备对学习的追求和能力，就总能设法为自己开辟学习通道。③

终身学习改变了传统教育一次性、一种模式的选择机制，使教育成为伴随人生的多次回归教育，成为包括正规、非正规与非正式教育在内的丰富多彩的"百花园"，使人们不致因一次或一种选择的失误，而导致永远的失败和遗憾。终身学习允许和提倡人们多次、多样的选择，运用多元的评价标准，从而有利于人们各展所长、各得其所，以各种方式发展、提高、完善自己。④

---

① 高志敏：《终身教育终身学习与学习化社会》，华东师范大学出版社2005年版，第11页。

② 联合国教科文组织国际教育发展委员会编著：《学会生存——教育世界的今天和明天》，华东师范大学比较教育研究所译，教育出版社1996年版，第201页。

③ 参见徐改《成功女性职业生涯的发展与性别建构——基于生活历史法的研究》，博士学位论文，华东师范大学，2007年，第29—30页。

④ 崔铭香：《终身教育与个性化教育》，《河北师范大学学报》（教育科学版）2003年第5期，第42页。

在终身学习的背景下,所有公民,不论其出身、性别、种族、收入或居住地区等,也不论其教育基础或背景如何,一生中皆有接受教育、获得学习机会的权利和机会。可以说,终身学习最大限度地体现了"有教无类"的教育思想——使得"学习者的基本权利能够得到保障,教育机会能够公平地提供,学习障碍能够合理地去除"。①

学习及终身学习的时代背景既促使农民工特别是青年农民工学习,也使得他们的学习具有可能性——正是终身学习的优越性及开放性使得因种种原因导致学习中断的青年农民工能够在工作的背景下继续学习。

三 成人学习的必要与可能

(一) 成人学习的必要性

1. 完善人的"未完成性"的需要

现代科学指出,人在生理上尚未完善,人永远不会变成一个完善的人,人和其他生物的不同点主要就是他的未完善性。"人在生理上尚未完成,这一点对于我们认识人,是有独特贡献的。我们可以说,人永远不会变成一个成人,他的生存是一个无止境的完善过程和学习过程……"②事实上,他必须从他的环境中不断地学习那些自然和本能未赋予他的生存技术。为了求生存和发展,他不得不继续学习乃至终身学习。

2. 满足成年阶段发展任务的需要

现在人们逐渐认为,成人的学习不但对社会、对民族至关重要,就是对成人本人也是不可缺少的。成人教育家哈维格斯特(Q. J. Havighurst)就是这样看的。他写道:"成人年代并非是在平静的大海

---

① 高志敏:《终身教育终身学习与学习化社会》,华东师范大学出版社2005年版,第18页。

② 联合国教科文组织国际教育发展委员会编著:《学会生存——教育世界的今天和明天》,华东师范大学比较教育研究所译,教育出版社1996年版,第196页。

上一帆风顺地航程,人们并非是依靠童年或青年时期的巨大力量平稳地进入成年,然后安然无恙地到达老年。成人年代与人生的早年一样,同样有许多新问题要解决,新情况要掌握。成年有自己的过渡点,有自己的危机。它是一个发展的时期,和童年与青少年的发展时期具有同样的意义。"①

按照哈维格斯特对成年期的划分,青年农民工属于成年早期的阶段。因此,其生活中会有职业生活、家庭生活、个人发展、闲暇生活、健康生活等不同层面的内容,由此也就会带来不同的发展任务,这些不同的发展任务便会使其产生不同的学习需求。

3. 适应现代社会发展的需要

成人必须不断学习、终身学习,也是适应现代社会发展的必然选择。有学者从以下六个角度分析了终身教育与学习化社会提出的背景,这也可以看作是现代人的生活离不开终身学习的基本事实。这些分析是,从科学、技术变革的角度,层出不穷的新发现不允许人们的认识有丝毫停顿,而掌握新技术的要求也不给人们一劳永逸的机会。从经济、政治变革的角度,经济的全球化和政治的多极化,促使人们必须通过学习去获得国际意识及和平精神。从意识形态变化的角度,社会转型与价值多元,无不需要人们去提升个人的理解能力。从人口结构的变化看,教育机构的容量和扩张赶不上人口规模和增速,不依赖正规教育而学习是人们的必然选择。从人类生活方式的变化来看,现代生活和行为模式日益开放和民主,个性发展和自我提升变得重要起来,这怎能离开学习?从人的发展需求来看,闲暇时间的增多和物质生活的改善,如何在闲暇生活中进行学习或体现人生价值成了现代社会及其每个人面临的一个新课题。另外,随着社会的不断进步和开放,以及教育文化水准的不断提高,人们在主观上进一步追求心灵的丰富和生活方式的个性化,从而对自身的发展提出了更高的要求,以充分展现自我个性,实现自我价值。这样,帮助增强个人规划人生和

---

① [加]罗比·基德:《成人怎样学习》,蔺延梓译,上海第二教育学院、上海成人教育研究室1984年版,第6页。

实现自我的能力，又成了当代教育的重要任务之一。①

总的说来，在科学与技术、经济与生活发生巨变的背景下，无论是成人的职业生活，还是成人的家庭生活、社区生活，其科学性、知识性程度越来越高，甚至连闲暇生活也离不开一定的科学知识或方法，而这一切远非现实生活的自然熏陶和一般社会化机构所能给予人们的。相反，成人唯有不断学习、终身学习才能掌握、更新和丰富社会生活的知识和技能，才能适应社会生存、社会生活变化的要求。②

以上社会发展的要求也会促使农民工特别是青年农民工学习。他们身处我国当前城市化、工业化、现代化等社会变革、社会转型的进程中，在从农村进入城市的迁移中面临着环境的改变、工作的转换、发展空间的扩大，需要诸多方面的调整和转变。因此，他们只有不断学习，才能适应这种变化，也才能跟上迅速发展的社会发展的步伐。

(二) 成人学习的可能性

相关研究表明，成人自身的优势和特点使得成人学习成为可能。

1. 成人仍具有学习的潜力

桑代克通过自己的实证研究，率先对传统的观念提出挑战。在1928年出版的《成人的学习》中，桑代克初步肯定了成人学习的潜力。人类学习能力的高峰被认为在20—25岁之间，其后逐步下降，每年约递减1%，直到45岁为止。由此，他认为成人在20岁以后，学习能力的减弱是缓慢而轻微的。学习之能量永不停止，"成人的可教性仍大，25岁之后仍可继续学习"。③

另外，卡特尔（R. Cattell）的理论证明，晶态智力（以经验或知识为基础，通过后天学习与训练而获得）上升能够弥补液态智力的颓势，从而使人的总体智力水平可以较高地保持到高龄；沙伊（K. W. Schaie）的理论表明，不同的生命阶段具有不同的智力发展主题，

---

① 高志敏：《关于终身教育与学习化社会理念的探讨》，《教育研究》2001年第3期，第54页。

② 高志敏：《成人教育社会学》，河北教育出版社2006年版，第45—46页。

③ 参见高志敏《终身教育终身学习与学习化社会》，华东师范大学出版社2005年版，第56页。

不同的智力发展主题完全可以用来应对人生不同发展阶段的发展情境和发展任务;阿纳尼耶夫(B. T. Ahahnbef)的理论声称,智力主要成分的发展,有低谷有高潮,呈不断交替而有序的变化态势。因此,担心智力随增龄而消失殆尽,无异杞人忧天。①

由此可见,人到成年,其学习能力依然不减,其智力发展仍然不止,其智力、能力发展的可能性仍非常大,甚至可以说未成年时期只是开发了"冰山一角",人的绝大部分发展潜力还潜藏在"冰山"之下,这就奠定了成人学习的可能性基础。

2. 成人具有自身的优势

成人凭借长期的经验积累,想象力、思维力、理解力等晶体智力得到不断的发展,呈上升趋势,这使得成人的策略性学习成为可能。首先,成人学习者在广泛的社会生活和交往中积累了较为丰富的个性化的经验;与此同时,成人的心智发育已经成熟,具有较强的独立意识、自我意识和自主意识,在学习过程中更加主动和独立,具有良好的自控能力,明确的学习目的和迫切的学习需求,这些特点都为成人自主学习提供了较为有利的条件。②

——独立自主的自我概念与学习。具有独立自主自我概念的成人,其最主要的一种表现便是以一个具有独立人格的人参与一切社会活动。在学习方面,当成人一旦形成学习动机,参与教育时,他们便自始至终以独立的、主动的姿态加入教与学的活动。基于此,首先,他们能够诊断自己的学习目标和学习需要并能够认识到这种学习的必要性和可能性;其次,他们能够自行地、至少能够直接参与制订自己的学习计划;再次,他们能够评价自己的学习效果,这是因为只有他们自己最了解自己的学习进程和收获。

——整体一致的自我认同与学习。作为整体一致的自我认同的首

---

① 高志敏:《终身教育终身学习与学习化社会》,华东师范大学出版社2005年版,第66页。

② 侯晓倩、赵兴国:《成人学习特点及其学习策略生成的途径探讨》,《成人教育》2009年第4期,第42页。

要表现，就是能够认识自己所扮演的角色，能够把自己的过去、现在和将来统一整合为一个完善的自我形象。事实表明，一个能够充分认识自己所承担的社会角色的个体，总会为扮演好这些角色而对自己提出学习的要求，并对学习的目标和内容作出角色所要求的选择；一个能够把自己过去、现在和将来统一整合为一个完善自我形象的成年个体，又总会把学习作为一种必不可少的生活方式，借此，一生孜孜追求，以获得自我形象的全面统一和完善。

——自我调控能力与学习。人到成年，具备了相当的自我调控能力，这种能力对于学习影响最为显见的就是思维具有广度、灵活性、包容性和坚定性，可以以更宽的视角去看问题，接受多种观念，同时不被别人影响，发表自己的见解。

——丰富多样、人格化的经验。诺尔斯和著名的加拿大成人教育理论家罗比·基德（J.R.Kidd）等认为，积累了相当程度的经验，是社会化过程中成年人显示其一定心理成熟水平的一个最为明显、最为特殊的标志。成人承担了多种社会角色和社会职责，这使他们积累了一定的生活经验和社会阅历。成人的学习是在已有的知识和经验基础上的再学习、再教育。成人的学习需求、学习兴趣、学习动机的形成及学习内容的选择在很大程度上都是以自己的经验为依据的，已有的知识、经验是成人继续学习的基础和依托。成人由于具有丰富的经验，使其观察能力、理解能力、分析能力及解决问题的能力均获得一定程度的提高，这又不失为成人学习的一种独特优势，为其适应多种形式、多种内容的学习提供了充分的可能。[①]

以上成人学习的优势和特点，也为青年农民工的学习奠定了基础，使其学习具有可能性。

四 成人群体的学习权利

（一）成人拥有学习权

学习权不是少数人的特权，而是所有人的一项基本人权。1988

[①] 高志敏：《成人教育心理学》，上海科技教育出版社1997年版，第73—75页。

年，联合国教科文组织第四次国际成人教育大会通过的《学习权利宣言》指出："'学习权利的确认是人类面临的前所未有的重大挑战。''没有学习权利，人就得不到发展，没有学习权利，就不会有社会的进步，当然也就不会有学习环境的改善。'社会不分男女老幼、富贵贫贱，人人都有获得学习的权利。1990年的《世界全民教育宣言》提出要满足所有儿童、青年、成人的基本学习需要。"由此，学习权不只是儿童、青年的权利，也是成人的权利。这是一种天赋旨意、天经地义的神圣权利！

麦克利什指出，桑代克在成人学习方面的见解非常高明："成人学习是一个世界宣言，宣告成人有学习权。桑代克号召建立一种社会，在这个社会里，学习活动的正规时间可以重新分配，以便使这些时间扩大到个人的一生。"①

（二）成人学习权的内涵

"学习权的实质是个体发展权。学习权是学习主体的自主权。学习不再是少数人的专利，终身学习成为人们的自觉选择，学习不再是强迫性的外界压力，而是学习主体自主决定行使的权利，学习主体把学习活动与自己的人生设计紧密结合起来，把学习同职业生涯结合起来，同一生中不同阶段的发展需要结合起来。学习权不是表现为义务，而是表现为学习主体的自发、自控和自律，赋予完全的学习自主权。'学习者成为教育活动的中心；随着他的成熟程度允许他有越来越大的自由；由他自己决定要学习什么，要如何学习以及在什么地方学习'，学习成为和每一个人的真实生活紧密相连的生活方式。"②

成人拥有学习权，意味着成人的学习活动的自由，即从学习目标的确立，学习内容、时间、地点的选择，学习过程的安排到学习方法的具体运用等各方面，都需要成人学习者根据自己的工作和学习的实

---

① ［美］达肯沃尔德、梅里安：《成人教育——实践的基础》，刘宪之、蔺延梓、刘海鹏译，教育科学出版社1982年版，第144页。

② 张峰：《保障学习权：学习型社会的战略基点》，《高等函授学报》（哲学社会科学版）2007年第1期，第20—21页。

际自主地选择、安排和调整，学习者真正成为"学习的主人"，能根据自己的需要、爱好找到适合自己的学习资源并形成具有个人特点的"个性化"学习。

（三）成人学习权的实现

成人教育、终身教育、终身学习是成人实现学习权的根本保障。1997年，第五届国际成人教育大会通过的《汉堡成人学习宣言》明确指出："成人教育已经不仅仅是一项权利，它是21世纪的关键之一。终身学习意味着对年龄、男女、身心障碍、语言、文化及经济等因素的重新考虑。成人学习，包括正规和非正规学习、继续教育与非正式、随意性学习，它适应于一个多元文化的学习社会。在这个社会中，以各种理论和实践为基础的学习方式都被承认。"[①]

青年农民工在打工过程中的学习就是在行使他们的学习权，可以说，正是由于成人拥有学习权，青年农民工才能边工作边学习。由此，他们可以自觉、自主、自由地把握学习机会，选择学习内容，确定学习方式，调控学习过程，评价学习结果。当然，青年农民工在工作过程中的学习既是他们的神圣权利，也是促使他们发展的有效途径。

五 成人教育研究新纲领

近年来，成人教育理论界出现了一个新的研究纲领——"回归丰富的成人生活世界，走进缤纷的成人精神家园"，引起了成人教育界诸多同仁的关注和认同。这一研究纲领主张未来的成人教育研究必须直面成人——直面他们最真实的社会境遇与最本真的社会生活，直面他们最真切的发展需求与最真实的人生向往，基于此，洞察、了解、分析和阐释他们的教育与学习问题，从而真正形成现实生活与教育的对接，真正实现人生发展与学习的契合。凝聚在这一纲领核心部位的精髓，就是奉献给成人教育主体以义不容辞的生存关切和深切入微的

---

① 张峰：《保障学习权：学习型社会的战略基点》，《高等函授学报》（哲学社会科学版）2007年第1期，第20页。

生命关怀，并将关于教育与学习活动的一切思考与行动去服务于其生命延续的不同阶段，覆盖于其生命发展的整个过程；去服务于其生命构架的所有侧面，归宿于其生命存在的全部意义。①

这一纲领是我国成人教育界高志敏教授不断钻研、矢志追求，在20多年的实践工作和研究工作基础上提出来的，他认为这是成人教育研究的根本态度、根本立场，更是未来成人教育研究的逻辑起点。为贯彻新的研究纲领，他提出了四个成人教育研究的新行动：解析成人群体结构、关怀成人生存境遇、解读成人学习行为和构建教育支持系统。②

也正是在这一思想的指引下，本书选定"青年农民工"群体，尝试回归其生活世界中，关怀其"生存境遇"；走进其精神家园，解析其特定生存境遇下的"学习行为"；进而为谋求农民工群体的发展而提出一些建议和思考。

第二节　概念界说

这一节将对本书中的主要概念进行界定，主要包括农民工、青年农民工、生存境遇、学习行为等，以期为后续研究奠定基础。

一　农民工

关于"农民工"这个词汇，最早是张玉林教授等社会学者在20世纪80年代初期提出的——发表在1984年中国社会科学院的《社会学通讯》中③，是对"民工潮"社会现象进行思考、归纳、总结的结果。

有学者指出，所谓农民工主要是指户籍身份是农民，家有承包土地，依靠工资收入生活的人员。广义的农民工包括在县域内第二、第

---

① 高志敏：《成人教育研究的反思与前瞻》，《教育研究》2006年第9期，第61页。
② 同上书，第62—63页。
③ 韩长赋：《中国农民工的发展与终结》，中国人民大学出版社2007年版，第1页。

三产业就业人员和跨地区外出务工人员；狭义的农民工一般是指跨地区外出进城务工人员。①也有学者认为农民工是指"脱离了基本的农业生产活动，改变了生产技能，由普通农民向产业工人转化的一类社会群体"。该定义强调农民工从身份来定是农民，但是从他们的劳动行为来看，是工人。农民工的重点在于"工"不在于"农"，认为"从农到工"才是农民工概念的本质属性。②

还有学者认为，农民工是指具有农村户口身份却在城镇务工的劳动者，是中国传统户籍制度下的一种特殊身份标识，是中国工业化进程加快和传统户籍制度严重冲突所产生的客观结果。③另有学者指出，"农民工，是指在经济社会发展过程中，农村的富余劳动力，从离土到离乡，逐步转移到城镇和非农产业，以适应工业化、市场化和城市化的时代需求，实行职业变迁和地域流动，成为城市产业后备军并已开始就业，但是还未完全改换其双重身份和进入城市核心的一种处于过渡状态的、具有良好前景的新生巨大群体"。④

从以上定义中可以发现，关于农民工的内涵，其特征主要涉及以下几个方面：

（1）从身份而言，农民工依然是农民，尽管他们已经从事非农产业，但他们在户籍上还是农村户口，身份上仍属于农民身份；

（2）从职业而言，农民工从事的是非农职业，具有工人的工作性质，但却不享有与城市工人同等的待遇；

（3）从地域看，农民工一般是跨越了一定的地域进行了空间流动，即从农村移动到城市，既包括城镇、也包括城市，从这一意义而言，农民工可区分为狭义的农民工和广义的农民工。广义的农民工泛指离开农村从事非农产业的农民，可包括"离土不离乡"和"离土又离乡"两种；狭义的农民工即指离开农村进入城市从事非农产业的

---

① 韩长赋：《中国农民工的发展与终结》，中国人民大学出版社2007年版，第1页。
② 张跃进：《中国农民工问题解读》，光明日报出版社2007年版，第31页。
③ 宗成峰、朱启臻：《农民工生存状况实证分析——对南昌市897位样本农民工的调查与分析》，《中国农村观察》2007年第1期，第47页。
④ 沈立人：《中国农民工》，民主与建设出版社2005年版，第13页。

农民，即"离土又离乡"的农民工。

至于本书中所指的农民工，主要指狭义的农民工，即具有农村户籍、"离土又离乡"、从事非农产业、以工资作为主要收入来源的进城务工人员。

二 青年农民工

（一）青年

目前，关于青年的年龄阶段划分有多种分类。如，许多国际组织对青年的年龄的划定如下：1982年，联合国教科文组织在墨西哥圆桌会议上提出14—34岁为青年人口；1992年，世界卫生组织根据全球人口的身体素质和平均寿命，认为14—44岁为青年人口；1998年，联合国人口基金组织界定14—24岁为青年人口。而我国的政府工作、社会活动中，多数把青年期界定为14、15—35岁。例如，国家统计局在人口普查中将15—34的年龄组界定为青年人口；共青团《中国共产主义青年团章程》规定14—28岁为青年；《青联章程》规定18—40岁为青年人口。此外，我国许多地方和组织在评选青年人才时，一般将青年的上限年龄定为35岁。综观以上对青年的各种年龄段的划分，虽然各分类方法不同，各有侧重，但基本上都是围绕人的社会化进程而展开的。[①]

（二）青年农民工

据笔者所查资料，目前关于青年农民工的研究中，所指内涵（对象所指）也不太一致，大致可分为五类情况：

第一类划分的青年农民工，指16—25岁的农民工。如何雪松、陈蓓丽、刘东在《上海青年农民工的压力与心理健康研究》中指出，"本书调查对象为16—25岁的青年农民工"。[②]

[①] 庞晓芳：《楼宇青年的自我认同研究——基于成人教育的视角》，硕士学位论文，华东师范大学，2008年，第5—6页。

[②] 何雪松、陈蓓丽、刘东：《上海青年农民工的压力与心理健康研究》，《当代青年研究》2006年第11期，第22页。

第二类是指新生代农民工。如邱珂、赵婉华、霍翠红在《青年农民工的需要层次与社会认知——以唐山市煤炭采掘业为例》中指出，"青年农民工是指1978年改革开放以后出生的农民工群体的新生代……"[①]

第三类是指农民工群体中的16—30岁的人群，这种划分占这类研究的绝大多数。如郭文亮、汪勇的《公民意识诘难青年农民工及其培养刍议》中认为，"农民工又以初中文化的青壮年为主。据统计，2004年，全国农民工中16—30岁的占61%，青年农民工有近1.5亿人，已成为两亿多农民工的主流群体"[②]。又如，符平在《青年农民工的城市适应：实践社会学研究的发现》中指出，"本文的研究对象即是16岁以上、30岁以下的青年农民工，特别是'80年代后出生的'农民工"[③]。另外，朱考金、刘瑞清在《青年农民工的社会支持网与城市融入研究——以南京市为例》中选取的研究对象是"年龄在15岁以上、30岁以下的非南京户籍的农村外来务工经商人员"[④]。

第四类是指农民工群体中16—35岁的人群。如彭国胜的《青年农民工就业质量及影响因素研究——基于湖南省长沙市的实证调查》指出，"本书将青年农民工界定为16—35岁之间的……"[⑤]再如，钱正武在《青年农民工的市民化问题分析》中指出，"广东省外来工以35岁以下的青年为主，其中18—28岁的最多"[⑥]。

---

① 邱珂、赵婉华、霍翠红：《青年农民工的需要层次与社会认知——以唐山市煤炭采掘业为例》，《唐山师范学院学报》2008年第1期，第63页。

② 郭文亮、汪勇：《公民意识诘难青年农民工及其培养刍议》，《大连理工大学学报》（社会科学版）2008年第1期，第49页。

③ 符平：《青年农民工的城市适应：实践社会学研究的发现》，《社会》2006年第2期，第136页。

④ 朱考金、刘瑞清：《青年农民工的社会支持网与城市融入研究——以南京市为例》，《青年研究》2007年第8期，第9页。

⑤ 彭国胜：《青年农民工就业质量及影响因素研究——基于湖南省长沙市的实证调查》，《青年探索》2008年第2期，第11页。

⑥ 钱正武：《青年农民工的市民化问题分析》，《青年探索》2006年第1期，第3页。

第五类是指40岁以下的农民工。这类研究没明确规定青年农民工的年龄限制,而是笼统认为"据统计,在全国1.2亿农民工中,40岁以下的青年人超过85%。可见,在进城务工的农民中,绝大部分是青年农民"。如陈赵阳的《新时期青年农民工"文化反哺"现象初探》[1]、罗忆源的《青年农民工个体教育需求特点分析》[2]、张三保的《构建可持续发展的青年农民工培训体系》[3] 等。

由此可见,关于青年农民工内涵界定的不清晰、不一致是此类研究中一个比较明显的特点,其中大致有以下几种分类情况:第一类:青年农民工是指16—25岁的农民工;第二类:指1978年以后出生的农民工;第三类:指16—30岁的农民工;第四类:指16—35岁的农民工;第五类:认为40岁以下的农民工都是青年农民工。这些研究中,青年农民工的年龄下限是16岁,上限是40岁。

近年来,随着现代人性成熟的提前,以及社会对劳动者生产技术和技能的要求不断提高,使得掌握技能和专业所需的受教育的时间延长,人类的青年期已经出现了一种两向延伸的趋势,即青年期开始的年龄在提前,而青年期结束的时间在延后。根据国际青年的年龄划分标准和我国的实际情况,本书把青年农民工界定为15—35岁的农民工。即年龄在15—35岁、具有农村户籍、从事非农产业、以工资作为主要收入来源的进城务工人员。

三 生存境遇

(一) 生存

按照《现代汉语词典》的解释,生存即保存生命,作为一个生命体来说,所有与保持生命体特征相关的行为都可以归为生存。

---

[1] 陈赵阳:《新时期青年农民工"文化反哺"现象初探》,《山西青年管理干部学院学报》2007年第2期,第4页。

[2] 罗忆源:《青年农民工个体教育需求特点分析》,《成人教育》2008年第2期,第62页。

[3] 张三保:《构建可持续发展的青年农民工培训体系》,《中国培训》2007年第8期,第52页。

（二）境遇

境遇指境况和遭遇。①也指现状、际遇。

（三）生存境遇

既然境遇是指"境况或遭遇"，那么，生存境遇就是生存过程中的境况或遭遇，就是作为一个生命体在保存生命体特征过程中的境况或遭遇。

一般而言，生存境遇既包括客观的、物质层面的遭遇，也包括主观的、精神方面的体验；既是他人眼中的生存境况或遭遇，也是自我感知到的境况或遭遇；既包括历史的境况或遭遇，也包括现实乃至未来的境况或遭遇。

正如已有研究所指出的，对成人而言，生存境遇既是成人个体得到尊重、爱戴和保护的源泉，也是产生紧张、压力、冲突和挫折的根源，它直接影响着成人个体精神家园的构建，并无时无刻不在谋划与约定着成人个体的行为选择和实施。②

四 学习行为

（一）学习

孔子曰："学而时习之，不亦乐乎？"这是中国有关学习问题的最早论述。关于学习的理论，行为主义、认知主义、人文主义包括后现代主义等纷纷做出了各自的解释，丰富的、多维度的阐释为理解人类的学习行为作出了重要贡献。在此，仅选取几种有关学习内涵的主要观点：

1. 所谓学习是人获取一切知识、经验、技能乃至能力得到发展的主体行为过程。从广泛意义理解，学习就是人的模仿、听讲、阅读、运算、探索研究、社会交往、见闻和实际操作中获得生产、生活

---

① 中国语言文字系列辞书编委会：《中华现代汉语词典》，中国大百科全书出版社2007年版，第432页。

② 应方淦：《成人生存境遇与学习——基于余力理论的解读》，《中国成人教育》2007年第19期，第16页。

的知识、经验、技能和能力的个体行为的所有活动过程。学习行为既是遗传赋予的天性，又是后天成熟与习得的结果，只要人的个体生存，其学习行为必定存在，只不过学习的结果和作用于人本身的功能随个体的意识、目的、方式、环境、教育、禀赋条件的不同而不同。①

2. 学习指个体在一定的情境下，由于经验或练习的原因，使行为或行为潜势发生较为持久的变化过程，亦即获取知识和掌握技能的过程。②

3. 学习就是变化。它不仅仅是一种知识的增加——加上某种东西。学习过程中，经常有重新组织知识、重新建立理论的情况。学习涉及行为的变化：学习可以使我们对事物作出不同的反应。学习还可能涉及机体的变化，随着时间的推移，还会出现性格方面的变化。学习即变化。学习涉及行为方面的变化：学习可以使人们对事物作出不同的反应；变化也可能是"文化"的变化——获得新观点，重新组织已有的观点；变化也可能是态度方面的变化，可以使人们对一个问题产生不同的理解或产生有利的感情，而不仅仅是获得更多的知识；或者，也可能是技能的变化，使学习者在做某些事情时更加有效。有时可能变化是多方面的——各种变化同时出现，如变为"好公民"或"更加成熟"。③

（二）行为及学习行为

1. 行为

行为在《中华现代汉语词典》中的解释是"在思想支配下表现出来的活动"④。在《辞海》中的解释是"（1）心理学上泛指有机体外观的活动、动作、运动、反应或行动；（2）法律名词，民事法律关系客体之一。民事法律关系中权利人行使权利、义务人履行义务的

---

① 李刊文：《论学习及学习行为》，《天水师范学院学报》2000年第4期，第82页。
② 黄希庭主编：《简明心理学辞典》，安徽人民出版社2004年版，第446页。
③ [加] 罗比·基德：《成人怎样学习》，蔺延梓译，上海第二教育学院、上海成人教育研究室1984年版，第4页。
④ 中国语言文字系列辞书编委会：《中华现代汉语词典》，中国大百科全书出版社2007年版，第922页。

活动"。①

关于行为的含义，一般意义上讲，是"受思想支配而表现在外面的活动"，是"人的有意识的活动"，是"表现在外的活动"；心理学方面的界定，是"任何生物体对来自内部的或外界的刺激所做出的反应"；社会学方面认为，是"个体与社会文化、自然环境交互作用中产生和表现的思维、语言，以及一切外显的、可观察的运动、活动或动作"。②

2. 学习行为

美国学者威尔逊（Wilson, A. L.）认为，"学习行为是学习主体与周围社会环境的互动，就其本质而言，是社会的，因为学习主体在社会环境中要建立、利用人际关系，运用学习工具，建构认知过程"。③

结合"学习"的内涵以及"行为"的意蕴，可以发现学习行为的发生有以下特点：

（1）学习行为的发生要在一定的社会背景下，即要有学习个体与社会文化、自然环境的交互作用、互动，是在主客体相互作用的过程中发生的，具有主体性、社会性和互动性；

（2）学习行为是主客体相互作用过程中发生变化的过程，即主体在客观环境下获得知识、经验、技能等产生变化的过程；

（3）学习行为的发生需要一定的刺激，既包括内部刺激，也包括外部刺激；其表现结果既可是显性的、可观察的，也可是内隐的、难以观察的。

因此，学习行为主要是指个体在与社会文化、自然环境交互作用

---

① 辞海编辑委员会：《辞海》，上海辞书出版社（1999年缩印本）2002年版，第1904页。

② 王润清：《女性创业过程中的学习行为研究——基于生活历史法的个案分析》，硕士学位论文，华东师范大学，2006年，第11页。

③ Wilson A. L., *The Promise of Situated Congnition Published in an Update on Adult Learning Theory ——New Directions for Adult and Continuing Education*, San Francisco: Jossy – Bass, 1993, p.73.

过程中的获取一切知识、经验、技能乃至能力的变化过程，既包括外显的、可观察的变化，也包括内隐的、难以观察的变化。①

以上对本书中涉及的主要概念进行了界定，包括农民工、青年农民工、生存境遇、学习行为等。关键概念内涵和外延的确定，有利于廓清边界，为后续研究的开展奠定基础。

至此，从第一章到第三章主要对本书的研究背景、研究目的及意义、研究方法，以及相关的已有研究、理论背景、关键概念等内容进行了介绍，这是本书的基础和铺垫。本书正是"站在"这些已有研究的"肩膀"上前进的。在此，感谢所有的已有研究成果，感谢它们为本书提供的理论支撑作用。

---

① 王润清：《女性创业过程中的学习行为研究——基于生活历史法的个案分析》，硕士学位论文，华东师范大学，2006年，第11—12页。

中　篇

"故事"呈现

　　上篇介绍了研究基础、研究方法等内容之后，中篇将进行"故事"呈现：青年农民工在其特定的生存境遇下进行学习的故事。本篇由以下两章组成：首先对青年农民工的生存境遇与学习故事进行总体素描（第四章），分"摸索者"、"攀登者"、"求索者"三节呈现，概述六位青年农民工的生存境遇与学习行为样态；其次，将分析影响青年农民工生存境遇与学习行为的因素（第五章），也分三节呈现，包括社会环境的变化与挑战、成年早期面临的人生发展任务、个性因素作用。

第四章　素描：生存境遇与学习行为

本书把青年农民工界定为 15—35 岁、具有农村户籍、从事非农产业、以工资作为主要收入来源的进城务工人员。本书主要运用质性研究方法进行研究，为此，笔者访谈了 13 位青年农民工，最后考虑到研究的容量以及代表性，重点选取了六位青年农民工进行分析和解读，其中包括三位女性、三位男性，他们的职业涉及餐饮业、建筑业、维修业、个体经营、纺织业、服务业等行业部门；他们大多为初中以上学历，农村户籍，在辍学或高考失败后来到城市打工，从事非农产业工作，以工资作为主要收入来源。与此同时，他们又在城市打工的过程中不断学习，既有学历学习，也有非学历学习；既有正规学习，也有非正规、非正式学习。那么，这些青年农民工的生存境遇和学习行为的具体情况是怎么样的？下面就通过研究合作者——六位青年农民工的打工和学习"故事"来逐一展现。

为了研究的需要，征得研究合作者的同意，对他们使用化名处理。并对选取的六位青年农民工的打工和学习故事分三组来呈现。

第一节　勇于尝试的摸索者

下面首先来讲述青年农民工李刚、苏强的打工和学习故事，他们两个都是在农村长大，一个读到中专（李刚）就不再于传统意义上继续其学业、一个高一之后主动辍学想出来赚钱（苏强），于是到城市里打工。但在打工过程中通过不断摸索，李刚学到了计算机维修技术；苏强学到了建筑行业的一些技能、学到了个体经营的技巧以及营销的一些技巧。总之，他们就是在打工实践中通过自己的不断摸索、尝试、反思、总结经验等方式学习，最后在城市里得以立足。当然，他们也有参加高等教育自学考试、参加成人高等教育等学习行为，但相对而言，摸索是他们学习行为中的比较鲜明的特点，因此，笔者把他们归为"摸索者"之列。

一 李刚：骑自行车到上海的"寻梦人"

李刚，男，1983年出生于湖北一个农村，初中毕业后读了三年中专，之后就开始了打工生涯。中专毕业后到深圳某电子公司做过一年流水线工人，之后又回到武汉边工作边学习维修、安装计算机。在那里，他连学带做工作了三年。后来由于做累了，就休息了接近半年。然后骑了六天自行车，"旅游"到上海，找到了一份维修计算机的工作，一直工作至今。

李刚初中之前学习不是很好，初中毕业后，读了中专。"小时候学习功课不是很好。因为小时候父母除了种地还在外面做生意，不太管家的。所以，我老是跟别的孩子一起玩，学习就不是很好。"（李刚，P2）加之当地的观念——"农村的观念是不一样的，就感觉读书没什么用。所以，一般初中读完就不读了。条件好点的初中读完就去读个中专，然后出去打工什么的。"（李刚，P2）所以，李刚初中毕业后在家人的建议下去读了中专，学习电子应用专业，学制三年。"我初中读完了，就去读了个中专。学的是电子应用专业。那个时候，父母对我的工作还是蛮重视的、考虑蛮早的。认为学了技术方面的出来会好一点。所以就选了这个专业。"（李刚，P3）

也正是中专学了这个专业，学过一些计算机方面最基础的知识，如DOS系统等知识，为他以后自己摸索学习计算机维修技术奠定了入门基础。"以前学过一些，有过培训。有一点基础的话学得快一点。如果一点都不会的话，入行都很难。"（李刚，P6）

（一）流水线工人与上岗培训

李刚中专毕业后就和同学一起到深圳一家电子企业做起了流水线工人。"我们学校组织了一批人，去深圳务工，大概整个班级都去了。"（李刚，P3）工作方面，"我们那个时候是做手机外壳嘛。他们也是给别人代工，包括一些包装什么的"。（李刚，P4）"就是工厂有

什么任务交给组长，组长再分给每个人，反正那个时候，每天像机器人一样的。"（李刚，P5）

正式工作之前，公司对他们进行了培训，"因为你刚从学校毕业，正式上线的话要有人带的，没人带的话，做出来的东西不行的"。"会把我们召集起来上课，我们刚去的时候还要通过考试。""老一点的员工会带我们，然后我们之间相互交流一下。"（李刚，P4）

经过三个月的培训通过考试后，他们才能正式工作。"高中那些课程，基本上都要考的。语文、数学、物理、电子方面的这些都要考的。"（李刚，P4）

后来，他在那做了大概有六个月，就提前回来了。"因为我们那一批正式签合同前有个试用期，就是分公司前有个过渡阶段吧。就是你这个事情做熟练了，你可以到别的车间里去。我当时就直接提出回来了。"（李刚，P4）

（二）电脑公司打工与摸索技术

1. 在私人电脑公司打工

从深圳回来后，李刚就到一家私人电脑公司学习安装、维修计算机，在那做了三年。"在那一共做了三年吧。当时同期学的人有的做了不到半年就走了，这个行业流动性很强。"（李刚，P7）

工作主要是安装、组装、维修计算机，有时间也会花时间去观察客户群，去固定一些大客户。"每天都要花40%的时间去观察那些客户，看他们使用计算机情况怎么样，有什么问题，去固定一些大客户。这样也可以调配安排一些人力过去，不然老等着他们的电话也不太好。"（李刚，P8）

工作时间不是非常固定，除了周末，有时下班了也还会有事情，加班加点是经常的事情。"我们这一行，别人打电话，你就要上门去服务，纯粹的服务行业。不管是星期六、星期天还是下班以后，只要人家一打电话你就得去。而且有的行业比较急，你像有的靠计算机做生意，万一下班的时候他计算机坏掉了，你必须去帮他修好，有时加班加点到凌晨有，还是蛮辛苦的。"（李刚，P7）

2. 摸索学习计算机安装、维修技术

李刚开始在这家电脑公司工作时，主要通过跟随、观察老板来学习电脑安装的具体知识，然后自己去摸索、实践，当然，实在不会时，他也会选择询问老板来学习具体的技术、知识。"刚开始的时候，像客户一般要求上门维修，就跟着老板一起去看看，弄弄什么的。然后自己要细心一点，特别要细心一点，他不会主动教你什么的，你就在旁边看着，看他怎么弄。""那个时候承包网吧还蛮流行的嘛，就是靠这些大单，然后也像流水线一样的，老板就是教你一些简单的拼接，像接主板什么的，再然后就要求你把这一批东西装起来。然后就开始自己摸索。"（李刚，P5）

"刚开始确实不知道。你就会发现，新买来的东西，装上去，就不亮，启动不了，就很头疼，有时也会弄得一头雾水。后来，和同行交流一下。实在不行，就请教一下老板，因为毕竟还是他有经验"。（李刚，P6）

可以说在那家公司工作的过程，就是李刚学习计算机安装、维修等方面的实践知识的过程。他主要是通过观察、跟随、询问老板学习；通过与同行、同事交流学习；通过"问题"学习，即排除安装过程中出现的问题；通过报纸、网络学习；通过到大城市与别人交流学习；通过了解不同的客户群体学习。

在做了三年之后，李刚在家里玩了一段时间，休息了一下，"因为事情做久了，感觉很乏力，就需要静下来休养一下，然后就休养了三个月。"（李刚，P8）

在家休养期间，由于通过网络认识了在上海的朋友，加之爱好自行车远足，于是李刚就独自骑了六天自行车，来到了上海。"要说出去旅游就是来上海之前那段时间。那时候我们那里有个自行车俱乐部，我就参加了那个俱乐部，这个俱乐部有时候就会组织一些自行车远行或到附近的地方。后来我就骑自行车到上海来了。""骑了五天半将近六天的时间。1020 公里。"（李刚，P8）

他带着地图，白天骑行，晚上找地方休息，一个人闯到了上海。"但是后来还是一个人慢慢摸索着来了，一个人的胆子是这样闯出来

的。"（李刚，P8）

到了上海之后，他就在朋友家里住着，住了 15 天。"我朋友这个人很热情的。他说反正没工作，先住这玩玩。他妈妈都把我当她儿子了。他也说平时在这也没什么人，朋友很少。他就到处打听看有没有什么适合我做的工作。因为当时我也不想老麻烦他的。所以，我就到处跑，去找工作，什么职业介绍所也去过。那个时候还上过当呢！"（李刚，P9）

"那时候刚来，心里很急迫的，想找到一份工作。就去一家职业介绍所，应该是很黑的吧，还交了 200 块钱。结果他介绍我去一个公司做文秘，关于公司的生产规模、介绍等看不到任何具体的资料，他就是把你的详细资料了解了一下，就让你第二天去上班。结果我第二天去上班，我八点钟去的时候，看到公司没开门，我就感觉不对头。""他们就是为了赚这个中介费。当时我也没上去找他们就直接走了，结果那 200 块钱也就要不回来了。"（李刚，P9）

由于刚开始没计划到上海工作，所以他身上带的钱也不多。"那个时候身上带的钱本来就不多，又不好意思向家里人要。就 300 元钱用了半个月，见朋友都要花钱的。比如闵行那边也有朋友，每次过去都不敢坐车过去，都是骑自行车过去。"（李刚，P9）

（三）跳槽碰壁与参加自考

1. 做计算机维修员、管理员

后来，他终于找到了一份工作，这份工作可能还是由于老板对他来上海的经历比较感兴趣。"再也不敢去中介所了。因为去大一点的公司，都是要文凭的。像我这样的，别人看不中的。后来的时候实在没办法了，就到长风公园里面找个地方午睡嘛，从 2 号门进去的，午睡完，从 3 号门出来的。然后看到这个计算机维修店在招人。我就直接进去了。""当时，我也跟老板谈我来上海的经历了。老板也蛮感兴趣的，就把我留在这里干了。后来做久了，发现我还可以，就让我一直在这里做了。"（李刚，P9）

在那个计算机维修公司工作了一段时间后他就被留下了，"因为有技术嘛。那个时候同事还蛮多的，连我一共六个人。因为招工的话会招好多人，相互之间也有个比较，把好一点儿的留下来，有的就被淘汰了，最后把我留下来了，在这也做了两年了"。（李刚，P10）

2. 跳槽碰壁后参加自学考试

李刚在做计算机维修、管理员的同时，还参加了高等教育自学考试。原因主要是想跳槽但因为没有学历而碰壁，所以就参加了自学考试。"做了一段时间后感觉前途不是很大，想去大一点儿的公司。后来经朋友介绍也去过，但是学历上不去，没有学历是有限制的。你经验再好，你进公司这个门槛也是要学历的。"（李刚，P10）

他的朋友建议他学简单的专业，他本来对电子商务、计算机等专业较感兴趣，但为了回避自己不擅长的英语和数学，他最终选择了新闻学专业。

后来他就去买了书来学，但由于初次报名，还是走了一些弯路。"是去复旦大学那里买的二手的书，后来才知道那些教材都改了。刚开始都买的老教材，后来发现都改了，等于那些书都白买了。"（李刚，P10）

他的学习时间主要是利用晚上，由于他住的地方离一个大学非常近，所以，有时他就去大学里面的食堂里学习。"基本是靠晚上，有时星期六、星期天也学，去学校里要安静点。"（李刚，P11）

李刚现在专科还有几门没考完，而且计划后面专业一些的课程要去辅导班听老师讲讲，"特别是到后来那些比较专业的课程，专业性更强一点，还是多听老师讲讲更好。"（李刚，P12）

现在他还报考了经济学本科专业，准备继续考。他认为应该不停地学习，要活到老，学到老。"我觉得古代不是有人说活到老、学到老嘛，说的确实很好。因为一个人不管做什么，想发展的话必须得学习知识，这是考虑到个人的发展；还有，个人修养方面也是靠学习来提高的；爱好什么的也要靠钻研维持。"（李刚，P14）

总而言之，李刚这个骑着自行车到上海来"寻梦"的大胆男孩，凭着自己在艰苦的摸索中积累的计算机维修、安装知识，在上海基本立足。他性格非常执着、非常专一，意志坚强，这可能也是他在大浪淘沙后能在上海发展的原因吧。"如果你这个人不是很专一的性格，坚持到底简直是不可能的。要是挑事情做是不行的，就是有什么事情不好做就不做了，是不行的。就是不服输，不认为这个事情做不来，而是必须把这个事情搞懂。入行很容易，但坚持下来还是不容易的。"（李刚，P13）

二 苏强：来上海摸爬滚打的"淘金者"

苏强，男，1975年出生于四川绵阳农村，还有一个姐姐和一个弟弟。"小时候学习一般，那时我比较胆小，比较随大流一点。"（苏强，P2）但高二觉得"读书还不是为了赚钱，不读书早一点出来赚钱一样的"。就自己选择主动辍学，听说弟弟在上海可以赚到很多钱，于是他也到上海打工。因此，笔者把他看成一位上海"淘金者"，但在上海期间他换过很多工作，在摸索中不断学习，终于在上海立足。他的学习行为中也有典型的"摸索"特点，所以，我也把他归为摸索者的一个代表。

（一）建筑工人与摸索学习

1. 做建筑工地工人

苏强辍学后在他姐姐家待了半年，后来发现通过劳务来上海的弟弟能赚到比家里更多的钱，于是他也决定来上海"淘金"了。"那时在家里一个月就赚100块左右，他那时在上海赚400块到500块。那时我就想上海这个地方这么好？那我也要去一下。"（苏强，P2）他来到上海，正好赶上虹桥机场扩建，于是做了一段时间的水电安装工，后来又做了一段时间的钢筋工。

后来，他又到另一家建筑工地做起了钢筋工，这个工作是非常辛苦的，"就是冬天很冷，零下几度的时候，要去摸那个钢筋，冻的要死；夏天四十几度的时候，还要去拿那个钢筋，很苦的"。（苏强，P4）

结果不巧的是，做钢筋工时他出了事故，从4—5米高的楼上摔了下来，所幸，没怎么摔着，但后来每逢下雨阴天他的腰就会痛。"有一天下午在绑钢筋的时候，可能是我这个眼睛近视不太好，我在后退的时候，本来感觉有块木板踩，结果一过去没的踩，我就想'糟了',因为下面全是烂钢筋,还有一些木板上面有钉子,还好我以前学过武术,我就赶紧屏气,以减少外界的冲击对身体内脏的伤害。后来就感觉眼前一黑,大概有3秒钟全身没有感觉了。后来他们看到我睁开眼睛了,说:'还好',就把我送到医院了。"(苏强,P4)

但他在医院只是检查了一下,没做治疗,因为没有保险,他自己也不舍得花钱。由于出了那次事故,加上晚上加班,"**我这个近视眼,容易看不清,有危险**"(苏强,P4),所以,后来他就不做这个工作了。

2. 在工地上跟随、摸索学习

苏强在建筑工地上打工的同时,为了适应工作,跟随、观察师傅,然后通过自己的摸索学习工作技能。"学习,就是人家会的人带带就行。先是跟着人家,他说递个灯泡,我马上递上去。时间一长,自己就会了。他们做了第一次,一般我第二次、第三次就会了。""师傅一般就说,看我的,然后就让你自己去摸索。"(苏强,P3)

至于电路连接方面的学习就更难一些,"但也有师傅的,也有图纸的。我三个月之内就把这些图纸全搞懂了。看一下书,自己再琢磨一下,就很快的"。(苏强,P3)

(二)个体经营与"偷"学技艺

后来,苏强又做起了个体经营,先是开了一家花店,当然时间不长,经营也不好,连房租都赚不出来;后来又卖起了凉拌菜——"夫妻肺片"。

1. 经营花店受挫

"后来我就想我老是打工,看人家都做生意,我也想做生意。""刚开始我是开了个花店。由于没经验,也没有人指导,后来我就发现怎么和我想象的不一样。其实每个行业都有自己的门道,我当时就是按照自己的想法做。看人家做得蛮好,怎么我自己一做就不行呢?虽然房租不贵,但是房租我都做不出来我还是不做了吧。"(苏强,P5)

2. "偷学技艺"

开花店受挫后,苏强发现旁边一家"夫妻肺片店"生意火爆,于

第四章 素描：生存境遇与学习行为　　　81

是就开始"偷学技艺"。"碰巧我花店旁边就有一个卖'夫妻肺片'的，他第一天开业，到下班都一直有很多人排着队来买他的。"（苏强，P5）

他后来和老板攀谈了一下发现老板还是他老乡，他就想跟人家学，但人家要收 2000 元学费，他觉得太贵了，于是他就继续开他的花店，但重点是观察、学习旁边的人怎么经营"夫妻肺片"。"观察他都有哪些菜、哪些调料，偷偷地把它记下来，菜有 15 个，我悄悄地记下来。""再看看它这个柜台是怎么设计的，它的广告是怎么写的，它的碗呀、碟呀是什么样的，我悄悄地给记下来了。过了几天，我就记得差不多了。但是有两样东西我搞不准，我就又去买他的东西，我说你就单独给我放这两样调料，分开包，其他我家里有的。我拿回来就尝这到底是什么，然后我就到卖调料那里找，后来就都找到了。我就把这些东西全搞好了，我就自己开始做。"（苏强，P4）

3. 经营"夫妻肺片"店

后来，苏强就自己找了个摊位，开始独自经营"夫妻肺片"了，尽管他第一天手忙脚乱，调的菜的味道肯定不好，但还是被抢光了。后来他和妻子悉心经营，尽管非常辛苦，但是生意还蛮好。"早晨一大早就去买菜，买来还要烧，烧好了还要切。那些菜都是要自己切的，我的手上都切出来茧，所以我现在切菜的速度是非常快的，练出来了。"（苏强，P6）"大概可以有 50% 的利润，一天可以赚个 70—80 元吧。一个月净赚 2000 元吧。在厂里打工，你还要除掉自己的生活费什么的。从里面也学了一点看地点、找摊位的本领。"（苏强，P6）

苏强做了三年后那个地方要被拆掉，再就是他的店后面有两家熟食店，也在卖这个菜，所以后来他就不做了。

（三）开工厂受骗与学习营销技巧

1. 开羊毛衫厂亏损

之后苏强又和妻子一起经营了一家羊毛衫厂，当了老板，但最终发现"自己不是当老板的料"。他们借钱去干，买了 20 台机器，一台

2000元吧。但后来发现不行,一是进货渠道有问题,二是管理不善,三是被人骗了货款不还,最后亏掉了四五万块钱。"头脑发热,看到人家赚钱就开是不行的。一个是管理不行,另一个是我们进的都是二手纱,就是别人进了做不完又转到我们这里。所以,利润很低,你就只有靠压低工人的工资,这样你就要对工人管理好,但也没有经验。后来我就觉得单独开公司我不是这块料。""还有一个人骗了我15000块钱,他让我给他做了这么多羊毛衫,后来我找他要钱,他人都跑得不见了。我找到他家里,他家里的房子也卖掉了,后来才知道他不止欠了我一个人的钱,还欠了10多个人的钱。我感觉这个人在当地名声不好,钱是有一点,就是喜欢骗人。最后亏掉了四五万块,把前几年赚的钱全赔进去了。机器也折旧卖了,便宜得不得了。再不卖,房租都要付,再就是我们的营业执照还没办,当地的(主管部门)也来找你。后来我就想亏就亏吧,算了。"(苏强,P6)

2. 学习营销知识

后来实在没有办法,苏强在朋友的介绍下去做了平安保险推销员。有人告诉他销售这一块是所有行业中最难的,让他不要去。但他认为"保险这一块将来肯定要上去的,国家要发展的,比较有前景"。他不相信自己做不成,"我不相信,我说顶多人家签一个单子用一天,我用三天,我不至于笨到那个程度,我说我多跑几次总可以吧"。(苏强,P7)

做推销员时,尽管他觉得自己会行,但由于以前没有接触过这一行业,又是外地人,所以,刚开始他着实觉得很难做。但后来他发现了一个好办法,就是找到这个领域里做得最好的人,然后和他合作——他找到了他们公司做得最好的但年龄较大的许老师,由他来找人,由许老师最后做"促成"的工作,结果他们合作的效果非常好。"然后我们一年就做了200个客户,一个礼拜就有1—2个客户,一个月有5—8个客户。"(苏强,P7)

这期间,他不仅向许老师学习谈判的技巧,而且跟随老师到客户家里,学习与客户在家里打交道的策略。"而我刚开始跟他到客户家里,心里发慌。到别人家里,人家家里富丽堂皇的,有时都不知道手、脚放在哪里，很紧张。而许老师到了人家家里，就跟到自己家里似的，很大气。我跟许老师去了几次，就学会了，然后慢慢就好了。我现在手上也有很多客户了，还包括银行行长……"（苏强，**P7**）

之后，他自己每个月都会买几本书看，特别注意看比较成功的人的书，比如阅读名人传记等。"学习这个东西非常重要，我现在平均每个月都会买2—3本书。我喜欢看传记，因为不是自己的体验也写不出的。我特别佩服奥巴马，现在在看他的自传。为什么佩服他，因为他作为一个黑人能让别人接受他的观点，拥护他，包括白人，非常厉害！所以，每当我被客户拒绝的时候，我就想起奥巴马，我想他都在传达自己的精神，我也要传达，我肯定行。他的书叫《无畏的希望》。我觉得我现在看问题就跟别人不一样，同样的问题，你的思路、你的角度不一样。这种感觉很爽，人其实都有这种感觉，就是价值得到了认可。比如你推销时人家刚开始说'不要，不要'，你慢慢说说，人家又要了，你就很有成就感。"（苏强，**P8**）

为了更好地做好这份工作，他还买了计算机，学习使用计算机，"我感觉现在这个世界真的是太好了，网上什么都有。我怎么以前不知道呢。"（苏强，**P8**）

（四）假文凭被揭发与参加成人高等教育

1. 假文凭被揭发

苏强由于与许老师合作，本来保险推销员工作做得很好的，但后来他与一个经理闹翻了，揭露他假文凭，差点使他失去了现在的工作。"就是我刚才说的我碰到了一点问题，我和现在的经理有点矛盾，原来我是高中毕业，其实我感觉这个也不合理。就是说进公司要大学文凭，而我只有高中毕业证，我就搞了个假大学毕业证。后来我因为一点事情，和经理吵翻了，就说没有文凭不让我做了。去年不是汶川大地震嘛，这个对我来说也是'大地震'。我现在就想，我去读大学，我读好，我还要在这个行业做，我将来一定要超过他。"（苏强，**P9**）

2. 参加成人高等教育

苏强的假文凭被揭发后，他就去读成人高等教育业余大学，想最终拿到文凭好好做。"其实通过这件事情我也开始反思自己。我一定要把这个文凭拿下来，我现在就在考虑我将来自己带团队怎么样带，怎么样去打拼。这也促使我自己思考，我也知道自己的毛病在哪里。我当时跟他吵，肯定也有自己的毛病和缺点，现在我也想通了。我将来还想去读金融理财师，这对于我将来跟客户聊保险、帮助他们理财都是有帮助的。"（苏强，P9）

现在，他已经在读业余大学专科工商企业管理专业，学制两年半。主要是晚上和周末去上课，他觉得学习的内容对他是有价值的。"我觉得这些东西蛮有用的，对自己将来管理团队有帮助。"（苏强，P9）

同时苏强认为，从挫折中也可以学习，而且认为人生应该多碰几次壁，这样会让人发现自己的不足，进而尽早弥补。"其实，我觉得人应该多去碰几次壁，对你自己的提升也是很快的。就是因为碰了壁，所以我很快就感觉到自己哪方面不足，我就在这方面改进。"（苏强，P9）

另外，为了更好地满足工作的需要，他平时还看其他行业方面的书，不断充实自己。"那我就看其他行业的书。因为我不抽烟，就每个月买两三本新书。有的客户抽烟，我又不会抽烟，我就想我要是知识面广，跟客户聊也是一样的，就相当于抽烟，也容易接近。"（苏强，P9）

最后，苏强认为旅游也是一种重要的学习方法，从大自然中感受人与自然的关系，提升自己的心态，反思人生，从中也可以学到很多东西。"另一个，我觉得旅游也很好，不一定非得到风景区，就是多到外面去走，多去看山川大地，你能提升自己的境界，同时你能提升你的人生，还有人和自然的关系。这个也是一种学习，你知道吗？比如你看到山峦起伏，你会觉得其实人小得不能再小，放眼看去，你是哪个都看不清，所以你不要把自己想象得如何如何，你只是这个世界中的一点，然后就是怎样让你自己这一点亮出来就 ok 了。然后保持一种平和的心态去和这个世界相处，你自己也能得到提升，也会感到这个世界比较和谐，觉得自己的人生还是有些价值的。"（苏强，P9）

现在，他还在一边读业余大学，一边做保险推销员。

苏强从高中自己选择了主动辍学后，受弟弟的吸引想到上海来"淘金"，结果就开始了他在上海"摸爬滚打"的打工生涯：做过建筑工地工人，出过工伤，结果被认为是"自己倒下去的"；做过个体经营，但最终把前些年打工的钱几乎全赔进去了。最后，做起了保险推销员，但又因为没有学历而不得不暂时把业绩记在别人名下……但整个在上海打工的过程中，他从未放弃过，而是在不断摸索、不断尝试，甚至"偷"学技艺，学计算机、读书、报考成人高等教育，不断充实自己。为此，他也可以被认为是青年农民工中通过"摸索"改变命运的代表。

第二节 不畏艰难的攀登者

当笔者听完陈燕和邹凯的故事以后，一种感觉在心底油然而生，觉得他们就像攀登者：来到城市后，陈燕做过保姆、餐馆服务员、工厂工人；邹凯做过修路工、装卸工、推销员等，但他们却在工作之余不畏艰难，不断往上攀爬，从很低的学习基础开始，参加高等教育自学考试，专科达标后又接着考本科，本科考完又考硕士研究生甚至博士研究生……后来，他们的工作也得以不断提升。因此，我把他们看作"攀登者"。

一 陈燕：不甘于命运安排的"保姆"

陈燕，女，1976年出生于四川一个山村，有一个姐姐，两个哥哥，从她的言谈中感觉到她家里经济条件很差，连交学费都有些费劲。

"那时候家里还是挺困难的，包括上小学、中学时，老师都会说：'告诉你父母，把学费赶紧交了'，反正也就100多块钱吧，我也不太了解家里的经济状况，是很糟糕吧……"（陈燕，P2）

陈燕从小学到初中这九年的义务教育阶段，非常爱好学习，学习成绩优秀，还当班干部。

"从小就是学习嘛，一二年级也没什么，就是从三年级开始，学习就非常突出，也就特别爱看小说。那时都是煤油灯，父母也不会让你一直看的，因为他们要省钱嘛。在上高年级的时候看小说就会打着手电筒在被窝里偷偷看，一晚上就把两节电池都用完了。然后还做班长、学习委员呀。"（陈燕，P1）

初中阶段，陈燕学习成绩出类拔萃，经常受到老师的关爱，是她人生感觉最好的时期；另外，还可以"借助学习逃避干活"。

"后来考初中就考到乡里了，我们的初中只有乡里有，那时我考得蛮好的，是我们学校里最好的，离重点线只差3分。初中时学习也一直是出类拔萃的，反正整个上学期间我就感觉是我人生最辉煌的时期。那时老师会宠着你，他会主动给你提供复习资料、给你很多资料、卷子拿回家做，都不要钱的。在家里嘛，父母看你学习好就可以不干活。在家里就可以打着学习的幌子不干活，看着你的朋友或其他孩子都要去山上打猪草、砍柴，心里就觉得特别享受。"（陈燕，P2）

由于初中时学习较为优秀，所以，后来陈燕高中还考到区里去了，是她们那个地方第一次以应届生考上高中的人之一。

"然后是考高中，就考到区里去了。我们那个地方人多学校少，教学条件很糟糕的，很多人都是复读三四年才考上的，我们那时是第一年有三个是应届生就考上高中的，其中就包括我。但上了高中好像就不行了，后来上了一学期就辍学了。"（陈燕，P2）

陈燕高一读了一学期的时候，她在新疆的二姨到她家里对她妈妈说，要给她找个工作，要她不要读书了，加上当时家里经济条件也不是很好，后来她妈妈就同意让她辍学。

"然后就是我姨从新疆回来了，跟我妈妈说：'读什么读，跟我们去吧，到那里找个工作好了，读书还不是为了工作'，背后跟我妈妈商量不让我上学了。我们家里是我妈做主，就跟我说：'不要读书了'，那我妈既然给我决定了不上就不上吧。"（陈燕，P2）

对于辍学，当时年幼的她也没有过多难过，与她以后提及的看到别人背着书包读书会有"**嫉妒**"的感觉截然相反。

"我当时也不觉得难过，还觉得到一个新的地方挺好奇的，我是一个好奇心特别强的人。所以辍学的时候也没特别伤心，就直接从学校里去了，跟同学一一告别，也没回家，就直接跟我姨去新疆了。"（陈燕，P2）

至于她辍学的原因，她认为家庭经济困难是一个主要原因；当然，据她观察也还没到读不起的地步，关键是大家没有齐心合力供她读书，加之当地对读书的一些狭隘的认识吧，她读到高中就是家里读书最多的了。

"那时候家里还是挺困难的，我也不太了解家里的经济状况，是很糟糕吧，但我觉得还没糟糕到供不起我上学的地步，关键是大家没有齐心协力的凝聚力想把你送出来。父母不想，哥哥姐姐也不想，他们也都会只顾自己。"（陈燕，P2）

（一）打工压抑与参加自考

1. 做保姆："像被打进了地狱"

陈燕辍学后竟也没多少怨言，抱着对工作和新地方的向往，就辍学踏上了去新疆的列车，开始了她的打工生涯中的保姆工作。

三年期间，她过得很"压抑"、"像被打进了地狱"、"失言"了……

"到了一个新的环境，你会觉得你做的并不是你想象的。他们说要给你找工作，结果过去了就是给他们带孩子，那不是我想做的。……在他们家待了两三年，心理上很压抑。"（陈燕，P2）

"当然，毕竟以前没跟我姨接触，我觉得他们是很市侩的那种人，其实我可能有偏见，可能我不喜欢带孩子，所以我会觉得有偏见。因为以前上学的时候，很受宠的，是被关注的焦点，然后带孩子就像被打进了地狱似的，那种反差挺大的。"（陈燕，P2）

"带孩子那几年里，我觉得我失言了，不太讲话，也不知道如何去讲，我觉得我的语言能力从那个时候丧失了。"（陈燕，P3）

其间还发生了一些很令她不快的事情。一是她写的日记被偷看了，而且为此受到了批评，以至于最后她认为"什么事情都放在心里是最安全的"。

"当时我特别爱写日记，因为你和整个社会都是隔绝的，也没什么途径可宣泄,唯一的途径就是写日记了。写信就没有,也觉得没什么可说的,说了家里人可能也不理解,所以就写日记。有一次,他们偷看了我的日记,就把我骂了一顿,然后我就把日记烧了,以后就不写日记了。然后就学会什么事情都不能讲,装在心里。我就得出一个结论——什么事情都放在心里是最安全的。"(陈燕,P3)

二是几次受到诬陷和冤枉。

"天天带着个孩子,肯定还有一些很不愉快的事情发生。比如在我二姨家带孩子,他们家是做生意的嘛,他们回来那钱包就放在桌子上,后来就说钱包里少了 10 块钱,他们就说是你拿的,你怎么办?""你真是没有办法的呀,对吧?也不知道她是真少了,还是数错了,这谁说得清楚呀!这种事情不止一次呀,你说你舒服吗?这很让人难过呀!"(陈燕,P11)

她在那辛辛苦苦干了三年,最后却几乎没有得到报酬。

"带孩子、拖地、抹灰、整理东西","给别人带孩子你的圈子就那么大,你没法主动地跳出来。她需要你待着,你就得待着"。"说的是给钱,但最终是没有给钱的。所以后来我妈妈还过去跟她吵架,我就说:'吵什么呀,算了。'缺了她那点钱也能过,钱也不多,那个时候就是 80 块还是 50 块钱一个月。那你算起来也没多少,几千块钱吧。"(陈燕,P3)

2. 餐馆服务员:"好早去上班"

后来由于她带的孩子大了,上幼儿园了,孩子奶奶也来了,于是她就到一家餐馆去当服务员了。

"那是一家山东老板开的,做小包子、做面片呀,人也蛮好的。每天好早去上班呦。"(语气很重)"六点,新疆的六点就相对于这边的四点。非常冷,天天去。"(陈燕,P3)

工作主要是"揉面呀、擀面呀、包包子、馄饨呀,什么活都做"。(陈燕,P3)

工作时间很长,"晚上到很晚了没客人再回去。餐馆嘛你知道的,那工作时间是很长的,十几个小时肯定有的"。(陈燕,P4)

3. 参加高等教育自学考试："下了班就学习"

后来陈燕经一个表嫂介绍又去了一家工厂。主要是由于工厂作息时间规律，方便她学习。

"工厂是一家保健品厂，它把枸杞分等级，好的、不好的，拣枸杞，包装起来去卖。""工厂里上班比较规律嘛，于是就开始学习，下了班就学习，看书。"（陈燕，P4）

由于偶尔接触到一个工厂里的一个朋友参加高等教育自学考试，也由于自己一直爱好学习，"**一直就有学习这个欲望，只是以前没有时间而已**"。（陈燕，P4）所以，一有机会，她就开始了继续学习生涯。

她选择了自学英语专业，"其实我上学时是比较均衡的，各个科目都比较好。我选择英语，是因为发现自学考试时它不考数学，数学这个东西它是比较难学的"。（陈燕，P4）

其间她参加了自学考试助学班，这对初次参加自学考试的她而言，起了很大的帮助作用。

"那种自考业余班嘛，主要是晚上去。刚开始很搞笑的，四川的那个英语发音都不准的嘛。为了纠正发音，我就随时随地自己练，自己买录音机，听，读。反正那个班里刚开始有80多个人，学了一年多下来，按期毕业的，自考通过了的只有两个人，我就是第一。"（陈燕，P4）

但陈燕的整个学习过程非常艰苦，遇到过不少困难。

"我上学时英语底子还不错，然后那个时候就开始学，下班回来就看看书。我的睡眠时间很少，从小就这样，我小时候就看小说嘛，每天睡个四个小时就差不多了。后来就是晚上回来会看很长时间，早晨起来也会看。"（陈燕，P4）"学习的时候，最困难的时候还是刚开始的时候，刚开始你还没入门，什么也不懂，发音也不准，同学也会笑话你。"（陈燕，P5）

后来，她克服了重重困难，顺利通过自学考试专科阶段的考试，获得了专科毕业证。

（二）做代课教师与参加专升本学习

专科毕业后，陈燕获得了一份新工作——代课，这对她来说是个巨大的转变。

"我学了专科之后呢，因为我口语还不错，就拿着毕业证去招聘市场了，就和当时新疆××培训学院下面一个点的负责人对话了，然后他就当场拍板要我了。就去那教书了，在那代课，所以我觉得这一步是特别重要的。"（陈燕，P5）

"那当然开心了，你就觉得你的地位、身份一下子变了。以前是最底层，对比鲜明，就觉得自己一步步在往上走。老师在人们眼里毕竟还是一个光荣的职业。也就会觉得自己的努力付出得到了回报。你就会觉得学习是有用的，你就还会继续下去。"（陈燕，P6）

之后，她就报考了新疆大学的成人高等教育的专升本班，顺利考取后，她就边在某培训学院代课，边学习本科阶段的内容。

"主要是周末去学习，因为平时工作和学习是融为一体的了。教的是英语，上班就要学习呀，这个过程中的进步是飞跃式的。你要给学生讲东西，你要把什么都搞清楚，否则你就会讲不出来呀，对吧？"（陈燕，P6）

这个过程中，由于一边代课一边学习，她学得非常辛苦。

"做老师这个不一样，你要花大量的时间备课，有时候都要备到上课前，整晚整晚地备……特别是这期间我从培训学院的分部转到培训学院总部上班，它那里主要是面向大专自考生的，等于教的就是大专的课程了，所以那个时候很辛苦。还带班主任，一个人带三个班的班主任。还要教课，那个时候，学生又不好管，真是累得一塌糊涂。"（陈燕，P6）

通过艰苦努力，陈燕最后顺利完成了专升本阶段的学习任务，而且成绩优异。

"专升本的三年也顺利通过了，那时还是班里的学习委员呢，因为我考专升本时还考了个全新疆第一。"（陈燕，P6）

（三）想进正规大学与攻读硕士研究生

本科读完之后，停了一年，她又选择了考研。主要是基于两个原因。

一是她代课的地方"虽然也是个大学,大学的培训部嘛,但毕竟体制不健全,它不能评职称,也不是很稳定,还是想再找个更稳定、更正式的单位"。(陈燕,P7)

二是"一种冥冥的感觉,还是想要做,就是喜欢,要往前走,想进一所正规的大学去感受一下,然后你考了研究生之后不就是进正规的大学了嘛"。(陈燕,P7)

考研过程总体比较顺利,她是一边在那个培训学院代课一边参加硕士研究生考试。但也比较辛苦。"辛苦,还是有的。但总体上,考研对我还是比较有优势的,因为我毕竟学英语,英语基本上就不用复习。所以,就复习政治、专业课,跨专业考嘛。"(陈燕,P7)

当然,为了考研,她在最后三个月还是辞掉了工作,考研后又继续去做。最后,她跨专业考取了新疆某大学政治专业。考取硕士研究生后,她有这样的感慨:

"我觉得你要想做成任何事情只要你肯花时间都可以做成。只要你投入时间、精力,你都会有回报的。我觉得我走了这么多的路,我就会跟人讲,我不羡慕任何人,不崇拜任何人。我觉得只要你想去做你就会可以做成,关键是看你愿不愿意。"(陈燕,P7)

(四)博士光环召唤与考取博士研究生

硕士研究生毕业了,陈燕还是选择了继续攻读博士研究生。至于原因,她认为"那个时候就是想,我要读博士!就是博士这个光环在召唤着你"。"最重要的原因就是博士的光环,就是你不了解,很好奇,你没达到这个地步,它会对你有种召唤感。然后我那个朋友也考上了呀!""对,她一直在前面跟个榜样似的,而且她也会支持你这么去做。她会给你一些信息,也以自己的成功作为典型示范,让你看到你也可以达到,她会告诉你你行,让你往前走,然后就考博了。"(陈燕,P8)

后来她如愿考取了上海一所大学,读全日制博士研究生。

总之,陈燕高一辍学后,就从四川农村老家背井离乡到了新疆乌鲁木齐市,到一个亲戚家做保姆开始了打工生涯,后来她又做过餐馆服务员、工厂工人，但在她打工过程中经朋友介绍发现了高等教育自学考试，就开始了她的继续学习生涯，从专科读到本科，又从本科读到硕士研究生、博士研究生。一路考过来，好像抓住了"学习"这棵藤、这根"救命稻草"就再也不想放手，于是就那样一路攀登过来……

二 邹凯：勇于拼搏的"修路工"

邹凯，男，1978 年出生于山东临沂一农村。他有大概 1.8 米的个子，身材魁梧，四方脸，皮肤较黑。从小家里就非常贫穷，有时连油也吃不起。从小学习挺刻苦的，后来读了高中，但高考没考上，于是他做起了修路工人，但这个过程中他不断学习，参加了高等教育自学考试的专科考试，顺利拿到了毕业证；然后，他就去做了两年的猪饲料推销员，这期间他获得了高等教育自学考试本科毕业证；再后来他出了车祸，因为感觉教师职业还是比较稳定的，就又去当了几年的小学老师；做教师期间他还做过一段时间的装卸工。另外，他在做教师过程中坚持学习，报考了硕士研究生考试。最后，他经过三次努力终于考取了硕士研究生，现在已成为江西一所高校的老师。他的经历比较复杂，吃了很多苦，为了学习，他几经周折，锲而不舍，最终开拓出了一片自己的天地。

（一）做修路工与自考专科

邹凯尽管家境困难，但学习却非常用功，直到高考时他还是班上的前五名，但他高考时刚好赶上高中合并，所以，他们班一个都没考上。"而到了我们那一届，取消了四所高中，只留下了三所，所以，到我们那上高中就不好上了，要考试了。好难考，我们班当时一个都没考上。"（邹凯，P7）

1. 做修路工人："学点技术"

高中毕业后，邹凯就跟姐夫做起了修路工。"大学没考上，就打算不上了。打算去学点技术、手艺，就过一辈子了。"（邹凯，P7）

工作主要是"一个工程师带我们两个内部民工干测量。我们的工作就是给他们放标高，我们打上一个木桩，画成一条线，就是告诉他们松铺的时候铺到的地方，用压路机压好后就一样了。每天就是这样，当然放好后我们就去测别的地方了，每个地方都有不同的标准。我们放好标高后，摊铺机就可以工作。有时加班，晚上放标高的时候，就用手电筒。我们都有些灯语，手电筒的动作都有具体的含义，比如拿手电筒画个圆圈，就表明标高可以了；手电筒往上照，就表明标高要往上提一点；手电筒往下照，就说明标高往下调一点。"（邹凯，P9）

那时，邹凯的工作时间很长，"每天五点钟起床，六点钟赶到工地。但是天又太黑不能干活，每次就再睡会儿觉，坐在那些大机器里面，像摊铺机、平地仪驾驶室里再眯一会儿"。"一天要工作12个小时还要多呢，有的时候晚上还加班，晚上经常加班。"（邹凯，P7）

2. 参加自学考试："想学也是工资的原因"

后来，邹凯因感觉做修路工付出与收获不成比例而想学习。"**想学也是工资的原因，刚开始觉得工资还可以，后来，就是发现工程师的工资比我高三倍多，他平时也并没有比我多干，他干那些东西我也都会，包括架那个经纬仪，我都能架起来。好多人架不起来的，包括学这个专业的本科生，我很快就会了。**"（邹凯，P10）别人不会用的仪器他都会用，他甚至觉得自己做的事比工程师还要多，工资却相差悬殊。因此，他想通过学习改变自己的境况。恰好邹凯听人说起有高等教育自学考试，自学也可以拿到文凭，他就趁着下雨天工地上休息时，到市里的书店把高等教育自学考试的书、试题买齐了，然后就在工地上边修路边自学。

为此，他学得非常用功，"就每天回来看书、做题"。（邹凯，P10）而且当别人都在玩、聊天时，他自己在学习，却不会受影响。"你心里想着学的时候，你就不会受影响，反正我是。"（邹凯，P1）"然后北大有个自考的资料，那上边有10套题，我都会完完整整、原原本本地做一遍。而且每门课的书我都会看两三遍，那时学习非常刻苦……"（邹凯，P1）由于学习比较努力，他两年就把专科阶段的考试科目全部考完了，最后顺利获得了专科毕业证。

（二）做推销员与自考本科

邹凯家里本来就比较困难，后来他爸爸去世了就更困难了，于是他就想着赶紧去赚钱。因此，拿到专科毕业证后，他就出去找工作，那年大年初三就出去找工作了。"结果那时候招人的单位也没怎么有，**后来找呀找，找过几个，最后去了一家是卖猪饲料的公司做起了推销员。**"（邹凯，P12）

正式做推销员前先培训了半个多月，培训的内容很多，既有业务方面的，也有销售技巧、拓展训练等，这期间邹凯学习到了一些销售技巧。后来就由区域经理带着去实习，区域经理跟别人谈判时让他们在边上听。经过几天，区域经理让他试着去谈一下，结果他谈成了，于是就给他分了市场，他是最早一个分市场的。

邹凯分了市场以后，身上只剩下100元钱了，他就非常节俭，吃了很多苦，才谈下了一笔业务。"我公交车都不舍得坐，真不舍得，觉得一块钱好大，不舍得花，中午买馒头也只买一个，不舍得买，提着个包，一边啃一边走，矿泉水也不舍得买。有一次，我去谈一笔业务，坐公交车去的，谈完了，就走回来的，一直走到凌晨3点多，路上我拦车，人家也都不停，真的不停，可能我是男的，人家也不敢停，怕我是抢劫的什么的，回来脚上都磨起了好多个泡。结果还没谈成。"（邹凯，P13）

谈了好久都没谈成，但是他还是每天出去，后来大概谈了两个星期才谈成了一笔，一下子就赚了两万多元。之后他继续做着推销员，后来还谈成了一笔大单。当然，这是与他的努力和付出分不开的。"我那时是比较认真、比较辛苦，后来我明白做业务只要你认真、肯吃苦，没有做不成的。"（邹凯，P13）

但在做推销员的过程中，邹凯还是坚持学习，报考了高等教育自学考试本科，"做业务时我也带着资料，有时候也看一下"。（邹凯，P14）而且他有一套自己的学习方法。"我觉得在自学考试里面，只要你付出努力了，你一定可以得到成果。然后我做了大量的练习，做的题非常多。每次考试前，我的书都会过三遍，这样记得就非常牢了，掌握得非常准。"（邹凯，P15）最终，他如愿以偿，获得了高等教育自学考试本科毕业证书。

（三）农村小学教师与报考硕士研究生

1. 车祸后选择做小学教师："能活着就很高兴"

后来，有一次做销售业务回去的路上，邹凯骑着摩托车出了车祸，但他很乐观、很坚强。"我的第一反应是完蛋了，结果发现没死，很高兴；起来以后我以为膝盖没有了，结果一摸膝盖还在，又很高兴，因为血肉模糊了，用手摸了摸髌骨还在，觉得腿断了也不要紧，还能长上，还能走路，假设没有腿了，能活着也很高兴。"（邹凯，**P14**）

他先是到路边一个老大爷家里住了一晚上，第二天"终于坐上车到济南，再转车到我做市场的地方，因为我不想让家里人知道，回到了我做市场住的地方，让一个老大娘帮我买饭，我给她钱。没去医院，因为我觉得腿又没断，去医院还得花好多钱"。（邹凯，**P14**）

就这样，他在那休养了几个月后，基本上养好了腿伤，然后就又去当了几年小学教师。"出车祸之前，还想着自己办公司呢。但是出了事以后，就不这样想了，就想着要稳定，还是当老师好。起码像你摔着了，还有补偿，但我在民营单位，你摔着了，人家也不管，感觉还是不稳定，于是我就找到一所农村小学当起了小学教师……"（邹凯，**P14**）

2. 考取硕士研究生："经常到超市里看书"

但是，当了小学老师之后，并没有完全符合他的理想，因为工资比较低。"我那时是试用期，一月 300 块钱。结果去之后，两个月没发钱，然后发了，只发了 68 元。我就感觉太少了，简直不像话。"而且工作任务很重，"下面的小学也给我安排课了，都是我一个人的"。（邹凯，**P14**）

于是，他利用业余和寒、暑假又去做起了装卸工——"因为做这个会给现钱，装一车给一车的钱，马上就给钱了"。"干装卸蛮赚钱的，最多的时候，一天可以赚 150 块钱。但是赚 150 块钱，就累得要命。"（邹凯，**P15**）

在当小学老师、装卸工的过程中，由于工作任务比较重、工资比较低而且拖欠，所以他还坚持学习，报考了硕士研究生。他利用业余时间学习，学习得非常刻苦，尽量利用一切可以利用的空间和条件。"那时候农村不是经常停电嘛，但是超市里人家有电，我就经常坐到超市里去。有空调，蛮凉快的。人家逛超市我也不管。"（邹凯，P10）"我考研经常是通宵学习。我不想学了，就练字。练会儿字再学习，学着学着就天亮了。"（邹凯，P16）

暑假期间，他就跑到市中心高校的图书馆学习。"后来到快考试的时候，我就专心去学习了。每天骑着自行车六点到图书馆，风雨无阻。每天顶多有一个比我去得早的。骑自行车每天骑半个小时吧。然后晚上是最后一个走的，中午就到附近的小炒店吃饭。"（邹凯，P12）

当然，考研过程中，他也遇到过困难。"学习中遇到的主要困难就是一开始学习的时候要学习英语、政治，不知道如何学，学习的针对性不强；还有专业课怎么学呢？都不清楚。针对这些问题，我就买了一些考研书籍来看，自己学，在学的过程中自己就不断总结经验，看如何学习，如何更有效率地学。"（邹凯，P14）

后来经过三次考试，他终于考取了硕士研究生，考取了江西一所高校。

综上所述，邹凯在山东沂蒙老区一个农村长大，高考失败后为了生计不得不去做一名修路工，但他不甘心就那样干一辈子，于是参加了高等教育自学考试。尽管这期间他还从事过推销员、出过车祸、做过农村小学教师、干过装卸工，但都没能阻挡他学习的进程，他吃苦耐劳、克服各种困难一路从高中考到自学考试的专科，又考到自学考试的本科，最后从本科考取了统招硕士研究生，是一个执着的"攀登者"。所以，笔者也把他归为"攀登者"的一个代表。

第三节 孜孜不倦的求索者

下面是求索者赵蕊和王晶的打工和学习故事。她们的共同特点是从农村到城市打工的过程中，把原来"自己压着的一股气"充分发挥出来，不仅做好本职工作，而且在工作的同时不断学习，既有学历方面的学习，参加了成人高等教育业余大学的学习；也有非学历学习，学习计算机、外语、建筑行业的知识、外贸知识；还去参加一些培训，考取资格证书；既有国内的培训，也有国外的培训；既有生存层面的学习，学习一些实用技能；也有精神文化层面的学习，如感受异域文化，学习画画，学习烹饪等。仿佛她们把学习的触角已经伸向生活、工作、社会的各个层面，学习在一种横向维度上、宽度上不断拓展着……"路漫漫其修远兮，吾将上下而求索。"笔者觉得她们就像两个"求索者"，因此，笔者把她们归结为求索者的代表。

一 赵蕊："爬台阶"的纺织女工

赵蕊，女，1982年出生于江苏省南通的一个农村家庭，家里还有一个比她小六岁的妹妹。家庭经济情况一般。她从小学习还可以，但高中选择了理科后学习就有些吃力。"好像也没有特别好，但属于特别乖的那种。学习还算行吧，但到高中不大好。后来我回忆我自己选择了理科嘛，越紧张越学不好。"（赵蕊，P1）

后来读得不好，就没继续读，没参加高考。"我爸就觉得我读得又不好，考大学也没什么希望，就没让我考。后来就直接参加工作了。"（赵蕊，P1）

由于她学习不是非常好，加之家里又有两个孩子，家庭经济状况不太好，所以，为了节约高三的学费，她爸爸就没让她参加高考。"因为不考的话，高三上半个学期就不用上了，因为后面半个学期也就是复习准备参加考试嘛。上半个学期统考通过了，就可以拿毕业证书了呀。毕竟我爸和我妈要供两个孩子读书，经济上也有些紧张。所以基本上就这个样子，后来就工作了呀。"（赵蕊，P2）

赵蕊高中毕业后，就开始了打工生涯。她先后从事的工作主要有挡车工、光纤工、经纱工，还有建筑工地资料员。

（一）做挡车工与学习技术

1. 做挡车工

高中毕业后，大概休息了几个月赵蕊就去工作了。开始时是做纺织工。这段打工生涯，她自己感觉还是蛮出色的，别人对她的评价也还可以。原因可能是她想通过出色的工作来证明自己吧。"其实我觉得我当时读高中本身是冲着大学那个目标去的，中途给折下来，心中总是有一种给压着的感觉，然后我到工作的时候，我回忆这么多年，我觉得一直还都是蛮出色的。"（赵蕊，P2）

她的工作内容就是挡车。挡车工是计件制的，做得好，就得的多。当然不能出次品，出次品是要扣钱的。

她的正常工作时间是8个小时，是三班倒制。没有星期天，没有单独的休息时间，就是轮不到上班就休息。"那时不像现在，星期天就是星期天，那时候没有星期天的。就是倒班，三班倒。"（赵蕊，P3）而且经常加班。"加班就是对班，就是加四个小时。""算上加班一天就要工作12个小时。是很辛苦的呀，特别是当时的条件下。""你上一个星期的夜班，你会发现你的脸很黄，很难受。我记得我第一个夜班下来，我嘴巴里就溃疡了。"（赵蕊，P3）

工作方式是站立工作，有时还要跑来跑去。"站着工作，而且要眼疾手快。因为你要保证机子里不能有断头，不能出现次品。""而且如果遇到有的品种纱比较粗，基本上就在跑来跑去，没办法停的。"（赵蕊，P3）

工作环境方面，厂房里面有噪声，而且经常棉絮飞扬。"那个里面声音很响的，你出来后你的耳朵似乎听不到什么声音，那个声音会在耳朵里响很久的。"（赵蕊，P3）

住宿方面，她是住在工厂的宿舍里。"厂里有宿舍的，就是上、下层的那种，被子自己带。"（赵蕊，P3）

她在那工作了三年，三年间除了轮班休息，她没请过一次假休息，甚至有一次生了一个月的病都没有休息。"那时候厂里有个特别的规定，就是这一年里除非厂里放假了，你如果一天都不休息，厂里会奖励给你800块钱的。那时800块钱对于一个小镇上的人来说还蛮多的。那时候我玩命地干，有次我病了一个多月都没休息"。

当然，做挡车工时，赵蕊的主观境遇也不佳，特别是刚开始做学徒的时候，还受了气。她刚去上班时就因为穿了一件小了接不到同样颜色，所以有两种颜色的毛衣而受到师傅的歧视。"因为我小时候穿小了，我妈妈就接了一块，颜色总归是不一样的，也无法配到跟原来一样的。师傅看了我一样，说：'你的衣服还两个颜色？'我也没说话，两个颜色就两个颜色呗。"（赵蕊，P4）后来师傅说她笨，她也很伤心。"出来后师傅说我这个人笨乎乎的。我回去哭了很久"。（赵蕊，P4）但是，赵蕊还是非常乖巧，最终赢得了师傅的喜爱。她们中午都是在车间里吃饭，"我就帮师傅把饭准备好，去热好，给她拿过来，汤也打好，筷子也放好，还包括对她的那个朋友也这样"。"后来时间长了就好了，基本上都是我在做，师傅在休息。她也开心了，也不说我笨了。"（赵蕊，P4）

2. 学习挡车技术

赵蕊在做挡车工时，主要是学习挡车的技术，方式主要是跟随师傅观察学习，然后通过自己的实践巩固技术。同时，赵蕊在这个过程中还学到了与人打交道的技巧。

（二）做光纤工与接受培训

1. 做光纤工

后来，赵蕊有了一个机会去南通一个比较大的企业做工人。"因为毕竟是去厂里做工人，感觉跟你原先心里那个说不清楚的设定更接近些。虽然也不知道自己的目标到底在哪里，但心里的那个目标肯定比做一个挡车工要高一点。"（赵蕊，P4）

进厂后，还对她们进行了培训，首先就是军训。"老是立军姿，站在太阳底下晒，我的大脚趾由于老是站，有一月掐上去都没有感觉了。我比他们有一个优势就是我站了回去腿不累。他让你老是笔直地站着嘛，我这个手这里有点伤。她们是腿也痛，手也痛。我腿没事儿，因为我本来已经站了三年了嘛，我脚上都有老茧的，所以我腿没什么事儿。军训了好久，反正就是大热天在太阳底下晒，晒得我们脖子上的皮都脱掉了。它就是要告诉你你要服从管理。"（赵蕊，P4）当然，还有其他内容的培训。"就是把光纤熔合起来。会给你上一些'熔化课'，了解比如光纤的组成。"（赵蕊，P4）培训了几个月通过了考试后她才开始工作。

但赵蕊感觉整个工厂的管理是非常严格的。"工作的时候指甲不能长,会检查的;不能穿无袖的衣服。我刚去的时候吓得三天没敢上厕所,都憋回来上的。因为它太严了,我不知道它到底严到什么程度。后来习惯了也就好了。"(赵蕊,P5)

她的工作内容是做熔拉光纤。"我是在熔拉车间的,这里面也是有点技术含量的,比如加胶加到什么程度,也是蛮复杂的。每个月都有测试、考试之类的。"(赵蕊,P4)

"要把光纤剥离出来,下面有一个高温的加热的,是氢气烧的。先用剥纤钳剥离,然后打结,打火钳一点,然后烧、熔合。计算机上会显示数据,拉了多长了、熔合了多少了,设定一下,然后再加胶,整个过程挺复杂的。"(赵蕊,P4)

后来,这个企业因为新建厂房,又停业了一段时间;最后,由于她为一个同事的考核问题打抱不平而导致自己被裁员了。"被待岗那个女孩子一直很勤恳的,很明显分数被改掉了,很不公平。让我们很多人待岗,还问我服气吧?我就说:'你是白领之上的白领,我是蓝领之下的蓝领',我认为没有绝对的公平,但我这个是不公平的。我一说把他说得都没法开口了。"(赵蕊,P5)而被裁员赵蕊认为也不是什么坏事,"我也一夜之间出名了,其实也算破釜沉舟了,在那耗着也没什么意思。到最后裁、裁,就剩几个人了,看起来人家都被裁员掉了,你还在那里,其实在那里也没什么意思"。"我就想反正不做了,我就对我妈妈说:'你女儿有本事自己去找口饭吃,要不然,扫地我也能找口饭吃。'"(赵蕊,P5)

2. 学习光纤技术

在做光纤工过程中,赵蕊也有一些学习行为。她要参加一些培训,包括军训,上关于光纤方面的课,跟师傅学习等。军训了一个月,晒得她脖子都脱了皮。还会给她们上一些工作方面的课,"会给你上一些'熔化课',了解比如光纤的组成。会给你提供工具,有一个师傅带你的"。(赵蕊,P4)还要学习一些做人方面的知识。"然后还会教一些做人的道理,比如出去了,人家跟你吵架,但是你不可以跟人家吵,就是你不可以先动嘴。还培训了《方与圆》,我记得里面

讲过'这是一枚小小的铜钱，内方外圆'。"（赵蕊，P4）

（三）做经纱工与学习技术

1. 做经纱工

从光纤公司被裁掉后，赵蕊又去了江苏省某市的一家织布厂，做经纱工人。当然，做正式经纱工之前也是有考核的。"经纱是要前面经过几关之后才能到这个步骤的。这个工作要练基本功，要练打结，一分钟打多少结。我打的结还是蛮漂亮的，后来还被作为样本。一开始打得手上生了老茧，每个学徒工都这样的。那时候都拿一些废纱回家，挂在脖子上，一根打完，再打一根，不停练习。一开始一分钟只能打几个，5个、6个、7个，后来就打到18个，但从18个打到20个就蛮难了。我那时打得算蛮快的，一分钟超过25个，当然也有1分钟超过30个。其实多1个，人家要付出的努力都是很大的。"（赵蕊，P6）

工作内容主要是用整经机经纱。"有那个整经机嘛，你要看有没有线头卡在里面，它要合作制的，要是合作得好也蛮好的。"但要做得好也不容易，"要做得好，要有相当的精力，脑子要比较清楚"。（赵蕊，P6）

工作待遇方面，"也不见得多好，就是自己憋了一口气，努力做。因为是计件制嘛。但是没办法，因为我毕竟说了我就是扫地也可以有口饭吃的，其实蛮辛苦的，我自己也很卖力的"。（赵蕊，P6）

生活方面，"也是住在宿舍，离工厂蛮远的。一个月交点水电费吧，几十块钱吧"。吃的方面，"那个时候体会了物价上涨，最初的时候一块饭1.5角，就是蒸好了划成一块一块的，后来我走的时候都涨到3角了，1条青鱼9角，有时就是晚上多打一点饭，比如打三格，第二天早上就吃那个水泡饭"。（赵蕊，P6）穿的方面，"那时候也没什么别的开销，穿衣服也就那样，又不是去见什么人。我那时还算舍得的，我记得我买过一件'以纯'牌的短袖，花了69元，她们都羡慕得不得了，我就有点难受。基本上没什么其他消费"。（赵蕊，P6）

业余生活方面，赵蕊喜欢看《读者》。"像我那时迷上看小说了。迷上看《读者》了，基本每期都不落的。那时还发短信评论，说有

奖，我发是发了，但从来没中奖。"（赵蕊，P6）

后来，她做了两年经纱工，还是辞职了，至于原因，她说："怎么说呢，可能是心中老有一个台阶一样的，我觉得我反正有了一门手艺，如果做其他的不行的话，我还可以靠这个吃饭。但如果能上第二个台阶的话，我会踩上第二个台阶。后来刚好有机会，就是一个老乡在上海工作，知道这边缺一个人，刚好我就过来了。"（赵蕊，P7）

2. 学习经纱技术

赵蕊在做经纱工时也有较明显的学习行为。在做经纱工之前，她们要先练习打结，通过了考核才能进入下一个环节。"经纱是要前面经过几关之后才能到这个步骤的。这个工作要练基本功，要练打结，一分钟打多少结。"（赵蕊，P5）由于她练习比较刻苦，晚上经常"拿一些废纱回家练，挂在脖子上，一根打完，再打一根，不停练习"。（赵蕊，P6）受师傅的影响，吃饭时很快吃完就回来工作，加之有前面挡车工的经验，所以，她"大概一个礼拜就到了下一个工序，而这在以前是基本没有的，她们一般都要半年，而且还要经过挑选"。（赵蕊，P6）。所以，她的学习还是蛮有成效的。

另外，在做经纱工时，还要学习与人合作，"有那个整经机嘛，你要看有没有线头卡在里面，它要合作制的，要是合作的好也蛮好的"。"比如一个花型，有的人一下子都能记下来。记下来后到上面装就快。如3根黄的、2根绿的、5根黑的，她先把黄的装好、再装绿的，她先把这些装好，然后空下来的我来装。"（赵蕊，P6）而最后她的合作能力锻炼得很好，"她们还是蛮服我的，比如跟我搭档，就蛮好的，而跟别人搭档就不搭理别人"。（赵蕊，P6）

（四）做资料员与相关学习

1. 做资料员

离开经纱厂后，赵蕊就来到上海到建筑工地做起了资料员。但毕竟是刚接手一项新工作，又是隔行过来的，之前对建筑行业一点也不了解。所以，刚开始工作时，她还是比较吃力的。"开始肯定有难度，因为你什么都不知道。"（赵蕊，P9）

她的工作内容是做资料。"这个就是一项专门的工作，就是一个工程超过 1000 平方米，造价超过 30 万元，就必须做资料的。要根据工程的进度，做这些资料，然后送给监理去批。装修是一个实体的过程，但是这些书面的东西也要跟上去。包括你用的什么材料、性能，有专门做的机构，我只要填个单子，送过去就可以了。比如这个墙，要用砌筑砂浆，7.5％的强度，但是它是否达到了这样一个强度，它有一个专门的建筑检测机构，你送过去，它要过 28 天，有个检测报告给你，假如这个东西压出来达不到那个强度，就不行。"（赵蕊，P9）

另外，还有一些打杂的工作，"一个老板用一个人，不可能丁是丁、卯是卯，一些小事情肯定要一起做了的呀。比如人家让你打个单子，你说'我是做资料的，我不打'，那你合作也没办法和人家合作了呀。反正能做就做掉"。（赵蕊，P8）

工作待遇方面，"工资现在有 3000—4000 元吧"。（赵蕊，P12）当她考到二级建造师资格证时，还加了工资，年终得到了 1 万元奖金。

生活方面，她住宿的地方是由公司帮忙租的，但租金从她工资里扣除。"因为它给你提供了住处，你再想工资高也不可能。月租这笔钱公司直接付掉了，没经过我的手。在这一带租个房子还是蛮贵的，所以那时候工资也很低。"（赵蕊，P11）吃的方面，"中午一直是在公司吃。如果出去在工地上，公司就给钱。中午要订饭，打电话送过来。到月底一起结算"。（赵蕊，P8）

社会保障方面，公司给赵蕊买了综合保险。"是公司给交的呀。其实刚开始的时候公司也没交，不过是后来才交的，查得严了就交了。"（赵蕊，P8）

业余生活方面，这段时间她的业余时间大部分用来看书、学习了。"我来了上海三年的时候，外滩都没去过。有次朋友来了说去外滩，我说去吧，车刚开到南京路，我就让人家停下了。我以为到了呢，哪知道外滩远着呢，还要开一段才能到呢。"（赵蕊，P13）平时她甚至很少逛街。"是很少逛街，我通常是拿个纸，牙刷没了写上牙刷，牙膏没了写上牙膏，什么没了就写上什么，然后到超市里买完就回来。"（赵蕊，P13）另外，业余时间，她还会烧烧菜，放松一下自己。

2. 相关学习行为

（1）参加培训

做资料员的工作后，由于之前她对建筑行业一点也不了解。"刚接手一个新工作，基本上也是接受一些培训啊，自己去了解这个工作。因为我毕竟是隔行过来的，之前对建筑行业一点也不了解，就是跟在一个木工后面，一开始比如'轻钢龙骨'什么的我都不知道。比如那个吊顶，它不是直接吊上去的，它里面有这些龙骨什么的。待了几年，不断学习就知道了呀。"（赵蕊，P7）

于是她就去参加了一些培训，当然有些也是公司推荐参加的。"参加了资料员的培训班。自己去报名参加的，学费是公司报的。""我也会主动去参加一些培训，有一些培训是我主动给老板讲的，说我要去参加培训。比如你考那个建筑师，里面有好多课。你要是读到好的学校还是不错的。这些老师本身就是这个行业里面的，他会给你讲好多，那你原先不知道的就慢慢知道了。"（赵蕊，P9）

至于获得培训资源的方式，有的是从行业人员那了解到的，也有自己针对性去寻找的。"自己网上搜索一下，再就是行业里面的人也会讲哪里比较好，基本上也就固定几个点，然后就自己去看看，有的确实讲的还是可以的。"（赵蕊，P9）

（2）考取资格证书

赵蕊在参加了一些培训后，除了学习了一些具体的建筑行业的知识外，还考了一些资格证书。"我觉得前后几年一直在学习，陆续考出来的。后来考出来了'资料员'，还有'造价员'。还去学了'CAD'，画图的，也考出来了，CAD等级证。"（赵蕊，P7）"含金量最高的就是去年考出来的'二级建造师'，那个考得蛮辛苦的。"（赵蕊，P7）

（3）联系实际学习专业知识

另外，赵蕊还比较注重联系实际学习建筑方面的比较抽象、比较专业的知识。"我的学习方式是多到现场去看看,学学规范。"对于比较抽象的知识她也会多向专业人士请教,"比较抽象的你比较不好理解的东西,就去问在这个行业里待的时间长的人呀,他们会告诉你。像'龙门架',安全、法律、合同、索赔这些内容都包括在里面了,内容还是比较广的"。(赵蕊,P8)

(4) 参加成人高等教育学习

后来,为了有个学历文凭能够更好地工作,赵蕊报考了成人高等教育,"来了上海,进了公司,文凭是必然要面对的一个问题。那时候知道有高复班,就去报考了"。(赵蕊,P9)报考了高复班后,她非常努力地学习,"那时候我就是经常晚上看了,第二天早晨起来还在看"。(赵蕊,P10)

赵蕊考二级建造师和考成人高等教育业余大学是同时进行的。当被问及是怎么分配时间时,她说:"怎么说呢,所以我来了上海五年,就觉得过得很快。但是没有办法,你只能这样。""大致还是有个段落的,老师讲哪一段我就回去看哪一段,然后上课之前再瞄一眼……"(赵蕊,P10)她高复班的课是每周的星期一、星期三、星期五晚上上课,每天晚上上完课后,她当天晚上回去就看老师讲的内容,然后下次上课之前再看一下;而每周星期二、星期四、星期六、星期日的晚上她就看二级建造师的考试内容。

总之,她每天都很忙,经常下了班买两个包子就去图书馆看书了,一直看到图书馆关门,以至于她来到上海五年,也很少出去玩过,甚至连外滩的具体位置都摸不清,也会觉得时间过得很快。

最后,她终于考取了住处附近的一家业余大学,学了商务英文专科,学制三年,主要是周一、周三、周五晚上上课。在业余大学学习过程中,她基本上不缺课,由于学习比较努力,成绩非常优秀,还获得过500元奖学金。

(5) 学习使用计算机

赵蕊在来上海之前,就自己买了计算机。当然,在家里没怎么使用,就是练练打字、打打游戏,来上海之后,她专门学习了很多计算机方面的知识。主要是通过业余大学学习,同时,工作过程中也边用边学。"后来在夜大计算机课上学到了很多东西。有时也问同学，晚上回来了就在家里练。有时书上的还蛮烦琐的，就在那试试，琢磨一下，就会了。再不懂的，就下回上课的时候去问老师，有上机课嘛。问着问着，有的时候，老师就说你去问那个老师吧。后来工作的时候，也边用边学，问问同事，再看看书什么的。"（赵蕊，P13）

总之，赵蕊因为失眠、学习方法不对等原因高中学习成绩不好被认为考大学没有希望以至于没参加高考加工作了，开始了她的打工生涯。用她自己的话来说她是"**中途给折下来了**"，所以她就会"**心里压着一股气**"，于是就会拼命做挡车工、光纤工、经纱工。在这些工作过程中表现优秀，不仅学到了技术，而且学到了一些为人处世的社会经验，但她并不满足，而是不断"爬台阶"。后来到上海做建筑资料员，一面努力工作，一面勤奋学习，学习建筑专业知识，参加培训，考取各种资格证书，学习计算机使用技术，参加成人高等教育等。学习的领域不断拓宽，学习的内容和形式不断拓展，尽力发挥着自己的潜能……因此，她可以被归为青年农民工中孜孜不倦的"求索者"的类型。

二　王晶："捍卫家庭"的学习弄潮儿

王晶，女，1977 年出生于黑龙江省的农村，她妈妈有先天性心脏病，曾因要供她读书而错过了最佳的手术时间。王晶也因此非常疼惜妈妈，选择了一条与众不同的成长道路。初中毕业后，她没有选择读普通高中，而是选择了读职业高中，学习酒店管理工作，三年后就开始从事酒店工作，从一个酒店服务员做起，一步步做到酒店销售经理；后来就跳槽到一家进出口石油贸易公司工作；然后，自己到法国学习了一段时间，回来后就到上海一家进出口木材公司工作，这期间曾被派往美国等多个国家，进行过艰苦的培训，后一直在这个行业工作。

王晶的学习行为也非常丰富，当然主要是工作过程中的学习，包括学习酒店工作、学习外贸知识、学习木材方面的知识等；也有工作后的学习，学习使用计算机、学习外语、学习法语、学习烹饪等；既有上述这些非学历学习，也有成人高等教育学历学习。她学习时非常投入，几乎把所有的时间都充分利用起来了，用她老板的话说她能把自己的人生变成别人三倍的人生。"我学习的时候，都是把自己推到一定的极限，能做到就做，做不到我也没办法，当然我会有一个中心点，什么围绕着什么……""我是全副武装地去学习，我很少有空余的时间去做其他的事情……"（王晶，P3）

（一）酒店工作与"极限"学习

1. 做酒店工作

王晶读到初中以后，就选择了职业高中，学习酒店经营管理专业。因为她觉得她不应该再拖累家里，也想走出一条与众不同的发展道路，于是她对她妈妈说："如果你再让我这样子学下去的话，我就离家出走了。我觉得从别的路走也一样。""我之所以那么早就不想按照常规的路子走了，就是因为那时我不想再让我爸妈为我受苦，付出那么多了。那时我妈为了让我上学，都拒绝了去做心脏移植手术，等后来我工作了，家庭经济慢慢恢复过来时，我妈已经错过了手术的最佳时期了，再做手术的话，并发症很多的，风险非常大。其实，从那时起，我整个人就变了，这是一切的开端。"（王晶，P2）

三年后，她顺利毕业，被分配到一家酒店工作。"刚开始也不是非常顺利，因为没有经验，刚刚开始工作，好在那时的老师算是看人准一点吧，她觉得我的可塑性好一点，所以，她给我放的位置各方面都好。"（王晶，P1）然后她就从前台接待、餐饮服务员做起，最后做到了酒店的销售经理。这个过程中，她接受过严格的训练，并且她自己格外努力，自我加压，比别人吃更多的苦，最后脱颖而出。

因为她的艰苦付出，最终她从一个最基层的酒店服务员进入到领班，然后进入到主管，又从主管做到经理，再做到最高的经理——销售经理。

工作时间方面，是三班倒制的，也是非常辛苦的。做销售工作时，竞争非常激烈，她面临的工作压力也很大。"因为销售是完全看业绩的，非常残忍。你就是再有能力，但只要你的业绩是'zero'（零），老板照样不满意的。"（王晶，P3）

2. "极限"学习

王晶在酒店工作过程中，发挥自己最大的体能、充分调动自己的潜能去学习以通过各项考核，实现了迅速成长，她在这个过程中的学习行为可以称为"极限"学习。

（1）学习最基本的酒店服务事项

"我去学习，去培训，刚开始都是很辛苦。比如说酒店里每个环节你都要熟悉，你才能做到最高层，你要知道每个部分。餐饮和客房是酒店最基本的，这些你都要去学。餐饮要训练端盘子，在星级酒店，要讲究姿势、面貌。那时通过托砖来练习托盘嘛，别人拿两块，我拿三块、四块。把酒瓶子装满水放托盘上，一个男孩子最多托五瓶，我就放六个，我就要让自己快速地成长起来。所有这些，老师都看在眼里，她觉得这个人可塑性很强。包括上客房学习，餐厅前台、调酒师、客房、厨房、传菜、前台接待、后台预订等各个环节你都要去学会，再比如客房包床、抖床单，这些你都要学会，你才能做到一个高层。要从最基层做起，否则你去管理人家的时候你都看不出人家哪里做得不好。我那时累得胳膊、腿都会肿，下班后都不敢回家。这个过程中遇到困难，我自己也偷偷地哭过。特别是当手酸掉，托不动打抖的时候，会被老师说，然后我自己也哭过。因为我付出的比别人多很多，就这样，一步步走过来，我变得成熟得也快。"（王晶，**P2**）

"再比如练包床、更换床单，比如我们要在 3 秒钟内换一个枕套，而且要把它铺好，所有这些东西学的是非常艰辛的，回到家的时候，自己也在那偷偷地练。要去练习那个摆度，各个方面，当然跟酒店不一样，但是可以练习臂力。另外，自己也会去举哑铃练习臂力。"（王晶，**P2**）

（2）学习酒店销售技巧

当王晶升为酒店销售的时候，又学习了一些销售技巧方面的知识。这种培训她们酒店内部就有。"酒店里面都有一个专门的培训部，你从一个职位跨越到另一个职位，你觉得你需要的任何方面的东西，它可以帮你做训练。""老师培训的时候也会告诉你进入一个房间，**10** 分钟之内不要出来，因为很多人一开始都说：'不要，不要。'不管用什么方法，**10** 分钟之内不能出来，但是这 **10** 分钟你是要跟他交流的，你要对自己有一步一步的要求，你才会做好，否则，你自己就没信心的话，你就会被踢出来。这样子，就跟着老师一点点培训。"（王晶，P2）

（3）学习使用计算机

计算机方面，王晶在职业高中时学习过，但工作后她又专门去学习过，特别是利用酒店工作的空余时间去学。"我后来又专门报班去学过计算机，就是在工作的时候，我永远都是这样子的，我是全副武装地去学习，我很少有空余的时间去做其他的事情。因为我们是倒班制的嘛，人是分三个阶段的，一个工作时间、一个睡觉时间，还有一个是空余时间，那这个时间很多人就去玩去了。而我就拿它去学一点东西。我就是这样子去学的。"（王晶，P3）

她在学习计算机时，对自己要求也分外严格，甚至有些自虐型的，通过严格训练，她的打字速度提高得很快。她在学习时会要求一朋友"我只要一打错，你就拿格尺打我手"，后来她的手被打得像小馒头一样，最后她一分钟能打 105 个字。

（二）石油贸易公司与"转型"学习

王晶后来跳槽到一家进出口石油贸易公司工作，于是开始进行"转型"学习。"那我就实现了一个转型，就是从一个服务行业进入到了一个在上海认为是白领的行业。"（王晶，P3）

1. 做贸易公司老板助管

由于王晶比较擅长与人打交道，做酒店销售经理时最终业绩还是不错的，也借机认识了不少人。"因为我认识了一些大的公司的人，我也有这样一些朋友，这时候我也开始了转型。"（王晶，P3）为此，她也得以变换工作，进入了一家进出口石油贸易公司工作。

"等于也是我自己去跑的，因为我的客户里面有很多大公司，比如船运公司，他们都是做这种国际工作的，时间长了，我就认识他们了。他们会说：'你挺有能力的，为什么不尝试一下，让自己的人生迈上一个新的台阶呢？'"（王晶，P3）

在这个石油公司，她先是做秘书助理，除了帮老板做事，还要处理很多杂务。工作内容方面，开始做得比较杂，"什么都做，像买机票、订车票啦、订酒店啊、开门啊、订报纸、杂志"。后来老板就觉得她做得不错，就提拔她做秘书了。这时，她除了认真做好工作，还在积极学习一些进出口贸易这方面的知识，这也为她后面的跳槽奠定了基础。

"我是一个非常有野心的人，我当时就想这是一个机会摆在我的面前，我做就要做好它，不做我就不要去做。我就去做了，我以我自己的能力去做，但是还有不足，但是我告诉他，是什么原因造成的不足，因为你没有给我足够的空间和时间，如果你给我一个星期，你会看到不一样的一个结果。老板也就逐渐了解我，同时公司的业务也在扩大，就这样我迅速成长起来了。"（王晶，P4）

2. 学习外贸知识

王晶进入进出口石油贸易公司后，就开始学习外贸方面的知识。"我也在学一些进出口贸易这方面的知识，我觉得这些知识很有用。先是他们做的时候，我看。后来等我感兴趣后，我就到外面书店里买书看。看到底是什么样子的，怎么去做。后来我发现外贸这个东西挺好的，将来可能会帮助我很多，我觉得我隐隐地嗅到了我将来发展的一个方向，我觉得我适合它，它也适合我。"（王晶，P4）

为了更好地学习这方面的知识，她会自己花钱去买书，然后还去找一些朋友，问他们朋友的朋友，有过类似经历或知识的，去请人家吃饭或喝茶，问："姐姐、哥哥，你看这个事情怎么去做？……"（王晶，P4）

3. 学习英语

王晶在这个进出口石油贸易公司工作后，发现英语非常重要，就开始下决心好好学习它。"我那时就在学如何用外语跟顾客交流，我才发现英语的重要性。"（王晶，P4）刚开始也不顺利，也会遇到困难，"就像刚开始找工作受打击一样呀。我就想为什么会受打击呢？可能会有问题，下次我把这个问题改善了就好了"。（王晶，P9）于是，她就注重多与人沟通、交流，多说、多练、多问。"应该是在沟通中练习比较多，因为这个过程中，有人会帮你。有人看到你比较勤

奋地学，他会帮你。比如我老板也会帮我，告诉我怎样，这个时候你一定要用你谦虚的心告诉别人你想学。"（王晶，P9）

在涉及专业用语时，她就上书店查资料，经常跑书店；还上网查；也打电话问别人。总之，她会想尽一切可能，尽快让自己成长起来。

最终，她在这个公司做了一年半，然后谈了男朋友，就去了法国学习。

（三）法国休假与感受法国文化

王晶通过自己的辛勤工作后，初步改变了自己和家里的生活境况，就和男朋友一起去法国学习去了。"我赚了一笔钱，给家里一部分，自己留一部分。也恰恰是这一步，对我的生活起到了一个质性转变作用。那我就决定去进修，跟我男友去了法国。"（王晶，P4）因为法国是她的一个梦。"对于我来说，法国是一个浪漫的象征。我是觉得对我将来发展有需要的，我都会尽力去抓住它，我去完成自己的一个梦想。"（王晶，P4）

在法国，她主要是学习法语和感受法国文化。"法语真的很难学，我到现在还在学法语"，"就是去学习它，感受它的文化。当然，除了学习语言，还去学习它的宗教、文化，学习西方的礼仪"。（王晶，P7）以至于后来当她回到上海后，进出口木材公司的老板问她是否是中国人，说感觉到她身上很多东西是外国化的。她一开始去了三个月，后来又去了一段时间，在法国总共待了大概半年时间。

（四）木材进出口与"'学'字最美"

从法国回来后，王晶进入了一家木材进出口公司，又接受了大量的培训，自己还主动进行了一些学习，并认为"学是人生中最美的字"。"我觉得学真的太重要了，我觉得对我来说，学这个字是人生中最美的字"。（王晶，P8）

在2004年初，从法国回来后她来到了上海。她刚开始在一家普通的公司做后台的文员工作，处理一些数据、微机等事情。做了一段时间以后，她有个朋友要离开这个城市，该朋友的老板让她朋友找10个人去面试，她本来是去充个数，结果她被老板看中——除了她不雇别人。于是她最终来到这家木材进出口公司，先是做行政工作。后来由于工作能力强，一年半后被派去接受做业务销售员的培训。"他觉得我跟老外沟通非常轻松，就像老外跟老外沟通一样，而不像他所雇佣的其他中国人一样，沟通上比较难一点，交流思想也比较难。他觉得我就是长了一个中国人的样子，就像'香蕉人'一样，里面是白色的，所以他很开心，就一直观察着我。就想有机会一定让我更好地深造。然后一年半以后，他问我愿不愿意从行政转向做业务做销售，然后就把我送去培训。"（王晶，P5）

征得王晶同意后，公司就把她派往一家美国开的公司进行专门培训，历时三个月，过程非常艰苦。"在那个工厂，男人怎么做你就要怎么做。还要学习怎么样蒸煮，蒸煮池里的温度是非常高的，60—70℃。要蒸熟，水要怎么样，都要学。然后又开始学切那个木头，切的那个机器旁边也非常热，之后再进行烘干，烘干机出来再去修边，修边之后再去分等，再把这个木头抬到仓库里。"（王晶，P5）

后来，她又被派往美国学习，这个过程更加艰苦。"美国是冬天，到山上，雪没过膝盖，去看那个树，在山上怎么采伐。""在山上跟着他们采木头的时候，山上很冷，没有水，就用雪化成水，八个人用一盆水，刷牙洗脸全部在里面。然后做饭吃用的水是雪头层洗掉，用第二层、第三层的雪。把雪煮成水，去做饭，做汤啊，就这样子吃。在那里培训，从美国的宾夕法尼亚、俄亥俄再到西海岸拉斯维加斯，后来又去德国，又从德国去意大利，然后再回到中国。"（王晶，P5）

这种学习是三个月一阶段，学习完要进行考核，然后回来工作一段；之后再派出去学习，再考核，再工作。就这样，她在2008年被累病了。"太苦太累了，吃不消，抵抗力也变弱了。因为这个行业是男人的世界，女人能做到我现在这个位置已经是稀有品种了。"（王晶，P5）

经过多次的严酷培训后，她从后台跳到前台做起了销售工作，开始是做一些辅助性的工作，后来就做销售员。她基本上谈三次就能签下一个单子，"当然也有例外的，那我就先放一边，过一段时间，再去把这个硬骨头啃下来"。（王晶，P6）

当然，王晶认为现在的工作还是非常辛苦的。"**最难的是倒时差。这边飞到那边、东海岸飞到西海岸、西海岸飞到东海岸，飞来飞去，空中飞来飞去是很遭罪的。**"（王晶，P6）她要带客户到美国去选木材，然后接着在那边学习一些这个领域内的知识。"**我们带他们出去买货，回来他们自己回来。然后我们再在那边进修，要抓紧任何时间进修，因为这个行业有它自己的特殊性，也有它自己领域的专业知识、技巧。**"（王晶，P6）

另外，在上海工作之余，王晶还去报考了成人高等教育业余大学，学习商务英语专业。她认为这对她很有意义，也认为这项政策是我们国家的福利。"**我觉得它提供了一个很好的平台，去圆一些很多像我们这样的人的梦。这是我们国家的一项福利，我也很感谢我们的国家。**"（王晶，P8）

在业余大学的学习由于与她从事的工作关联非常大，所以她学习还比较轻松，主要是联系实际学习。"**结合实际呀，因为我学的这个和我的工作比较相关，都是外贸嘛。学习的过程就是帮我自己在复习或者在进一步地深化。比如去学会计，那对我就难了，所以，人还是要学会画自己的人生，你要知道哪个是你想要的。**"（王晶，P8）到2009年年底，她拿到了专科毕业证书了。

综上所述，王晶因为妈妈患有先天性心脏病不想过多拖累家里而主动选择了一条不一样的路——读职高，早早参加工作自己打拼，最后，她基本达到了自己的目标，成了她们家庭的"顶梁柱"。但这是与她的艰苦付出、全副武装的学习分不开的。她不仅踏踏实实做好自己每份工作，而且通过自己的全方位学习把工作做到最好，以至于打工生涯升迁很快。从一个酒店管理者最后做到了白领岗位，拿到了较高的薪酬。但这可能都是她全副武装学习的必然结果吧。她不仅学习技术、技巧，而且学习提高精神素养的内容；不仅学习本国的知识，而且学习异域的文化礼仪；不仅自己积极主动读书、学习，而且注意向朋友学习；她甚至认为"**学是人生最美的字**"，"**就是到了60岁也还要学习**"……因此，她也是孜孜不倦的"求索者"的典型。

第四节　生存境遇与学习行为样态简括

前面三节详细素描了本书样本内的青年农民工的生存境遇与学习样态，概括而言，总体上可以分为摸索者、攀登者、求索者三种样态。这既包括其生存境遇的样态，也包括其学习行为的样态，是二者的综合体现。

一　样态之一：摸索者

"摸索者"以李刚（男）、苏强（男）为代表：

李刚这个骑着自行车到上海来"寻梦"的大胆男孩，凭着自己在艰苦的摸索中积累的计算机维修、安装知识，在上海基本立足。他性格非常执着、非常专一，意志坚强，这可能也是他在大浪淘沙后能在上海发展的原因吧。"如果你这个人不是很专一的性格，坚持到底简直是不可能的。要是挑事情做是不行的，就是有什么事情不好做就不做了，是不行的。就是不服输，不认为这个事情做不来，而是必须把这个事情搞懂。入行很容易，但坚持下来还是不容易的。"（李刚，**P13**）

苏强从高中主动选择了辍学后，受弟弟的吸引想到上海来"淘金"，结果就开始了他在上海"摸爬滚打"的打工生涯：做过建筑工地工人，受过工伤，结果被认为是"自己倒下去的"；做过个体经营，但最终把前些年打工赚的钱几乎全赔进去了。最后，做起了保险推销员，但又因为没有学历而不得不暂时把业绩记在别人名下……但在整个打工过程中，他从未放弃过，而是在不断摸索、不断尝试，甚至"偷"学技艺，学计算机、自己买书读、报考成人高等教育，不断充实自己。为此，他也可以被认为是青年农民工中通过"摸索"改变命运的代表。

总之，青年农民工李刚、苏强都是在农村长大，一个读到中专（李刚）、一个高一主动辍学想出来赚钱（苏强），于是到城市里打工。但在打工过程中通过不断摸索，李刚学到了计算机维修技术；苏强学到了建筑行业的一些技能、学到了个体经营的技巧以及营销的一些技巧。总之，他们就是在打工实践中通过自己的不断摸索、尝试、反思、总结经验等方式学习，最终得以在城市立足。因此，笔者把他们归为"摸索者"之列。

二 样态之二：攀登者

"攀登者"以陈燕（女）、邹凯（男）为代表：

陈燕高一辍学后，就从四川农村老家背井离乡到了新疆乌鲁木齐市，在一个亲戚家做保姆开始了打工生涯。后来她又做过餐馆服务员、工厂工人，但在她打工过程中经朋友介绍发现了高等教育自学考试，就开始了她的继续学习生涯，从专科到本科再到硕士研究生、博士研究生一路考过来，与此同时，她的命运也得以改变。因此，她就像一个不畏艰难的攀登者，不断攀爬，直至到达山顶……

邹凯是在山东沂蒙老区一个农村长大，高考失败后为了生计不得不去做一名修路工，但他不甘心就那样过一辈子，于是就参加了高等教育自学考试。尽管这期间他还从事过推销员、出过车祸、做过农村小学教师、干过装卸工，但都没能阻挡住他学习的进程，他吃苦耐劳、克服各种困难一路从高中考到自学考试的专科，又从自学考试的专科考到自学考试的本科，最后从本科考取了统招硕士研究生，最后，他也找到了在高校的工作。由此，他也是一个执着的"攀登者"，所以，笔者也把他归为"攀登者"的代表。

综上，陈燕和邹凯在打工过程中，由于压抑或不满足于现状，而抓住了学习的"绳索"不断向上攀爬，最后，他们不仅登上了学习的山顶，而且，他们的人生道路得以改变、工作得以转换、人生境界得以提升……现在，可以说他们正"一览众山小"。

三 样态之三：求索者

"求索者"以赵蕊（女）、王晶（女）为代表：

赵蕊因为失眠、学习方法不对等原因高中学习成绩不好被认为考大学没有希望以至于没参加高考就工作了，开始了她的打工生涯。用她自己的话来说她是"**中途给折下来了**",所以她就会"**心里压着一股气**",于是就会拼命做挡车工、光纤工、经纱工。但在这些工作过程中她表现优秀,不仅学到了技术,而且学到了一些为人处世的社会经验。但她并不满足,而是不断"爬台阶",后来到上海做建筑资料员,而后一面努力工作,一面勤奋学习,学习建筑专业知识、参加培训,考取资格证书,学习计算机使用技术、参加成人高等教育……学习的领域不断拓宽,学习的内容和形式不断拓展,尽力发挥着自己的潜能……因此,她可以被归为青年农民工中孜孜不倦的"求索者"的类型……

王晶因为妈妈患有先天性心脏病不想过多拖累家里而主动选择了一条不一样的路——读职高,早早参加工作自己打拼,最后,她基本达成了自己的目标,她成了家庭的"顶梁柱"。她不仅踏踏实实做好自己每份工作,而且通过自己的全方位学习把工作做到最好,以至于打工生涯升迁很快。从一个酒店管理者最后做到了白领岗位,拿到了较高的薪酬。但这是与她的艰苦付出、全副武装的学习分不开的。她不仅学习行业技术、技巧,而且学习提高精神素养的内容;不仅学习本国的知识,而且学习异域的文化礼仪;不仅自己积极主动读书、学习,而且注意向朋友学习;她甚至认为"**学是人生最美的字**","**就是到60岁了也还要学习**"……因此,她也是"求索者"的典型。

总之,"求索者"赵蕊和王晶的共同特点是从农村到城市打工过程中,把原来"自己压着的一股劲"充分发挥出来,不仅做好本职工作,而且在工作的过程中不断学习,既有学历方面的学习,参加了成人高等教育业余大学的学习;也有非学历学习,学习计算机、学习外语、学习建筑行业的知识、学习外贸知识;既参加国内的培训,也参加国外的培训;既有生存层面的学习,也有精神文化层面的学习……仿佛她们把学习的触角已经伸往生活、工作、社会的各个层面,学习在一种横向维度上不断拓展着……同时,她们的工作也在实现着不断的跨越,从一个台阶上升到另一个台阶乃至更高的台阶。"路漫漫其修远兮,吾将上下而求索",笔者觉得她们就像两个"求索者"。因此,把她们归结为求索者的代表。

综上所述，青年农民工的生存和学习样态，总体上可以分为"摸索者"、"攀登者"、"求索者"三种类型。"摸索者"代表着青年农民工的生存和学习的基础、基本样态；"攀登者"代表着青年农民工生存和学习的纵深发展样态；"求索者"代表着青年农民工生存和学习的多面扩展样态。即以"摸索者"为原点在深度（"攀登者"）和广度（"求索者"）两个维度上同时发展，展现了青年农民工百折不挠的奋斗精神和孜孜以求的探索精神。

第五章 探析：生存境遇与学习行为的影响因素

第四章中对青年农民工的生存境遇与学习行为进行了素描，初步展现了他们的生存境遇与学习状况。那么，是什么样的因素导致或影响着他们的生存境遇和学习行为呢？这一问题一直萦绕在笔者心中，并且访谈中他们屡屡提及的原因也令笔者感动，因此，笔者觉得有必要在素描完其生存境遇与学习行为的状况后先对导致其以上行为的原因进行一下分析，颇有些"不吐不快"的味道。下面就尝试性地进行分析。概括而言，主要包括以下三个影响因素群。

第一节 因素群Ⅰ：社会环境的变化与挑战

在青年农民工生存境遇与学习行为的影响因素中，首先是社会环境的变化与挑战。即他们所生活的时代特点影响着他们的生存境遇与学习行为。

一 社会变革与社会转型

无疑，我国社会正处于社会变革、社会转型的时期。1978年，我国开始实行"改革开放"政策，社会掀起了政治、经济、文化、各个领域的变革浪潮。经过30多年的改革开放实践，我国取得了举世瞩目的成绩，全国人民也从各个层面感受到了国家的变化，一定程度上享受到了改革带来的成果。与此同时，我国也进入了一个社会转型的时期，正在由计划经济向市场经济转轨，由传统农业社会向现代工业社会转型，由城乡分割向城乡统筹转变。

在社会变革、社会转型的过程中，产生了一个新的群体——农民工。农民工是具有农村户籍的农民从农村进入到城市，在城市工作，以"工资"作为主要收入的一部分群体。他们背起行囊、摆脱乡土观念的束缚、跨越传统制度的藩篱，义无反顾地闯荡在陌生的城市。他们是伴随着我国工业化、城市化和改革开放的进程而产生并不断发展的一个社会群体。他们是我国由传统农业社会向现代工业社会和城市社会转型的特殊群体是我国社会变革、社会转型的必然产物。[①]社会流动频率的加快，增加了社会的活力，使每个人的才能都得到充分的发挥，使各种社会资源的配置更有效率。这种社会运行机制使人们建立起一种信念，即每个人通过自己的知识学习、技能培养、工作努力和机会选择，都有可能改变自己的生命轨迹，实现自己的理想和抱负。

可以说，正是社会变革、社会转型的大背景促使了青年农民工的产生，当然，社会发展的阶段和特点也是影响他们的生存境遇和学习行为的重要因素。处于社会大变革时期的青年农民工，在从农村进入城市的迁移中面临着环境的改变、工作的转换、发展空间的扩大，需要诸多方面的调整和转变。因此，他们只有不断学习，才能适应这种变化，也才能跟上快速发展的社会发展步伐。

二 变化时代与学习时代

现代人注定要面对持续多样的变革：在科学上，新发现、新发明、新理论层出不穷，人们的认识几乎不能出现片刻的停顿；在技术上，新工艺、新方法不断开发，成千上万的劳动者需要提高技能或转换职业；在意识形态上，新概念、新观点、新思潮日益涌现，价值观念时时动摇、交替、更新。此外，代与代之间，孩子与父母之间，男人与女人之间的关系也同样处在一种持续的变动之中。发明创造的层出不穷，诸多学科的日益勃兴，知识总量的成倍增加，知识陈旧的速度加快、科技成果应用周期缩短、科技国际竞争白热化等，使得人们必须学会学习，不断更新知识——"防止知识的陈腐化"。诚如保罗·郎格朗所说："跟不上时代步伐的人要落伍"，而且"不要认为

---

① 韩长斌：《中国农民工的发展与终结》，中国人民大学出版社2007年版，第9页。

这种规律仅仅适用于学者或高级技术人员",事实上"这种情况在一般科学领域和技术领域比比皆是"。[1]

并且产业结构的变化和生产过程的高度机械化和自动化必然引起劳动就业结构的变化和劳动力结构的变化,致使第一产业部门向第二产业、第三产业部门转移;第二产业部门向第三产业部门转移;传统工业部门向新兴工业部门转移;以及体力劳动者向脑力劳动者转移。作为这种转移的具体反映,便是就业人口的大量流动,形成了"从农民到工人"、"从工人到职员"、"从蓝领到白领"等现象。而对这种流动的适应,只有在接受了适当的教育与训练之后才有可能,只有在进行了智能重新组合或达到一个更高层次之后才会成为可能。社会的结构在不停地发生变化,以往获得的知识已经无法满足时代提出的新的需要和新的要求。而"全部社会的、经济的和文化方面的发展,又都更要求每一个受教育的公民尽可能地发挥他的潜力"。[2]

面对如此变化,当代人类正在毫无推辞余地地接受一种新的法则,即"要么使自己适应这个世界,要么面临从这个世界上消踪匿迹或历经苦恼而陷入精神错乱的地步的危险"。为此,人们只有把自己"从智力上和精神上装备起来"才能在"两条道路"的选择中选择前者。[3]

总的说来,在科学与技术、经济与生活发生巨变的背景下,无论是人们的职业生活,还是人们的家庭生活、社区生活,其科学性、知识性程度越来越高,甚至连闲暇生活也离不开一定的科学知识或方法,而这一切远非现实生活的自然熏陶和一般社会化机构所能给予人们的。相反,唯有注重科学性、职业性和满足多种生存需求,致力于多方位、多层次持续开发人之潜能的终身学习才能使其掌握、更新和丰富社会生活的知识和技能,才能满足其适应社会生存、社会生活变

---

[1] 高志敏编著:《当代世界教育科学发展与成人教育》,上海交通大学出版社1997年版,第34页。
[2] 同上书,第15页。
[3] 同上书,第14页。

化的要求。①

青年农民工所生活的时代是一个"唯一不变的就是变化"的时代,这决定了他们必须不断学习才能跟上时代发展的步伐。

三 青年农民工的回应

上述整个时代的特点及我国目前社会发展的特征,青年农民工都有所认识和感知,他们用他们自己的认识和行动做出了回应。可以说,正是时代发展的要求和社会前进的步伐带动着他们在不断学习、不断超越自我。

青年农民工的学习、发展正是建立在对这个时代和社会发展特点认知的基础上的。下面是青年农民工对社会时代特点的认知和把握,以及他们所采取的行为。

1. 对时代特点的认知

通过与青年农民工的交流得知,他们对现在的时代特点和社会发展特征有非常清醒和理性的认知。如青年农民工苏强认为:"自己主观方面要知道,现在这个社会,一定要多学东西,要认清形势。现在这个社会就是要多学习,要有多方面的才能,不是单方面的,所以要学习。不管是书本知识、专业知识还是社会知识都要学习。人要多方面才行,不能单方面,能够多学一点就多学一点。"(苏强,P10)

李刚也认识到这一点:"做我们这一行的就是要不断地学,在工作中就得学,计算机行业发展很快的。每个时代的东西都不一样的。像我刚上班时笔记本用得不多,返修的少,现在用得多了,返修的就多了,你就得熟悉这方面的业务。"(李刚,P15)

邹凯也认为:"社会在不断进步,如果不学习,就会被社会所抛弃和淘汰。总结我 30 多年的经验,正是不断地学习我才有今天。只有抓住时代的脉搏,才能跟上社会,使我不断地前行。"(邹凯,P14)

---

① 高志敏:《成人教育社会学》,河北教育出版社 2006 年版,第 45—46 页。

2. 选择不断学习

当青年农民工认识到社会和时代发展的特点以后，便选择了不断学习来满足、适应时代、社会发展的要求。为此，他们产生了各种各样的学习行为，如前面几章所述，既有正规学习行为，也有非正规、非正式学习行为；既有学历学习，又有非学历学习等，并且他们还坚持终身学习的观点。

（1）感知社会的要求，进行学习

一方面，青年农民工在城市生活过程中，感知到社会发展、行业发展的要求，觉得自己有差距时，便采取学习行为弥补这个差距，迎头赶上。

如赵蕊来到上海做资料员后认识到社会的发展要求——文凭是必需的，必然要面对的问题，所以，她选择了去业余大学学习。"**来了上海，进了公司，文凭是必然要面对的一个问题。**"（赵蕊，P9）

再如，李刚感知到自己的服务对象是非常广泛的，各行各业的都有，因此，他选择提前熟悉、学习各个行业的软件，了解各个群体使用计算机的习惯等。"**因为客户群体不一样，各种行业都有的。像金融行业的、医学行业的，你要懂得他们那个软件怎么运行，他们的机器需要接哪些外设，怎么工作的，这些你都要懂得。你还要了解他们平时是怎么用计算机的，使用情况怎么样等。**"（李刚，P6）

（2）感知社会不断发展的趋势，坚持终身学习

另一方面，青年农民工又对整个社会的发展趋势有清醒的认知，即认为社会是在不断发展变化的。因此，需要持续学习，甚至终身学习。

——苏强认为："**我坚持终身学习的观点。学习是一辈子的，假如将来我不工作了，我还希望能看书，要学习你们搞研究的这种人的精神和思想。**"（苏强，P11）

——陈燕指出："**现在国家这个终身学习、学习化社会的呼声都在这么呼吁嘛，终身学习嘛，没错的。这个是肯定的，不仅中国是这样，中外都这样的。英语当中就有句怎么说的来（Never too late to study），就是说活到老、学到老。**"（陈燕，P10）

陈燕还认为:"只要有书陪伴我,我的精神世界是很丰富的。真的,就是这个样子的(她试图证明自己)。就跟我一个同学说的,她天天在图书馆待着,别人会认为她会很孤单,她说:'实际上我不是这样子的,其实我的世界很精彩。'我就是希望我以后也达到那种境界就好了,就是说,天天跟书打交道,我会觉得我活得很精彩。"(陈燕,**P10**)

——王晶强调:"**我觉得学真的太重要了,学这个字是人生中最美的字。什么东西都是一个学的过程,你才会得到,不是吗?你想买一个东西,你要学会如何去买它,也是一样的。**"(王晶,**P8**)

"**我觉得学这个东西哪怕我 60 岁了,只要我的生命还存在着,我还要学下去,我永远学下去,我那个年纪有我那个年纪要学的东西,我永远都要学新的东西,我永远都要这个样子。**"(王晶,**P7**)

美国成人教育家马尔科姆·诺尔斯指出,成人具有整体一致的自我认同。这一整体一致的自我认同的重要表现之一就是使自我认识、自我评价、自我要求和自我期待等,能够同社会对于自身的认识、评价、期望和要求尽可能保持一致。成人若能与社会保持良好的整体一致的自我认同,便能有力地触发学习动机。[1]

青年农民工进入城市,使他们眼界大开,时刻受到现代文明和信息时代的熏陶;现代社会充满并散播着多元的选择、多元的价值观和多元的新思维,他们也有幸成为各种城市新思维、新事物和新生活方式的接受者和传播者。他们在感受社会的发展变化后,便努力使自我认识、自我要求、自我期待等尽量与社会要求保持一致,于是他们就在打工过程中努力学习,通过自己的努力、适应和改变,实现从农民到工人乃至更高层次的人生命运转变。[2]因此,社会环境的变化和刺激是青年农民工生存境遇与学习行为的重要影响因素之一。

---

[1] 高志敏:《成人教育心理学》,上海科技教育出版社 1997 年版,第 74 页。
[2] 刘俊彦主编:《新生代——当代中国青年农民工研究报告》,中国青年出版社 2007 年版,第 29—30 页。

第二节　因素群Ⅱ：成年早期面临的生活任务

前面一节分析了社会环境因素对青年农民工生存境遇与学习行为的影响与挑战。其实，除了社会环境因素外，青年农民工所处的人生发展阶段——成年阶段，具体而言是成年早期阶段（根据哈维格斯特对成年期的划分，青年农民工属于成年早期的阶段[1]）的生活任务也对青年农民工的生存境遇与学习行为有一定的影响作用。

美国成人教育家马尔科姆·诺尔斯根据哈维格斯特的划分，又细化了成年各个阶段的发展任务，提出了成人的生活任务。诺尔斯将美国成人的生活任务分为职业与事业、家庭、个人发展、利用闲暇、健康、社区生活等。

参照马尔科姆·诺尔斯对美国成人的生活任务的划分[2]，并结合本书对象的实际特点，将主要从青年农民工的职业生活、家庭生活、个人发展、闲暇生活、健康生活等角度分析影响其生存境遇与学习行为的因素。

一　职业生活任务

青年农民工首先面临着职业生活的发展任务，概括而言，主要包括探索职业可能性、选择职业方向、学习工作技能、开始工作、工作进步、改变工作等。

1. 工作之初与相关学习

首先，青年农民工在工作之初，要学习与工作密切相关的知识和技能。这在各个青年农民工身上都有体现。

如李刚到一家私人计算机公司打工时，首先要学习计算机安装、维修的知识。"然后自己要细心一点，特别要细心一点，他不会主动

---

[1] 哈维格斯特将成年分为三个阶段："成年早期"、"中年"和"后期成熟"。
[2] ［美］马尔科姆·诺尔斯：《现代成人教育实践》，蔺延梓译，人民教育出版社1989年版，第322—324页。

教你什么的。你就在旁边看着,看他怎么弄。一般他也没时间教你,他不会多花时间出来,因为他弄得很快,你必须全神贯注地看他怎么弄。"(李刚,P5)

"其他方式,就是我们有时候也会去周边的城市进货嘛,像到大连、武汉等地,去进一些计算机、软件什么的。一是可以交流一下大、小城市之间的客户群体之间有什么差别,然后去大城市看他们有什么货源,把它们带回来,向我们这边的客户推荐一下;二是也是一个相互学习的过程,有时候我们过去,会特意带一点我们这边坏了的东西过去,去问他们什么原因、什么故障情况。"(李刚,P7)

再如,苏强要学习建筑工地上水电安装的知识和技能;陈燕要学习如何带小孩、做饭等,即做保姆的相关技能;邹凯要学习修高速公路的知识和技能;赵蕊要学习挡车方面的知识和技能;王晶要学习酒店工作的相关知识和技能。由于前面章节已有论述,在此,不再赘述。

总之,青年农民工在打工过程中,第一个发展任务就是寻找工作。在这一时刻,他们会准备学习任何可以帮他们找到工作的知识。找到工作后,他们面临的任务是熟悉工作,以免遭解雇。这时,他们就准备学习工作中所需要的专门技能,学习达到要求的标准,学习如何与同事相处。工作位置固定后,下一个任务便是如何争取在职业的阶梯上前进。最后,当他们达到事业的高峰时,就会准备学习转换工作所需的新的知识和技能等。[①]

2. 转换工作与相关学习

青年农民工在工作了一段时间后,或出于无奈(被解雇、出了事故、家庭原因等)而被迫变换工作;或出于发展的需要,主动转换工作。这时,为达到新工作必须具备的条件,他们要进行相关的学习。

(1)被迫转换工作

如苏强在做钢筋工时,由于近视眼从4—5米的地方摔下来后,

---

① [美]马尔科姆·诺尔斯:《现代成人教育实践》,蔺延梓译,人民教育出版社1989年版,第54页。

觉得这个工作太危险，就换工作了。"从 4—5 米的地方摔下来的。就感觉眼前一黑，大概有 3 秒钟全身没有感觉了。后来我老婆说我不能做这个了，这太危险了。"（苏强，P4）。

后来他去开了个花店。"刚开始我是开了个花店。由于没经验，也没有人指导，后来我就发现怎么和我想象的不一样。其实每个行业都有自己的门道，我当时就是按照自己的想法。看人家做得蛮好，怎么我自己一做就不行呢？虽然房租不贵，但是房租我都做不出来我还是不做了吧。碰巧我花店旁边就有一个卖'夫妻肺片'的，他第一天开业，到下班都一直有很多人排着队来买他的东西。我就想他那里为什么有那么多人，而我这的鲜花看都没人看。"（苏强，P5）

由于没有经验，苏强的花店也经营不善，赚不到钱。后来他发现旁边"夫妻肺片"的生意好，于是又开始偷学"夫妻肺片"的经营技巧，为后面自己经营"夫妻肺片"店打下了基础。后来他还开过羊毛衫厂，因为赔了钱，所以又被迫转行，做保险销售员。总之，苏强的职业生涯发展过程中，职业转换比较多，多是因为各种原因不得已才转换到别的工作，为了适应新的工作，于是他进行了种种学习。

再如，赵蕊在做了一段时间的光纤工后，因为替同事打抱不平与领导吵了架，"一夜之间出了名"而被裁员。"我就想反正不做了，我就对我妈妈说：'你女儿有本事自己去找口饭吃，要不然，扫地我也能找口饭吃。'"（赵蕊，P5）后来，她又去做经纱工。为此，她也进行了经纱方面的新的知识和技能的学习。

（2）主动转换工作

青年农民工中，也有为了追求更好的发展而主动转换工作的。为了能够进入到新的工作领域，他们需要学习相关的知识、技能。

如李刚到上海做了一段时间的计算机维修员后，想到更大的公司去工作。但大公司一般都需要文凭，而他没有文凭。为此，他选择了高等教育自学考试专科阶段的学习，为将来转换工作在做着准备。"因为这个店不是很大嘛，做了一段时间后感觉前途不是很大，想去大一点的公司。后来经朋友介绍也去过，但是还是学历上不去，没有学历是受限制的。你经验再好的话，你进这家公司这个门槛就是要学历的。就是这样了，所以还是在这里了。"

"进大公司起点要求就要高一点，除非开后门，但那样的关系我又找不到。一般的关系进不去的。然后我就开始自学了。"（李刚，**P10**）

再如，陈燕取得了自学考试的专科文凭在一个大学做了代课教师后，觉得还不满足，于是又选择了继续报考硕士研究生。

又如，赵蕊在做了两年的经纱工后，后来经朋友介绍，选择了到上海做建筑资料员。"后来刚好有机会，就是一个老乡在上海工作，**知道这边缺一个人，刚好我就过来了。**"（赵蕊，**P7**）

3. 适应新工作与相关学习

青年农民工在被动或主动转换工作后，便开始学习新的工作所需要的知识和技能。

——李刚到上海做计算机维修员兼店面运营员后，也面临着学习如何管理经营、如何学习新技术等任务。"要出去再找一些客户，发展一下公司的客户群体。现在的客户蛮挑剔的，他也会有比较。作为服务行业，他可能现在跟你合作，但过一段时间发现另一家公司服务好一点，他可能就去另一家公司。要留住这些客户，就要多去沟通，就是靠我去留住这些客户。"（李刚，**P13**）

"像我们这一行，你总有一些没有接触过的问题，像刚开始数据备份，你都不会弄的。有时我们工作不小心，也会造成客户数据丢失，虽然你跟客户说一下，客户也会理解的，可是也不太好。这样的话，只有想办法硬着头皮去弄，面对这个没接触过的领域，就得想办法，这就是一个学习的过程。"（李刚，**P15**）

"做我们这一行的就是要不断地学，在工作中就得学，计算机行业发展很快的。"（李刚，**P15**）

——苏强换行做"夫妻肺片"生意后，"偷学技艺"；转行做保险销售员后，又学习保险销售方面的相关知识和技能。他向成功人士许老师学习。"你知道上海人是很排外的。当时又没经验，我想我怎么办呢？我自己去做肯定是做不出来。但是我发现那里面有一个做了**10** 多年的，做得非常好，但他年纪大了，他的'临门一脚'的功夫非常好,我就想和他合作。我就找到他,说:'许老师,你帮我。找人我去找,促成由你来促成,促成后我们一分为二,你看行吗?'他说:'ok,其他事情你搞定,促成的事情我搞定。'我找人肯定没问题,他说:'你只要把人找来,我保证帮你干掉。'(笑……)然后我们一年就做了 200 个客户,一个礼拜就有 1—2 个客户,一个月有 5—8 个客户。"(苏强,P7)

另外,为了做好保险推销业务,苏强还学习计算机的日常应用技能。"我知道这个主要是熟悉,熟练了就好了。别人做的东西,我照着做两遍也就'ok'了,不过我的速度就是慢。只要你有功力多做几次就可以了。没事的时候,我就慢慢摸索。"(苏强,P8)

最后,苏强还要去考一个真文凭。"就是说进公司要大学文凭,而我只有高中毕业证,我就搞了个假大学毕业证。后来因为一点事情,我和经理吵翻了,就说我没有文凭不让我做了。去年不是汶川大地震嘛,这个对我来说也是'大地震'。我现在就想,我去读大学,我读好了还要在这个行业做,我将来一定要超过他。"(苏强,P9)

——陈燕做了大学培训学院代课教师后,要学习如何当教师。

——邹凯做猪饲料推销员后,也参加了营销技巧的培训。"它要培训。讲了很多新的东西,像商务礼仪等,请客时坐的位置啦,还有拓展训练,就是训练你的合作意识,像盲人绳,有好几条长绳子,分成好几个组,一般按区域划分,让这个绳子排成一个正方形,但要求蒙着眼睛进行,速度要快,训练合作意识。还有像你从高处往下躺,下面的人一起接住,这就要求人们之间相互信任。"(邹凯,P9)

——赵蕊到上海做建筑资料员后,由于以前不了解建筑行业,所以,也进行了大量的学习。

首先,进行了一些培训,考取职业资格证书。"就是去参加一些培训。参加了资料员的培训班。自己去报名参加的,学费是公司报的。我最后考出来了'资料员',还有'造价员'。还去学了'CAD',画图的,也考出来了,CAD 等级证。"(赵蕊,P7)"我觉得前后几年一直在学习,陆续考出来的。含金量最高的就是去年考出来的'二级建造师',那个考得蛮辛苦的。前后考了两年才考出来

的。"（赵蕊，**P7**）

其次，考取学历文凭。"来了上海，进了公司，文凭是必然要面对的一个问题。那时候知道有高复班，就去报考了。"（赵蕊，**P9**）后来，她获取了成人高等教育业余大学的专科学历。

再次，学习使用计算机。"后来在夜大计算机课上学到了很多东西。有时也问同学，晚上回来了就在家里练，有时书上的还蛮烦琐的，就在那试试，琢磨一下，就会了。再不懂的，就下回上课的时候去问老师，有上机课嘛，问着问着，有的时候，老师就说你去问那个老师吧。后来工作的时候，也边用边学，问问同事。在业余大学里学的还是蛮受用的，再看看书什么的。"（赵蕊，**P12**）

——王晶在转换职业后进行的学习也很多。如她做酒店工作时，从一个职位升为另一个职位都需要学习不同的知识和技能。"酒店里面有一个专门的培训部，你从一个职位跨越到另一个职位，你觉得你需要任何方面的东西，它可以帮你做训练。"（王晶，**P3**）

后来，王晶转到进出口石油贸易公司后，开始学外贸方面的知识。"这段都是我自己花钱去买书，问人家，人家不说，我就去买书。然后还去找一些朋友，问他们朋友的朋友，有过类似经历或知识的，去请人家吃饭或喝茶，问人家：'姐姐、哥哥，你看这个事情怎么去做？……'"（王晶，**P4**）

再后来，王晶到进出口木材公司工作后，也接受了相关的培训。"三个月的工厂培训下来后，他会考核你，所以也就会停一段再进行下面的培训。我一直在学习当中，没有停下过。一直在提升，它觉得你是可塑的，我这个公司它会一直给你一个平台……"（王晶，**P6**）

二 家庭生活任务

本书范围的青年农民工在家庭生活方面的发展任务及由此带来的学习需求有以下几方面：

（一）恋爱与相关学习

青年农民工在家庭生活方面首先面临的是恋爱、选择配偶问题。如赵蕊在上海五年的时间里，大部分时间都在工作和学习，以至于谈恋爱时年龄都有些大了,但她依然坚持选择一个"谈得来的"、"可以交流的人"。后来她在工作过程中认识了一个比较满意的人,他们相互督促,一起学习。"我那时年龄也有点大了,家里人都有些着急了,又不是在学校里谈好了。我和男朋友是在一个工作的场合偶然认识的。我来上海5年了,从无到有也认识了好多的人,其中也不乏有钱的。我要是拜托一下人家给我找个什么样的,也可以找得到。可是我不想这样,我想找一个能交流的人。"(赵蕊,P10)

后来,赵蕊的男朋友也努力学习。"他学消防刚开始老板都不教他,他就是跟在后面看人家怎么做,过了半年操作上他基本上都学会了,但理论上还不行,我们这一行理论上还是有很多规范的。后来他在理论上和操作上都很好了。"(赵蕊,P10)现在,他们凭借自己的努力,已基本在上海立足。

当然,也有在恋爱过程中分手因而对生存境遇与学习行为产生影响的。如王晶本来和男朋友一起在厦门工作,但后来和男朋友分手了,于是她就到了上海,选择了新的工作。后来又到进出口木材公司工作,因此,也就产生了不断参加培训等一系列学习行为。"后来我就去了厦门。但在那,不幸的是我跟男朋友分手了,分手以后我就没有心情工作,就想离开厦门。因为忘记伤痛就是离开一个环境,去另一个环境。当时有个朋友在上海,所以,我就从厦门来到了上海。2004年年初,我就来到了上海。"(王晶,P5)

(二)婚姻与相关学习

青年农民工中也有为结婚、为婚后生活做准备而产生学习需求的。

如王晶为了将来能够更好教育子女而去学习画画、学习文学等艺术方面的内容,而学习了这些知识对她的工作也有益。"很小的时候,我就想将来我要生三个小孩,我要多学一点东西,才可以教育我的小孩。然后我还特别喜欢艺术方面的东西,我还去学过画画,这对于我也是一个帮助,在后来的生活当中,跟朋友沟通和交流,我对时尚的认识,所以很多人会惊奇说:'你怎么会懂得这些东西?!'比如艺术家、现代作家,等等。"(王晶,P4)

（三）抚养子女与相关学习

青年农民工中已经结婚并育有子女的人便面临着抚养子女、教育子女的任务。由此，也会带来一定的学习动力。

如苏强已经结婚并有一个女儿，他和老婆在上海打工。刚开始，他们把女儿放在老家让父母帮着带，后来为了更好地教育、照顾女儿，还是把她带到上海来了。"有女儿了，在老家。不敢带来，因为一个人是照顾不过来，然后读书也麻烦。后来觉得父母带年纪大了也不太好，再说新的东西学不到，后来我就说再苦也要带到身边来。"（苏强，P5）

再者，苏强在上海打工一直没买房子，觉得有些"亏欠"女儿。因此，他现在正努力在业余大学学习，准备学成之后，好好带团队，取得更大的发展。"我打算今年买房。我跟我女儿说，今年一定要买，我感觉这么多年没买也亏欠她。"（苏强，P10）

（四）赡养父母与相关学习

另外，青年农民工都出生在农村，家庭条件较差，家里有父母需要赡养。这也是促使他们在外面努力学习，争取更好的发展的一个动因所在。

如苏强努力学习及工作的动机就包括将来能够更好地赡养父母。"说白了是生存，因为作为一个男人，你至少对家里要有一个交代。将来母亲要养老，当儿子的，不能不够意思的。我希望将来家庭条件好一点，带他们到处旅游一下，放松一下。出去走一走、看一看，了解不同地方的风土人情，一方面你的人生没白过，另一方面对提升你的理解能力、看问题的能力都有好处。"（苏强，P10）

再如，王晶全副武装地学习，其动力主要来自"捍卫家庭"。

——王晶的妈妈有先天性心脏病，家庭医药开支很大，她感觉她爸爸为家里付出了太多。因此，她决定走一条不同于常规的路。"我妈说我总是替别人想得太多，而忽略了自己的存在。保护了别人，我才会想到自己，我觉得我就像一个捍卫者一样。我很心疼我爸爸，他爱我妈，可是他却付出了太多，他肩上还有很重的担子，我们家医药开支是非常庞大的，我之所以那么早就不想按照常规的路子走了，就是因为那时我不想再让我爸妈为我受苦,付出那么多了。那时我妈为了让我上学,都拒绝了去做心脏移植手术,等后来我工作了,家庭经济慢慢恢复过来时,我妈已经错过了手术的最佳时期了,并发症很多的,风险非常大。其实,从那时起,我整个人就变了,这是一切的开端,庆幸的是我是往好的方面变,我没有走到不好的方面。"(王晶,**P5**)

"如果当时我不想那么多,像一个正常孩子的思维,那我跟现在将是截然不同的两种境况。可能也是我爸爸妈妈冥冥当中给我的一种影响力吧,我告诉我自己,一旦我有能力,我就要为这个家付出点什么,而不是一味地只从家里索取。这是我自己给自己的一个目标。"(王晶,**P2**)

"可能有点可笑,但是是我的真实想法,我认为自己是一个非常强大的人,我觉得我用我一个人的能力,可以保护我的全家。我想让我自己做一棵大树,让我爸爸妈妈、我弟弟,所有的人都可以来乘凉,我为了这个愿望去学习,我觉得我能做到。为什么不尝试呢?"(王晶,**P8**)

最后,她通过自己的努力做到了,她可以很好地孝敬父母,让他们安享晚年。"后来我就能够在上海这边买房,在家乡为爸妈买房,生活的质量不断提高,现在也还在一直向上走。"(王晶,**P6**)

总之,青年农民工在家庭生活方面,由于扮演不同的角色,因面临恋爱、结婚、教育子女、赡养父母等不同生活任务而会有不同的生存境遇,并产生相应的学习需求。

三 个人发展任务

青年农民工中也存在为追求自己的发展而不断学习的——使自己不断地超越以前的自我是他们学习的重要动力。

如陈燕认为促使她不断学习以及整个学习过程中能够坚持下来的因素之一就是追求个人发展。"可以从两个方面来谈,现实方面的因素就是想要改变自己的现状,对吧?想要一步步改变自己的生活;从一种理想的角度来讲,就是想要实现你的梦想,就是想要圆了自己的

大学梦。"(陈燕，P9)

再如，赵蕊因为家里没让她参加高考而心里一直压着一股气，所以会拼命工作，会废寝忘食地学习，这一切可能都是为了证明自己，为了追求个人的发展。"其实我觉得我当时读高中本身是冲着大学那个目标去的，中途给折下来，心中总是有一种给压着的感觉，所以，这也是我后来能到上海来的一个原因。"(赵蕊，P2)"我不是说过嘛，因为没去考，我心里压着一股气，就把所有的热情都献在工作当中了。"(赵蕊，P3)

又如，王晶认为要学会管理自己的人生，要对自己的人生发展有目标，才能促使自己不断学习。"学这个东西不一定要拿着书本去学，你生活当中有很多东西让你去学的。不光是学习待人接物，你还要去学会管理你自己的生活和人生，这是最重要的。不是你想要怎么样，而是你要学会怎么样去安排你的人生，去让你的人生达到目标。我觉得这个太重要了。我永远想去接触那些我摸不到的、对我来说是有诱惑力的东西。"(王晶，P6)

四 闲暇生活任务

本书研究范围内的青年农民工非常爱好学习，他们的业余时间大部分用来学习了，他们真正的闲暇时间很少，但同时他们认为闲暇也与学习密切相关。如旅游中也能学到东西、从交朋友过程中也能学到知识等。

(一) 从旅游中学习

苏强认为旅游既是一种休闲，又是一种提升自己的学习方式。

——"我觉得旅游也很好，不一定非得到风景区，就是多到外面去走，多去看山川大地，你能提升自己的境界，同时能提升你的人生，还有人和自然的关系。这个也是一种学习，你知道吗？"(苏强，P8)

(二) 向朋友学习

王晶非常重视友情，朋友很多，同时认为在交朋友过程中可以学习到他们身上的优点，有利于提升自己。"我喜欢交朋友，我觉得朋友对我来说是非常重要的,因为你接触到的人,也代表了你的视野,你没出过国,你是这样子的;你出了国,你可能又是另一个样子。不同的朋友所给你带来的不光是友情,还有各个方面,每个人身上的东西,都折射出来一些值得你学习的东西,我觉得这一点一定要抓住。他们所成功、所成长的东西,你跟他们交流,每个人身上拿一点,放到你的生活当中,你就觉得收获那么多。这样你就可以获得无穷的力量,这个力量不亚于原子弹的,非常大的,这是我从中体会到的。"(王晶,**P7**)

(三) 从烹饪中体悟

另外,王晶为犒劳自己,还专门去学过烹饪。"我还学过烹饪,当我工作很累,回到家的时候我还能烧一手很好的菜去犒劳我自己。我享受这一个过程。我觉得人生也是一样,同样的配料,为什么炒出来的菜不一样,因为你用的爱不一样,所有的方式方法都不一样。当我品尝到胜利的果实和味道时,我是很欣然的。我觉得生活也是一样,你最后收获到什么,也是看你整个炒的过程。"(王晶,**P8**)

五 健康生活任务

青年农民工在健康生活方面,多是由于过于努力学习和工作而使身体透支,或出了事故,使身体健康方面遭受到了一定程度的侵害。但他们意志力都比较坚强,在身体健康方面出了问题后,仍在坚持工作或学习。当然,有的人也因此对工作或学习做了一些调整。

(一) 健康出了问题

——陈燕在工厂工作时,由于不舍得吃,营养跟不上,所以,导致低血糖、贫血,但她依然坚持学习。"身体还可以,我觉得在吃老本,因为我从小在山里长大的,我觉得那种体质是从小就具有的。在饭馆里时,当然吃是不成问题的,就是熬时间。后来到工厂里时,因为工资比较低,就会舍不得吃。从那个时候开始就变得很瘦,从那个时候开始也就有低血糖。"(陈燕,**P11**)

后来,她才认识到身体健康是最重要的。"对,那个时候怎么知道身体是最主要的?就知道 Money 是最主要的。"(陈燕,**P11**)

——赵蕊做挡车工时，工作时间是三班倒制，工作强度很大。"**你上一个星期的夜班，你会发现你的脸很黄，很难受。我记得我第一个夜班下来，我嘴巴里就溃疡了。**"（赵蕊，P3）

但三年期间她一天都没有休息过，即使在病了一个月的情况下还坚持上班。"那时候厂里有个特别的规定，就是这一年里除非厂里放假了，你如果一天都不休息，厂里会奖励给你800块钱的。那时800块钱对于一个小镇上的人来说还蛮多的。那时候我玩命地干，有次我病了一个多月都没休息。"（赵蕊，P3）

——王晶在进出口木材公司工作时，经过了高强度的培训后，她也被累病了，但她最后成为这个行业里顶级的人。"培训是一阶段、一阶段的，三个月是一阶段，之后你出来做一段时间，人也要调整一下。也正是这个原因吧，我的身体到2008年的时候发生了问题了。太苦、太累了，吃不消，抵抗力也变弱了。"（王晶，P6）

（二）发生了意外事故

有的青年农民工在工作过程中还出过事故，但他们都比较坚强，出了事故后没去医院，而是忍着、自己调养。但事故后，他们都调整了自己的工作和学习方向。

——邹凯在做饲料推销员时出了车祸，但他"没去医院，因为我觉得腿又没断，去医院还得花好多钱"。（邹凯，P11）就自己找了个地方慢慢养伤。"我不想让家里人知道，回到了我住的地方，让一个老大娘帮我买饭，我给她钱，是个小宾馆。在那待了40多天后，就差不多了，走平地可以。"（邹凯，P11）而且他还利用养伤的时间坚持学习。"做业务时我也带着资料，有时候也看一下。养伤的时候没事正好也就接着看……"（邹凯，P11）

——苏强在建筑工地做钢筋工时，不小心从4—5米的地方摔了下来。"只是这一次不巧的是有一天下午在绑钢筋的时候，可能是我这个眼睛近视，我在后退的时候，本来感觉有块木板踩，结果一过去没的踩，我就想'糟了'，因为下面全是烂钢筋，还有一些木板上面有钉子。后来他们看到我睁开眼睛了，说：'还好'，又把我扶起来，送到医院去看。"（苏强，P4）

后来他只是到医院检查了一下,并没有做治疗,以至于后来每逢下雨天腰就不太舒服。为此,他也转换了工作,也促使他学习新的工作知识和技能。(苏强,P4)

健康生活方面的问题,直接影响着青年农民工的生存境遇和学习行为。一方面使他们忍受病痛、疾病的折磨;另一方面导致学习行为也不得不中断或受到影响。

研究表明,发展任务是产生于个体生命某一阶段当中或某一阶段前后的任务,个体完成这一任务就会带来愉快,进而成功地完成下一任务,而完不成这一任务就会导致忧伤,导致社会的反感,就难以完成以后的任务。每一种发展任务都会产生一种"学习的准备性"。学习的准备性达到高潮便会产生一个"可教时刻"。

最近的研究表明,成人年代也存在着同样的现象。成人同样有他们成长阶段以及由此产生的发展任务、学习准备性和可教时刻。不同的是,成人的发展任务主要是社会职责的发展所产生的结果。哈维格斯特将成年分为三个阶段:"成年早期"、"中年"和"后期成熟"。当成人经历这三个阶段时,履行每一社会职责的要求都会出现变化,由此就出现了变化着的发展任务,进而会出现变化着的学习准备性。[①]"人们并不是带着童年和青年的巨大冲力进入成年、停泊在老年的……成人年代同样有过渡时期和危机。成年与童年和青年毫无差别,同样是一个发展阶段。"[②]

总之,青年农民工由于处在人生成年早期的发展阶段,在其生活中也会有职业生活、家庭生活、个人发展、闲暇生活、健康生活等不同层面的内容,以上所呈现的青年农民工的发展任务与诺尔斯分析的美国人的成年早期的发展任务既有相合的地方,也有不一样的地方,这与我国的国情有关,也与青年农民工群体的实际情况相关,但这些都是其人生发展阶段所面临的发展任务。这些不同的发展任务就会带

[①] [美]马尔科姆·诺尔斯:《现代成人教育实践》,蔺延梓译,人民教育出版社1989年版,第53页。

[②] 同上书,第55页。

来不同的生存境遇与学习需求。正如一些研究所指出的，学习有许多方面与成人面临的发展任务或社会职责有关。加拿大著名成人教育理论家基德（J. R. Kidd）指出，学习所带来的变化正是发生在这些转变着的发展任务之间。[1]

另外，青年农民工由于扮演着不同的社会角色也会带来不同的学习任务。他们既是职业人，也是子女，甚至是父母。为履行好不同的角色，他们需要学习不同的知识和技能。任何成人群体的任何成员，都在社会舞台上扮演多种角色。不同的角色俨然规定着不同的角色任务，而履行不同的角色任务又必将引发不同的学习需求。作为劳动者，必在职业世界变换中确立特定的学习需求；作为文化承载者，必在文化承传中产生特定的学习需求；作为国家公民，必为履行职责与义务而形成学习需求；作为家庭主要成员，必为胜任父母角色而发现学习需求；作为社会中坚，必为应对纷繁的社会生活而萌生学习需求；人一生中人生角色可能发生的不断转换，又必定形成新的角色任务，而其又必再孕育出新的学习需求。[2]

再者，青年农民工也有着不同的人生经历。他们经历过职场变化、职业中断，经历过恋爱失败、情感挫折，经历过身体疾病、意外事故，由此也产生了不同的学习需求。正如已有研究所指出的那样：人，需要走过具有普遍特征的发展阶段，但又会有其特定的人生经历。这些特殊的人生经历或者说人生变故，如职场变化、职业中断、婚姻解体、意外事故、罹患绝症等，同样会演化成一个个奇特的需求空间，演变成一个个难以预想的学习需求。来自不同方面的学习需求固然可能发生重合，但纷繁需求必然来自多元空间，多元空间必定产生纷繁需求，这是一个不容置疑的事实。[3]

综上所述，青年农民工所处的人生发展阶段所面临的发展任务必

---

[1] 高志敏编著：《当代世界教育科学发展与成人教育》，上海交通大学出版社1997年版，第290页。
[2] 高志敏：《成人教育研究的反思与前瞻》，《教育研究》2006年第9期，第63页。
[3] 同上。

然会对其生存境遇与学习行为产生影响作用。

第三节 因素群Ⅲ：其他多样化因素

前面的章节，分析了青年农民工的生存境遇与学习行为受到社会大环境、青年农民工所处人生发展阶段的生活任务等的刺激和影响。除此之外，青年农民工的生存境遇与学习行为还受到其他多样化因素的影响，如他们原有的教育水平、经验因素、个性特征等。

一 教育水平

本书范围内的青年农民工大多具有相当于高中的文化和教育水平。他们大体上可以分为三类：一类是初中毕业以后读了中专或职高，他们具有类似于高中基础的教育水平（如李刚、王晶）；第二类是高中辍学，或主动或被动辍学，他们具有接近于高中的教育水平（如苏强、陈燕）；第三类是高考没考上，但他们已经具备高中的教育水平（如邹凯、赵蕊）。而且他们中有的人，从小学习成绩较好，学习兴趣浓厚，学习热情较高。总体而言，他们原有的文化与教育水平较高，为他们后续学习行为的产生和完成奠定了良好的基础。

（一）等同于高中教育水平

本书中的青年农民工第一类是初中毕业后读了中专或职高，因此，他们具备等同于高中的教育水平。

李刚初中毕业后读了中专，学习的是电子应用专业，这为他以后学习计算机安装、维修技术奠定了基础。"**我初中读完了，就去读了个中专。**""**学的是电子应用专业。那个时候，父母对我的工作还是蛮重视的、考虑蛮早的。认为学了技术方面的出来会好一点。所以就选了这个专业。**"（李刚，P3）"以前学过一些，有过培训。有一点基础的话学得快一点。如果一点都不会的话，入行都很难。"（李刚，P6）

王晶考虑到家庭原因，因为妈妈有先天性心脏病，不想让家里再为她受拖累，选择了一条不同于常规的道路——初中毕业以后选择了读职高，学酒店经营管理专业。"**我就是按照常规地上学，也是蛮辛**

苦的。我后来上的是职业高中，上的是酒店经营管理专业的，因为上了这个专业，让我对生活有了一个重新的认识，后来就毕业了。"（王晶，P1）

（二）接近高中教育水平

青年农民工中第二类是高中辍学，分主动辍学或被迫辍学两种情况，他们高中读了一年或两年，具有接近于高中的教育水平。

如苏强就是主动辍学。"就是觉得读书最终还是要出来工作。如果早一点出来工作赚钱是一样的，我当时是这个思路。后来读到高二，我就不读了，拿着父亲给我的钱跑掉了。当时也是看到跟我同龄的人家好早就不读了，就工作了。我还读了个高中，我就想我都老大不小了都还在读书。"（苏强，P2）

而陈燕是因家庭困难被迫辍学。她是读完了高一，因家里经济困难而被迫辍学的。"我也不太了解家里的经济状况，是很糟糕吧，但我觉得还没糟糕到供不起我上学的地步，关键是大家没有齐心协力的凝聚力想把你送出来。父母不想，哥哥姐姐也不想，他们也都会只顾自己。"（陈燕，P2）

但陈燕从小学习非常好，学习兴趣非常浓厚，这为她以后的继续学习奠定了基础。"学习嘛，一、二年级没什么突出，三年级就特别好了，特别是作文，在班里经常被老师拿去当范文点评。然后就做班长、学习委员呀。"（陈燕，P1）

"后来考初中就考到乡上了，我们的初中只有乡里有，那时我考得蛮好的，是我们学校里最好的，离重点线只差3分。初中时学习也一直是出类拔萃的，反正整个上学期间我就感觉是我人生最辉煌的时候。我们那个地方人多学校少，教学条件很糟糕的，很多人都是复读三四年才考上的，我们那时是第一年有三个是应届生就考上高中的，其中就包括我。"（陈燕，P2）

（三）已达到高中教育水平

青年农民工中还有高中已经读完，但由于学习不好没有参加高考或者高考没考上的。但他们已经达到了高中阶段的教育水平。

邹凯属于高考没考上的，后来就出去做修路工了。但他还是不甘心，最后通过努力学习，改变了自己的命运。"小学还好，小学都考第一名。上初中就不好了，感觉没那么用心了。我觉得小学时管得比较严一些，布置作业回家要写几遍，还要交上。上初中后，老师根本就没布置作业了，不怎么管，感觉成绩一下子就下来了，这样子学习不好了，就留了一级，初一读了两年。"（邹凯，P2）

"结果高考的时候考得不好，考了个第八名，只比第七名差一分，当时我们那里分了七个名额。但是那时我感觉有些人也复读好几年了，就想算了，我成绩也比较好，再说吧。后来我就开始去打工了。"（邹凯，P3）

赵蕊因学习不好，家里没让她参加高考，这使得她"心里压着一股气"，也成为她以后努力学习的一股动力。"我属于特别乖的那种。学习还算行吧，但到高中不大好。后来我回忆我自己选择了理科嘛，越紧张越学不好。我爸就觉得我读得又不好，考大学也没什么希望，就没让我考。后来就直接参加工作了。"（赵蕊，P1）"其实我觉得我当时读高中本身是冲着大学那个目标去的，中途给折下来，心中总是有一种给压着的感觉，所以，这也是我后来能到上海来的一个原因。"（赵蕊，P2）

许多研究者意识到成人学习能力与其文化、教育水平之间密切相关。这是因为文化水平、教育程度高的人，一般总意味着他已经接受了较多的、较严格的智育训练，为学习能力的发展奠定了良好的基础。一个人的文化水平、教育程度直接影响着学习能力的发展水平和变化速度，从而也构成了人与人之间在学习能力上的差异。[①]总之，青年农民工大多已经达到或基本达到高中阶段的教育和文化水平，具有较好的学习基础，这为他们以后的学习行为的产生和生存境遇的改善提供了良好的条件。

二 经验因素

青年农民工在完成了基本的学业之后，大多没有接受普通高等教

---

① 高志敏编著：《当代世界教育科学发展与成人教育》，上海交通大学出版社1997年版，第249页。

育便参加工作了——从农村到城市打工,因此,他们大多已经积累了较为丰富的工作、生活经验。这些在实践中积累、总结的宝贵财富,可供他们学习时借鉴、使用,正确运用这些经验可以大大提高他们的学习效果(当然,若机械搬用或采取经验主义态度,经验则会成为他们学习的障碍)。

比如,李刚因为以前在武汉工作时有计算机安装、维修的技术和经验,使得他在上海的工作和学习适应得就比较快,最后在竞争中脱颖而出。"因为有技术嘛,那个时候同事还蛮多的,连我一共六个人。因为招工的话会招好多人,相互之间也有个比较,把好一点的留下来,有的就被淘汰了,最后把我留下来了。"(李刚,P10)

再如,赵蕊从纺织行业跨到建筑行业后,由于对建筑行业不了解,所以刚开始工作有难度。但是有以前的工作经验,她学习起新行业的知识来也很快,因为她觉得"隔行不隔理"。"开始肯定有难度,因为你什么都不知道。不过还好,以前有工作经验。""隔行不隔理嘛。不知道就多问问呀,这个是什么,那个是什么;多听人家讲讲呀。反正这个东西还是看你个人肯不肯去学习。"(赵蕊,P9)

又如,苏强在以前人生碰壁的经验基础上,开始反思今后的人生道路该怎样走。"我觉得人应该多去碰几次壁,对你自己的提升也是很快的。就是因为碰到了壁,所以我很快就感觉到自己哪方面不足,我就在这方面改进。"(苏强,P9)"我现在经常思考,怎样让自己的人生有点价值,前面的几十年就是傻乎乎地乱碰,怎么样让自己后面的路好好走下去得去想想。"(苏强,P8)

另外,王晶认为工作经验有效地促进了她在业余大学的学习。"结合实际呀,因为我学的这个和我的工作息息相关,都是外贸嘛。学习的过程就是帮我自己在复习或者在进一步地深化。比如去学会计,那对我就难了,所以,还是要学会画自己的人生,你要知道哪个是你想要的。"(王晶,P8)

众所周知,成人具有丰富、多样、个性化的经验。诺尔斯认为,成人从事任何事情都以他自身的经验为背景。成人拥有许多经验可供其学习时参照、使用,这些经验是成人学习的宝贵资源。成人在学习活动中，总会自觉或不自觉地调动个人经验，使之发生作用。成人的经验不仅有助于成人晶体智力随增龄而逐渐发展，而且还直接有利于提高成人的基本学习能力。首先，丰富的经验有助于提高成人的记忆能力。没有经验，就不可能对新信息进行整理编码，无序信息便不容易记住。其次，丰富的经验有助于提高成人的理解能力。理解离不开知识和经验，它是建立在人们已有的知识和经验基础上的。成人具有丰富的经验，毫无疑问会对其在错综复杂的社会现象及其深层规律中进行理解而提供有效的帮助。①由此可见，青年农民工具备的工作和生活经验，对他们的生存境遇与学习行为也有一定的影响作用。

三 个性特征

（一）兴趣

影响青年农民工生存境遇与学习行为的个性因素首先是兴趣。

——陈燕对英语非常感兴趣，因此觉得学起来非常容易。"很感兴趣。基本上看别的东西你会瞌睡，会思想抛锚，看英语就不会。"（陈燕，P7）

——李刚认为他在高等教育自学考试学习时也主要靠兴趣来维持学习热情。"学习还是要看兴趣。"并认为为了维持自己的兴趣可以采取迂回的策略。"那就要调整自己的心态。觉得很烦的时候就暂时放下来。像我是多方面一起发展的，我的兴趣不会在一个点。这个倦了的时候就转到另一个，另一个又烦了就再转回来。"（李刚，P15）

——王晶在进出口木材公司工作时，能够坚持学习也是由于她对这个行业产生了兴趣。"后来我也深深爱上了这个行业，所以我也才会同意老板从后台转入前台的提议。因为我爱上了这个行业，觉得真是很好，这个时候就不再觉得是一个机会，而是会觉得这是我真正想做的……"（王晶，P6）

兴趣，在心理学中的通常解释是，人对事物特殊而又相对稳定，

---

① 高志敏编著：《当代世界教育科学发展与成人教育》，上海交通大学出版社1997年版，第250页。

能维持较长时间的认识倾向。学习兴趣是推动学习活动的有利因素。当一个学习者对某种学习产生兴趣时，他总是积极而又愉快甚至是废寝忘食全身心地投入其中，而不会觉得学习是一种苦役、痛苦或负担。学习兴趣还是提高学习效果的重要条件。实践还表明，学习兴趣通过学习积极性、学习自觉性以及学习信心的确立，有助于学习成绩的提高，成为保障优良学习效果的重要条件。诚如古代教育家孔子所指出的"知之者不如好知者"。①

（二）性格

影响青年农民工生存境遇与学习行为的第二种个性因素是性格。

——李刚通过观察师傅、自己摸索等学习计算机安装、维修技术，最后能够在淘汰率很高的情况下被留下，后来又在上海立足，他认为这与他执着的性格密切相关。

"跟性格有关系，如果你这个人不是很专一的性格，坚持到底简直是不可能的。挑事情做是不行的，就是有什么事情不好做就不做了，是不行的。就是不服输，不认为这个事情做不来，而是必须把这个事情搞懂。入行很容易，但坚持下来还是不容易的。"（李刚，**P13**）"我这个人比较内向点，热闹的地方我不喜欢去，像唱歌什么的。我喜欢安静，喜欢去图书馆，看看书。"（李刚，**P13**）

——赵蕊的性格也非常坚强，心态也非常好。在她无辜被裁员时，她对妈妈说："你女儿有本事自己去找口饭吃，要不然，扫地我也能找口饭吃。"（赵蕊，**P5**）后来，她闯荡到上海，做了建筑工地资料员，产生了参加培训、考取资格证书、参加业余大学等学习行为，尽管遇到了很多困难，但都被她逐一克服了，这也得益于她乐观和执着的性格。

"我觉得我的生活态度蛮好的。心态很好，不会为一件小事情而怎么样，会保养自己，该怎么样就怎么样，不会过激的。学习对个人还是有好处的。"（赵蕊，**P13**）"我长这么大，没去过 KTV，没进过酒吧。我也不喜欢去这些地方，我喜欢去静一点的地方。我来了上海

---

① 高志敏：《教育心理学》，上海科技教育出版社 1997 年版，第 93 页。

三年的时候，外滩都没去过。"（赵蕊，P13）

——王晶的学习行为非常丰富，学习行踪遍及国内外，学习兴趣广泛，这与她的性格特点密切相关。"我是男孩子性格，我是一个宇宙到处漫游都关不住我的人，我喜欢像鸟儿一样，不能拿笼子套住我的。所以，那时我就想学习国际贸易，我要走出国门，走向世界，我要了解世界上不同国家的人的思想，他们所有的一切。"（王晶，P4）

"我是一个非常有野心的人，我当时就想这是一个机会摆在我的面前，我做就要做好它，不做我就不要去做。"（王晶，P4）

"我感觉我应该是一个社交的好手，就是说我比较擅长这一块。我喜欢，我享受人和人之间沟通的这个过程。"（王晶，P2）

性格，心理学界把它定义为个人对现实的稳定的态度和习惯化了的行为方式。人在活动的过程中，客观事物的种种影响，特别是社会环境的种种影响，通过认识、情绪和意志活动在个体的反映机构中保存下来，固定下来，构成一定的态度体系，并以一定的形式表现在个体的行为之中，构成个人所特有的行为方式。①青年农民工在工作的背景下、在原有学习基础不是很好的情况下能够坚持学习，并学有成效，从而使生存境遇也有所改善，是与他们坚强、执着的性格特征分不开的。

（三）意志

再者，意志因素也是青年农民工生存境遇与学习行为的一个重要影响因素。他们学习过程中都曾遇到过很多困难，加之一边工作一边学习，没有坚强的意志力是很难坚持下来的。

——李刚认为自己是个有意志力的人，肯定会把高等教育自学考试考出来。"对，肯定会把它读完，我这个人还是比较有意志力的。"（李刚，P11）他从湖北骑自行车到上海就证明了他很有意志力。"对呀，那时候是比较辛苦的。那么大的太阳，我这边的腿（右边）全晒黑掉了，然后鼻子也晒起了几层皮。"（李刚，P12）

——邹凯的意志也非常坚强，他在做饲料销售员时，因为没钱吃

---

① 黄希庭：《心理学导论》，人民教育出版社1991年版，第665页。

了很多苦,但他都坚持下来了。"我公交车都不舍得坐,真不舍得,觉得一块钱好大,不舍得花,中午买馒头也只买一个,不舍得买,提着个包,一边啃一边走,矿泉水也不舍得买。有一次,我去谈一笔业务,坐公交车去的,谈完了,就走回来的,一直走到凌晨3点多,路上我拦车,人家也都不停,真的不停,可能我是男的,人家也不敢停,怕我是抢劫的什么的,回来脚上都磨起了好多个泡。"(邹凯,**P7**)

另外,邹凯自己也认为意志比较坚强是他学有所成的一个因素。"**独特的学习方式就是比较能吃苦。一定要有坚强的意志,意志很重要。**"(邹凯,**P7**)

——赵蕊的意志力也很强。她因为没参加高考,所以心里一直有一股气,于是拼命工作和学习。做挡车工时,三年内没休息一天,即使在病了一个月的情况下也没休息过。"我不是说过嘛,因为没去考,我心里压着一股气,就把所有的热情都献在工作当中了。"(赵蕊,**P3**)"那时候厂里有个特别的规定,就是这一年里除非厂里放假了,你如果一天都不休息,厂里会奖励给你800块钱的。那时800块钱对于一个小镇上的人来说还蛮多的。那时候我玩命地干,有次我病了一个多月都没休息。"(赵蕊,**P3**)

为了做光纤工,培训时赵蕊也吃了很多苦。"老是立军姿,站在太阳底下晒,我的大脚趾由于老是站,有一月掐上去都没感觉了。军训了好久,反正就是大热天在太阳底下晒,晒得我们脖子上的皮都脱掉了。"(赵蕊,**P4**)

——王晶的意志力也非常强。她不仅吃苦能力强,而且抗打击能力也很强。

在做酒店工作时,她为了练习臂力,练习托盘比男孩子都托得多,回家还不断练习,最后脱颖而出。在进出口木材公司工作时,接受培训的难度和强度也都很大。"然后就把我送去培训。还要学习怎么样蒸煮,蒸煮池里的温度是非常高的,**60—70℃**。要蒸熟,水要怎么样,都要学。然后又开始学切那个木头,切的那个机器旁边也非常热,然后用烘干机去烘干,出来再去修边,修边之后再去分等,再把这个木头抬到仓库里。整整三个月的时间，培训后然后把我发到美国，那时美国是冬天，到山上，雪没过膝盖，去看那个树，在山上怎么采伐。在山上跟着他们采木头的时候，山上很冷，没有水，就用雪化成水，八个人用一盆水，刷牙洗脸全部在里面。然后做饭吃用的水是雪头层洗掉，用第二层、第三层的雪。把雪煮成水，去做饭，做汤啊，就这样子吃。在那里培训，从美国的宾夕法尼亚、俄亥俄再到西海岸拉斯维加斯，后来又去德国，又从德国去意大利，然后再回到中国。这个受训过程在我一生中是起到一个最大的帮助和一个奠基石的作用。我自认为我现在的事业比较顺利，这是比较重要的一点。"（王晶，P5）

另外，王晶抗打击能力也很强，越是受挫折她越是坚强。

"我以前也受过别人的白眼，但这没有打击倒我。打击肯定有打击，但打不倒我。我是这种人，我是越有压力，越有打击，我会成长得越好。"（王晶，P8）"也会有掉眼泪的时候，我会暗暗地告诉我自己我行。我是报喜不报忧的人。"（王晶，P9）

总之，意志是人的意识能动作用的表现。在心理学中，人们通常将其表述为：人自觉调节自己的行动去克服困难，以达到预定目的的活动的心理过程。由于意志与行动（行为）紧密相连，通常把有意志参加的行动称为意志行动。诚如许多心理学家所指出的那样，人的意志行动总是与调动人的积极性去克服困难、排除行动中的障碍分不开的。也就是说，意志能够激发学习者的积极性，在他们达到预定目的的学习活动中，以及在制止与目的相违背行为的有关活动中，努力克服来自内、外两方面的困难，提高学习的质量和学习的效率，最终取得学习活动的成功。[①]

（四）自我调控能力

青年农民工大多具有良好的自我调控能力，他们能安排好自己的工作和学习，主动排除干扰，充分利用各种能利用的时间进行学习。他们能够对各种学习需求做出比较适当的计划和安排，采取比较适合

[①] 高志敏：《教育心理学》，上海科技教育出版社1997年版，第102页。

自己的方式、方法进行学习。

——如陈燕利用任何能利用的时间随时随地学习。"就是复述课文,每篇文章看完了,你就自己把它复述出来。可以随时随地进行,在车上、干活时都可以。就这样子,我口语还不错。"(陈燕,P5)

"那个时候反正一有时间就学习,你就觉得学习是件很快乐的事情,一有时间就学习。学习也是随时进行的,比如我记单词,就把单词抄在小纸条上,随身带着,一有时间就拿出来看。你也不会觉得很重,很方便。"(陈燕,P5)

——再如,赵蕊也认为只要把时间安排好了,还是可以在工作之余进行学习的。"其实要是你把工作安排好了,还是不会冲突的呀。工作中也有自由的空间,但有的人就这样混混就过去了,有的像我这样在学习,也很努力学习,学到了东西,自己也会蛮受用的。"(赵蕊,P8)

赵蕊读业余大学和考各种资格证书是同时进行的,几乎很少有业余时间。"怎么说呢,所以我来了上海五年,就觉得过得很快。但是没有办法,你只能这样。那时候我就是经常晚上看了,第二天早晨起来还在看。"(赵蕊,P10)

——王晶是全副武装地进行学习,她也具有良好的自我调控能力,把工作、学习、生活安排得井井有条。"我永远都是这样子的,我是全副武装地去学习,我很少有空余的时间去做其他的事情。因为我们是倒班制的嘛,人是分三个阶段的,一个工作时间、一个睡觉时间,还有一个是空余时间,那这个时间很多人就去玩去了。而我就拿它去学一点东西。我就是这样子去学的。"(王晶,P3)

为此,就需要调控好时间以及学会有效率地做事。"好像是鲁迅说的,时间就像海绵里的水,挤挤总是有的,时间对我来说真的很宝贵,对我来说去看一场电影或看DVD是一件蛮奢侈的事情,当然放松我也会彻底地放松一下,让自己安静地彻底地放松下来。我忙起来也真的忙。我觉得人还有另外一件事,就是要学会效率。要在什么样的时间内创造什么样的效果,这也是你应该学习的东西。"(王晶,P7)

众所周知，人到成年，会表现出较强的自我调控能力。成人教育家诺尔斯认为："作为成人即意味着独立。"独立感的产生，意味着人在心理上和社会性上开始从依赖的、他律的前成年阶段向独立的、自律的成年阶段转化。这时，个体以进入职业生活为契机，开始从社会一员的角度，形成独立的人格，希望用自己的力量来开拓自己的人生道路。成人具有自我调节能力，除了源于自我概念的独立性、自主性，更重要的是受到了来自组成内在心理结构的，并且表现出一定稳定性的价值观、人生观、生活观、道德观等因素的高度强化，这些因素的强化作用，进一步确立了人格的独立性，致使个体往往不受外部环境所左右，而从内部心理环境出发，对外部环境加以评价与选择，对自己的言行加以调节和控制，充分表现出人的主观能动性。[①]

如上所述，青年农民工的个性因素，如兴趣、性格、意志、自我调控能力等方面也是影响他们生存境遇与学习行为的重要因素之一。诚如已有研究所指出的，个性因素方面，其中包括成人的兴趣、意志、责任心、事业心、进取心、自信心、求知欲、勤奋等要素，它们虽然不像智力要素那样直接构成成人的学习能力，但形成了个性心理倾向性的学习态度，同样会对成人学习能力的变化与发展产生重要的影响。这种影响的正反两面，经由美国学者卡特尔、加拿大学者克罗普利及亚洲一些学者的归纳，表现为：浓厚的兴趣、坚忍的意志、强烈的求知欲、事业心、责任心，加之自信、勤奋等，能使一个人的学习能力获得最大限度的释放和提高；而缺乏兴趣、畏缩、失望、懒散、保守等，只能成为学习能力发展的不利因素，进而使其与个性心理倾向良好者在学习能力上拉开差距。[②]

[①] 高志敏编著：《当代世界教育科学发展与成人教育》，上海交通大学出版社1997年版，第212页。

[②] 同上书，第251页。

下 篇

探索与发现

　　在上篇研究基础、中篇"故事"呈现的基础上，下篇将呈现研究结论。主要包括青年农民工的生存境遇特点（第六章）、青年农民工的学习行为特征（第七、第八章）、青年农民工的生存境遇与学习行为的关系（第九章）。与此同时，将运用社会学、心理学、哲学、教育学、成人教育学、成人教育心理学等理论对上述内容进行分析和解读。最后，将进行反思和总结，并提出相关建议（第十章）。

第六章　解读：生存境遇

本书在概念界定时指出，生存境遇是生存过程中的境况或遭遇，就是作为一个生命体在保存生命体特征过程中的境况或遭遇。生存境遇既包括客观的、物质层面的境况或遭遇，也包括主观的、精神方面的体验；既是他人眼中的生存境况或遭遇，也是自我感知到的境况或遭遇；既包括历史的境况或遭遇，也包括现实的境况或遭遇。

生存境遇是个很丰富的概念，为了更清晰地解读青年农民工的生存境遇，将其生存境遇分为客观生存境遇和主观生存境遇。

据此，并结合青年农民工的实际情况，将其客观生存境遇分为职业境遇、生活境遇、社会境遇等方面；主观生存境遇包含意识、情绪、情感等方面的认知和体验。

第一节　客观生存境遇

青年农民工的客观生存境遇可分为职业境遇、生活境遇和社会境遇几个方面。职业境遇主要包括工作职责、工作时间、工作环境、工作待遇等方面的境况或遭遇；生活境遇主要包括衣、食、住、行、闲暇等方面的境况或遭遇；社会境遇主要包括社会地位和社会保障等方面的境况或遭遇。

一　职业境遇："像机器人一样"

青年农民工的客观生存境遇首先表现在职业境遇方面。下面将从工作职责、工作时间、工作环境、工作待遇等方面解析。

（一）工作职责："什么活都做"

青年农民工的职业涉及保姆、餐馆服务员、修路工人、建筑工地工人、纺织工、个体经营、外企工作人员等多种职业。

如李刚做过电子工厂流水线工人，"我们那个时候是做手机外壳嘛。他们也是给别人代工，包括一些包装什么的"。（李刚，P4）

陈燕既做过保姆，"带孩子，拖地、抹灰、整理东西、做饭"（陈燕，P3），又在餐馆里"揉面呀、擀面呀、包包子、包馄饨呀，什么活都做……"（陈燕，P3）还在工厂里拣过枸杞，"把枸杞分等级，好的、不好的，拣枸杞，包装起来去卖"。（陈燕，P4）

邹凯还做过装卸工，"到寒假了，我就开始去干装卸。就是那种大货车，拉了很多货，我就和别人装卸"。（邹凯，P12）

赵蕊做过纺织工。她的工作内容就是挡车。挡车工是计件制的，做得好，就拿得多。当然不能出次品，出次品是要扣钱的。还做过经纱工，工作内容主要是用整经机经纱。"有那个整经机嘛，你要看有没有线头卡在里面，它要合作制的，要是合作得好也蛮好的。"（赵蕊，P6）

王晶做过酒店工作人员，从前台接待、餐饮服务员做起，最后做到了酒店的销售经理。这个过程中，她接受过严格的训练，并且她自己格外努力，自我加压，比别人吃更多的苦，最后脱颖而出。"我去学习，去培训，刚开始都是很辛苦。比如说酒店里每个环节你都要熟悉，你才能做到最高层，你要知道每个部分。餐饮和客房是酒店最基本的，这些你都要去学。包括上客房学习，餐厅前台、调酒师、客房、厨房、传菜、前台接待、后台预订等各个环节你都要去学会，你才能做到一个高层。"（王晶，P6）

从以上青年农民工所从事的职业——保姆、钢筋工、纺织工、酒店工作人员来看，他们的工作内容较为琐碎、繁杂。

（二）工作时间较长："十几个小时"

从对青年农民工的访谈中可以得知，他们的工作时间普遍较长，少则8—10个小时，多则12个小时，有的在12小时以上甚至通宵达旦地工作。

——李刚在深圳做流水线工人时，正常工作时间是8个小时，但他们为了多拿工资，往往主动提出加班，"你可以自己提出加班，一般是星期六、星期天。**不加班工资差不多要少一半**"。（李刚，P3）如果选择最长的加班时间4个小时，那么一天就要工作12个小时。不仅工作时间长，而且工作程序机械，使得他"那个时候，每天像机器人一样的"。（李刚，P3）"做流水线的话，时间长了也枯燥。"（李刚，P4）

——苏强在建筑工地工作时，工作时间较长，有时晚上还要加班。"为了抢工期，有时晚上要加班。"（苏强，P4）

——陈燕打工的工作时间既有全天的，又有十几个小时的。做保姆工作时，工作时间基本上是全天的，除了白天带孩子、做家务，晚上还要带孩子睡觉，给孩子唱歌、讲故事；在餐馆工作时，从新疆的六点（相当于内地的四点）一直做到晚上很晚没客人了再回去。"餐馆嘛你知道的，那工作时间是很长的，十几个小时肯定有的。"（陈燕，P4）

——邹凯的工作时间也很长，"每天五点钟起来，六点钟赶到工地"。"一天要工作12个小时还要多呢，有时候晚上还加班，晚上经常加班。"（邹凯，P4）

另外，邹凯干装卸工时也非常辛苦，劳动时间很长，有时甚至通宵达旦地工作，劳动强度也很大。"干装卸蛮赚钱的，最多的时候，一天可以赚150块钱。但是赚150块钱，就累得要命。要从早上就开始装，然后一直装到凌晨六点。就是一整天、一晚上都在装，那些人都吃不消，但是我体力、耐力蛮好的，就能坚持下来。有的人装着装着抱着箱子就睡着了……"（邹凯，P12）

——赵蕊做挡车工时，正常工作时间是8个小时，是三班倒制。没有星期天，没有单独的休息时间，而且经常加班，"加班就是对班，就是加4个小时"。"算上加班一天就要工作12个小时，是很辛苦的呀，特别是当时的条件下。"（赵蕊，P3）"你上一个星期的夜班，你会发现你的脸很黄，很难受。我记得我第一个夜班下来，我嘴巴里就溃疡了。"（赵蕊，P3）

——王晶做酒店工作时，工作时间方面，也是三班倒制的，是非常辛苦的。做销售工作时，竞争非常激烈，面临的工作压力也很大。

"因为销售是完全看业绩的,非常残忍的。你就是再有能力,但只要你的业绩是'zero'(零),老板照样不满意的。"(王晶,P6)

可见,青年农民工的工作时间长已是不争的事实,除了正常工作时间外,他们经常加班;为了获得更多的报酬,他们甚至"主动"加班,有的甚至通宵工作。

(三)工作环境较差:"那个声音会在耳朵里响很久"

——工作环境压抑。就陈燕的工作环境而言,由于初次到了一个人生地不熟的地方,所以在她看来特别压抑。"那没办法呀,你就那么小,那个环境你永远都得忍受。""给别人带孩子,你的圈子就那么大,你没法主动地跳出来。她只要需要你待着,你就得待着。"(陈燕,P4)

——工作条件艰苦。邹凯做建筑工人时,"冬天很冷,零下几度的时候,要去摸那个钢筋,冻得要死;夏天四十几度的时候,还要去拿那个钢筋,很苦的"。(苏强,P4)

再如,赵蕊做挡车工时,工作方式是站立工作,劳动强度很大。"站着工作,而且要眼疾手快。因为你要保证机子里不能有断头,不能出现次品。"(赵蕊,P3)"而且如果遇到有的品种纱比较粗,基本上就在跑来跑去,没办法停的。"(赵蕊,P3)

——工作环境嘈杂。赵蕊做挡车工时,厂房里面有噪声,而且经常棉絮飞扬。"那个里面声音很响的,你出来后你的耳朵似乎听不到什么声音的,那个声音会在耳朵里响很久的。""一次班下来,机子上都积了一层棉絮。"(赵蕊,P4)

——工厂管理严格。赵蕊做光纤工时,公司对她们进行了培训,首先就是军训。"老是立军姿,站在太阳底下晒,我的大脚趾由于老是站,有一月掐上去都没有感觉了。军训了好久,反正就是大热天在太阳底下晒,晒得我们脖子上的皮都脱掉了。"(赵蕊,P4)"工作的时候指甲不能长,会检查的;不能穿无袖的衣服。"(赵蕊,P5)

从以上青年农民工的叙述中,可以感受到他们的工作环境压抑、工作条件艰苦、管理制度严格,但为了生存,他们不得不在如此嘈杂、压抑甚至是恶劣的环境下工作。

（四）工作待遇低微甚至被拖欠："很少的"

——陈燕的工资可谓低微，有的甚至被拖欠最后一直都没给。做保姆时，大概每个月是 50 或 80 块（她记不清楚了），而且全部拖欠。

"说的是给钱，但最终是没有给钱的。所以后来我妈妈还过去跟她吵架，我就说：'吵什么呀，算了。'缺了她那点钱也能过，钱也不多，那个时候就是 80 块还是 50 块钱一个月。那你算起来也没多少，几千块钱吧。"

陈燕做餐馆服务员时，工作待遇也不是很高，用她的话说是"收入，哎呀，很少的，几十块钱到 100 多块钱的样子"。"那是 1991 年、1992 年吧，那时正式工人也就四五百块钱吧。"也就是说她的收入只及正式工人的四分之一或五分之一，而且钱还拿不到自己手里，"都是我姨她们替我收着，然后说寄给我妈妈，还不归我管"。（陈燕，P4）

——邹凯做小学老师时觉得工资太低了，"我那时是试用期，一月 300 块钱。结果去了之后，两个月没发钱，然后发了，只发了 68 块"。（邹凯，P11）

——赵蕊觉得工作待遇方面一般。做挡车工时，"刚开始是 400 多块，后来在我们那些人中算多的，570 多块"。（赵蕊，P2）

由此可见，青年农民工的工资待遇方面较为低微，可就连这低微的工资有时都被拖欠。

如上所述，就职业境遇而言，青年农民工的职业方面存在工作内容琐碎、工作时间长、工作环境差、工作保障少、工资水平低的特点，总体而言，经济地位较低。诚如已有研究所指出的，"劳动权利和经济权利是农民工生存的最基本的保障条件，但却不能得到有效的保障。在城市务工农民工与城市正式职工相比，获得的是'同工不同酬'、'同工不同时'、'同工不同权'的地位。即使如此，农民工少得可怜的工资却还经常大量地被拖欠，甚至被恶意地克扣"。[①]

总之，青年农民工的职业境遇处于弱势处境，他们的就业生态

[①] 蔡建文：《同在蓝天下——中国农民工生存纪实》，《记者观察》2005 年第 2 期，第 14 页。

位，主要表现出两大特征：就业在低层次传统劳动力市场，以从事制造加工和建筑施工业为主；从事职种以脏、累、苦、险和收入低为主要特点。[①]

二 生活境遇："非常节俭"

下面将主要从衣、食、住、行、闲暇等方面解析青年农民工的生活境遇。

（一）衣："穿衣服也就那样"

青年农民工在穿衣方面不太苛求，以能穿、够穿为尺度。如赵蕊在穿的方面不讲究，"那时候也没什么别的开销，穿衣服也就那样，又不是去见什么人。我那时还算舍得的，我记得我买过一件'以纯'牌的短袖，花了 **69** 元，她们都羡慕得不得了，我就有点难受。基本上没什么其他消费。"（赵蕊，**P6**）

再如陈燕认为，"我觉得穿得体面、整洁就行，也没要求那么好"。（陈燕，**P5**）

从衣着方面看，青年农民工不太讲究，不舍得过多投入。

（二）食："很舍不得吃"

——陈燕在工厂里分拣枸杞时，虽然住在工厂里，但由于工资比较低，加之年轻、不懂得身体的重要性，吃得就非常节省。"后来到工厂里时，因为工资比较低，那你就会舍不得吃。从那个时候开始就变得很瘦，从那个时候开始也就有低血糖。""对，那也干了一年多，你会很舍不得吃（声音加重）。买了些挂面，就天天下挂面吃，而且也不放油什么的，就那样吃。身体从那个时候被拖垮了。"（陈燕，**P11**）

——邹凯做推销员时，分了市场以后，身上只剩下 100 元钱了，他就非常节俭，吃了很多苦，才终于谈下了一笔业务。"我公交车都不舍得坐，真不舍得，觉得一块钱好大，不舍得花，中午买馒头也只

---

① 王桂新、张得志：《上海外来人口生存状态与社会融入研究》，《市场与人口分析》2006 年第 5 期，第 7 页。

买一个，不舍得买，提着个包，一边啃一边走，矿泉水也不舍得买。"（邹凯，**P10**）

另外，邹凯在做装卸工时也非常节俭，甚至与他的劳动强度极不匹配。"那时，我从家里带着麦子去换了煎饼，然后就卷着生白菜吃，也不舍得买煤气灶。这样吃了一个多月。后来买了个电炉子，花几块钱买了个小锅炒菜吃，小锅后来都烂掉了。"（邹凯，**P12**）

——赵蕊在生活方面，也省吃俭用。比如，做经纱工时，她买饭"就是晚上多打一点饭，比如打三格，第二天早上就吃那个水泡饭"。（赵蕊，**P6**）

从食的方面看，青年农民工大多也比较节省，有的甚至不惜牺牲身体，也不舍得多花一点钱，基本能"糊口"就行。

（三）住："住在简易工棚"

住宿方面，青年农民工大多住在工厂宿舍里或工地简易工棚里，也有的人自己租房子住。

——李刚在深圳做电子工厂工人时，住在集体宿舍。"住宿跟学生一样的，基本上四个人一个房间。有的差点的，八个人一个房间。"（李刚，**P3**）当然，这是工厂安排的，也可以自己出去住。"还有自己出去住的，因为他们那个厂和镇是结合在一起的。"（李刚，**P4**）

——邹凯做修路工时，住的是那种简易的工棚。"金属、水泥、泡沫做的，就在地面上简单地架起来。五个人住在一起，床满满的，留一条路。"（邹凯，**P4**）

——赵蕊做挡车工时，"住在宿舍，离工厂蛮远的。一个月交点水电费吧，几十块钱吧"。"厂里有宿舍的，就是上下层的那种，被子自己带。"（赵蕊，**P3**）

可见，从住的方面看，青年农民工的住宿条件也较为简陋。

（四）行："有的人根本不愿意出来"

在出行方面，本书研究范围内的青年农民工业余时间也不太出去，除非出去学习或采购必要的东西等。

——李刚在深圳工作时，业余时间不敢出去。"我这个人比较内向点，热闹的地方我不喜欢去……"（李刚，**P13**）"那个时候感觉还

小。去了那边感觉陌生,胆子特别小,不敢到处乱跑的。"(李刚,P4)

——苏强因受到歧视不愿出去。有一次苏强在工作后和同事到超市买玩具,售货员对他们说:"不买不要动。"他当时心里真的很火,他很想把这个东西砸碎掉,然后买下来,但他当时没有这么做,这让他觉得挺受伤的。"有歧视的,我也受过。就是有一天下雨,从工地出来,身上很脏,也没洗,还有几个同事,脚上也是泥,也很脏,就去农工商超市,我们去买洗漱用品,进到三楼的时候,看到卖玩具的,我有个同事说想给他女儿买个玩具,就让我们陪他去看看,我们就去看了。经常在工地上待着,身上肯定会有点泥,我们去看了,然后我拿起一个玩具,我说:'这个可以。'那个售货员说:'不买不要动。'我当时心里真的很火,如果按我三年前的脾气我绝对把这个东西砸碎掉,然后我买下来,但我当时没有这么做。我一个同事说:'你这个东西看看都不行,要几十万吧?!'然后,那个女的就没讲什么。当时,我是觉得挺受伤的。这还是其次,包括在公交车上,出来在城市里走,人家的眼光都不一样,所以,有的人根本不愿意出来。"(苏强,P1)

从行的方面看,青年农民工由于害怕受人歧视或忙于学习等,较少出门。

(五)病:"累得嘛"

——陈燕由于学习,经常熬夜到好晚,又舍不得吃导致营养不良,从那时她的身体就不是很好了。"从那个时候身体就被拖垮了。所以,我身体不是很好,那个低血糖就是贫血,累得嘛。"(陈燕,P11)

——赵蕊在做挡车工时,工作了三年,三年间除了轮班休息,她没再请过一次假休息,甚至有一次生了一个月的病都没有休息。"那时候厂里有个特别的规定,就是这一年里除非厂里放假了,你如果一天都不休息,厂里会奖励给你 800 块钱的。那时 800 块钱对于一个小镇上的人来说还蛮多的。那时候我玩命地干,有次我病了一个多月都没休息。"(赵蕊,P3)"在那里工作了三年,我一天都没有休息过。

我不是说过嘛，因为没去考，我心里压着一股气，就把所有的热情都献在工作当中了。"（赵蕊，P3）

——李刚认为不敢生病，"没生什么病，不敢生。**身体是革命的本钱**"。（李刚，P14）

由上可见，青年农民工由于不舍得吃，加上工作劳动强度大，身体容易生病。但生病后，为了节省治疗费用，他们又通常不去医院看病，导致身体经受病痛的侵扰甚至健康状况欠佳。

诚如相关研究所指出的，农民工长期的营养不良、超强度劳动，使他们原本处于亚健康之下的躯体更加容易受到疾病的侵袭。而高额的医疗费，使原本不多的血汗钱更加相形见绌。①

（六）业余生活："不敢到处乱跑"

青年农民工业余时间多用来读读书、看看杂志或学习，很少出去。

——李刚业余时间活动较少。在深圳时，"那个时候感觉还小。**去了那边感觉陌生，胆子特别小，不敢到处乱跑的。因为那个时候听别人说社会很乱嘛……**"（李刚，P4）

到上海后，业余生活方面，李刚有自己的喜好。"**我这个人比较内向点，热闹的地方我不喜欢去，像唱歌什么的。我喜欢安静，喜欢去图书馆，看看书。有时候听听音乐。还有学校里不是也有人爱好溜冰嘛，我有时也去。虽然年龄上大点，但还去。**"（李刚，P13）

——业余生活方面，陈燕是到在工厂打工时才有业余生活。以前做保姆、做餐馆服务员时都几乎没有业余生活，因为晚上要带孩子或招待客人。而只有在工厂打工时才有业余生活，当然，这些活动多是工厂迫于应付检查而组织的，"那时也挺幸福的，现在想想，还经常搞搞节目，唱唱歌、跳跳舞"。"对，工厂经常有外面的人来检查，就搞搞活动，跳跳舞呀，很好玩，很有意思，我比较喜欢唱歌、跳舞，有时候还写写小诗。"（陈燕，P11）

——赵蕊做纺织工时，业余时间喜欢看《读者》。"像我那时迷

---

① 周军：《农民工生存状况透视》，《政府法制》2005年第1期，第17页。

上看小说了,还迷上看《读者》了,基本每期都不落的。那时还发短信评论,说有奖,我发是发了,但从来没中奖。"(赵蕊,P6)

到上海做建筑资料员后,赵蕊的业余时间大部分用来看书、学习了。"我来了上海三年的时候,外滩都没去过。"(赵蕊,P13)平时她甚至很少逛街。"是很少逛街,我通常是拿个纸,牙刷没了写牙刷,牙膏没了写上牙膏,什么没了就写上什么,然后到超市里买完就回来。"(赵蕊,P13)

由此可见,青年农民工的业余生活也较为单调。除了工厂里偶尔举行的"唱唱歌"、"跳跳舞"等活动,他们的业余时间大多不出门,有时会看看书、读读杂志、听听音乐等。

三 社会境遇:"觉得很压抑"

根据青年农民工的讲述,将对其社会境遇从社会地位和社会保障两个层面进行分析。

(一)社会地位:"最底层"

——陈燕做保姆时,"那时候你在社会的最底层,很自卑呀、很受歧视呀。"(研究者:会有吗?)"会呀,会觉得很压抑……"(陈燕,P9)

——王晶也受过打击。"我以前也受过别人的白眼,但这没有打击倒我。打击肯定有打击,但打不倒我。我是这种人,我是越有压力、越有打击,我会成长得越好。"(王晶,P6)

青年农民工从事的行业,如保姆、餐馆服务员、建筑工人、纺织工、装卸工等基本上都是在社会分层中处于较后位次的行业,所以会觉得"在社会的最底层"。

(二)社会保障:"也没什么保障的"

社会保障方面,农民工的社会保障覆盖处于缺失状态。长期存在的城乡二元社会结构,使我国城乡居民处于不同类型的社会保障体系之中,享受着不同等的医疗卫生资源。在这种社会保障体系框架下,城市职工享受的是一种较为稳固的公共性保障,而农民工的唯一保障就是远在家乡的那片承包田。①

——苏强没有社会保障。在做钢筋工时,从楼上摔下来后只是到医院检查了一下,但没做治疗,因为没有社会保障,还被老板斥为"自己倒下去的"。"当时找那个老板要钱他也不给,后来才给了一点点,他说:'是你自己倒下去的。'当时我也不知道去找谁,也没这个知识,没这个法律意识,也没其他人帮忙出主意。他说我自己倒下去的,谁傻乎乎地愿意倒下去?!那时也没什么保险保障什么的。"(苏强,P4)

——邹凯出过车祸,但因为单位没有保障,他都没到医院做治疗,而是自己忍着慢慢养。出车祸对他来说是个重大打击,但他非常坚强,非常乐观,自己硬挺了过来。"没去医院,因为我觉得腿又没断,去医院还得花好多钱。"(邹凯,P11)邹凯之所以会选择当教师,是因为他出车祸后感觉教师职业还是非常稳定的。"那时候感觉就是想稳定,还是当老师好。起码像你摔着了,还有补偿,但我在民营单位,你摔着了,人家也不管,感觉还是不稳定,后来就到一个镇上教小学了。"(邹凯,P11)

韩长斌等学者指出,农民工由于自身文化程度的限制,自我保护意识还不够,容易导致工资纠纷和工伤事故纠纷。农民工与雇主之间的劳动用工合同十分松散,许多企业故意不与其签订正式劳动合同,一旦发生纠纷,农民工处于弱势地位决定其最终成为利益被侵害者。②上述苏强和邹凯的遭遇便是例证。

综上所述,二元劳动力市场理论认为,在现代工业社会中存在着两种劳动力市场,一种是收入高、劳动环境好、待遇好、福利优越的劳动力市场,亦称"首属劳动力市场",凡是能进入此种市场的人自然成为社会上的富有者,成为地位较高的阶层。另一种是收入低、工作环境差、待遇差、福利低劣的劳动力市场,亦称"次属劳动力市

---

① 张跃进:《中国农民工问题解读》,光明日报出版社2007年版,第40页。
② 韩长斌:《中国农民工的发展与终结》,中国人民大学出版社2007年版,第54页。

场"，凡是此种市场上的就业者，自然成为地位较低的低收入阶层。①

按照上述二元劳动力市场的定义，青年农民工能进入的大多是"次属劳动力市场"，也就会导致收入低、工作环境差、福利低、没有社会保障等较差的客观生存境遇。

第二节 主观生存境遇

青年农民工的主观境遇主要是指其在内心或通过感官感知到的意识、情感、情绪等精神方面的境况或遭遇。总体而言，青年农民工的主观生存境遇也不佳，他们中有的人感觉"受歧视"，感到生活在"社会的最底层"；有人隐私权被侵犯——日记被偷看；还有的被冤枉或被欺骗等。

一 感觉受到歧视

——陈燕打工期间，特别是做保姆期间，主观感觉很不好。一个是觉得保姆是个受歧视的行业，不喜欢，觉得在那待得"心理上很压抑"。"我觉得'保姆'这个词在我的理解中一直就是很受歧视的行业，所以，我不喜欢。尽管说现在的保姆有的也需要很高的水平、具备一定的条件才能做，但是我不喜欢，心理上很压抑。""因为以前上学的时候，很受宠的，是被关注的焦点，然后带孩子就像被打进了地狱样的，那种反差挺大的。"（陈燕，P2）

——苏强受到过歧视。有一次他在工作后和同事到超市买玩具，售货员对他们说："不买不要动。"他当时心里真的很火，他很想把这个东西砸碎掉，然后买下来，但他当时没有这么做，这让他觉得挺受伤的。"这还是其次，包括在公交车上，出来在城市里走，人家的眼光都不一样，所以，有的人根本不愿意出来。"（苏强，P1）

——赵蕊的主观境遇也不佳。做挡车工时，特别是刚开始做学徒的时候，还受过气。她刚去时就因为穿了一件两种颜色的毛衣（找不

---

① 李强：《农民工与中国社会分层》，社会科学文献出版社 2004 年版，第 124 页。

到单色的）而受到师傅的歧视。后来做光纤工时，又因为替同事打抱不平而"一夜之间出了名"，最后被无辜裁员。

多数流动到城市的农民工都提到了"被人家看不起"和"受歧视"的问题，而且很多农民工都认为，这一点是他们最不满和最难以忍受的，物质上、生活上的艰辛倒在其次。无论是个案还是统计调查，都证明农民工在心理上感受到歧视是一个普遍存在的问题。[①]相对生活条件的艰苦等客观生存境遇而言，青年农民工遭遇到的受歧视等主观生存境遇的不佳令他们感觉更难以忍受。

二 隐私权受到侵犯

在做保姆时，陈燕写的日记被偷看了，而且为此受到了批评，以至于最后她认为"什么事情放在心里是最安全的"。

"当时我特别爱写日记，因为你和整个社会都是隔绝的，也没什么途径可宣泄，唯一的途径就是写日记了。写信就没有，也觉得没什么可说的，说了家里人可能也不理解，所以就写日记。有一次，他们偷看了我的日记，就把我骂了一顿，然后我就把日记烧了，那很厚的日记，以后就不写日记了。"（陈燕，**P3**）

他们之所以会骂她，会批评她，是因为：

"日记里肯定写了不好的事情。因为那本身就是一种宣泄的途径，那肯定会有不好的感情发泄，关涉到他们，关涉到孩子，因为每个人看问题的立场不同，他们会认为是他们给我机会，是在帮我，而我不好好珍惜，会觉得我没良心。以后我就学会什么事情都不能讲，装在心里。以后我就得出一个结论——什么事情放在心里是最安全的。"（陈燕，**P3**）

维纳和洛森沃尔德（Wiener and Rosenwald, 1973）对记日记的人进行了研究，并得出结论，"这种形式可以提供许多心理上的好处，部分地因为日记具有多面性，它既是一个'空间'，又是一个'对象'；既是一个过程，又是一个产品；既是一个'容器'，又是'内

[①] 李强：《农民工与中国社会分层》，社会科学文献出版社2004年版，第227页。

容'，以及体验的包容器"。在他们发现的诸多好处中，有对边界和情感的管理，以及对于自我的各方面进行的探究（也就是所谓的镜子功能）。然而，最重要的好处是个人成长，或是维纳和洛森沃尔德称作的"服务于新生活的记忆动员"。[①]

陈燕来到一个人生地不熟的地方，从一个高中生一下子变为"保姆"，被整个社会"隔绝"起来，自己觉得"心理压抑"，又"没别的途径可宣泄"，所以，她只有借助日记这样一个"空间"、一个"容器"，来管理她的这种边界情感。结果，她的日记被偷看，这一自我"空间"被破坏、"容器"被粗暴打开——就连最自我的调节途径也被阻断，被认为是"没良心"，被"骂了一顿"，导致她情绪、情感方面很受伤，结果就把日记烧了，从此就**"学会什么事情都不能讲，装在心里。以后就得出一个结论——什么事情放在心里是最安全的"**。（陈燕，P3）可以推想，那是怎样一种"孤独"与"压抑"呀！

三 被诬陷、被冤枉

另外，陈燕在做保姆过程中还被诬陷或被冤枉过。

"天天带着个孩子，肯定还有一些很不愉快的事情发生。比如在我二姨家带孩子，她们家是做生意的嘛，她们回来那钱包就放在桌子上，后来就说钱包里少了 10 块钱，她们就说是你拿的，你怎么办？"（研究者：还有这样的事呀？）"你真是没有办法的呀，对吧？！也不知道她是真少了还是数错了，这谁说得清楚呀？！这种事情不止一次呀，你说你舒服吗？这很让人难过呀！"（陈燕，P11）

"还有在我表嫂家住的时候，我表哥吸毒，家里哪里能找到的钱都拿去吸毒，那家里少了钱她就说是你拿的，她就是相信她老公，就不相信你，因为你是个外人！你会被冤枉的呀！真是生不如死的感觉，那个时候会想——哼，要报复！真的，那个时候你会想到要报复，会恨呀。但真过了那个时候就不再这样想了。"（陈燕，P11）

---

① ［美］雪伦·B. 梅里安编：《成人学习理论的新进展》，黄健等译，中国人民大学出版社 2006 年版，第 132 页。

作为"外人",陈燕平白无故地被冤枉、被诬陷,导致她"很难过"、"生不如死",甚至"想报复"!可以想见,当时独自一人在外地、又"寄人篱下"的她是多么的无助又懊恼!而这一切她又无力改变,只能默默忍受着——"她只要需要你待着你就得待着",所以,她会觉得做保姆期间过得"很压抑"。

四 遭遇欺骗

据了解,青年农民工在工作过程中或在找工作的过程中还受到过欺骗。

——李刚在找工作的过程中,被职业介绍所骗过中介费,使带钱不多又刚刚到上海的他见朋友连公交车都不舍得坐,只能骑自行车去。到上海后,李刚为了尽快在上海立足,"就到处跑,去找工作,什么职业介绍所都去过。那个时候还上过当呢!"(李刚,P9)

"那时候刚来,心里很急迫的,想找到一份工作。就去一家职业介绍所,应该是很黑的吧,还交了200块钱。结果他介绍我去一个公司做文秘,关于公司的生产规模、介绍等看不到任何具体的资料,他就是把你的详细资料了解了一下,就让你第二天去上班。结果我第二天去上班,八点钟去的时候,看到公司没开门,我就感觉不对头。"

"他们就是为了赚这个中介费。当时我也没上去找他们就直接走了,结果那200块钱也就要不回来了。那个时候身上带的钱本来就不多,又不好意思向家里人要。那个时候就300元钱用了半个月,见朋友都要花钱的,比如闵行那边也有朋友,每次过去都不敢坐车,都是骑自行车过去。"(李刚,P9)

有研究认为,农民工劳动力市场还是比较混乱和没有规范的。在农民工的市场交易规则和交易过程方面,是很不完善的,这种不完善突出地表现在交易场所的不固定和交易的无契约上。农民工就业的信息来源有限,信息面比较狭窄。由于正常的市场中介十分缺乏,于是就出现了一些非法职业介绍点,趁机骗取农民工求业者的钱财。[①]李刚

---

① 李强:《农民工与中国社会分层》,社会科学文献出版社2004年版,第133页。

到上海时间不长，信息资源有限，在朋友帮忙找工作没有效果的情况下，就去了职业介绍所找工作，但没想到会被骗去本来就不多的钱财，可以说他是这种不规范的劳动力市场的受害者之一。

——苏强在做个体经营时也受过骗。他自己经营羊毛衫厂，被人骗了钱。"**还有一个人骗了我 15000 块钱，他让我给他做了这么多羊毛衫，后来我找他要钱，他人都跑得不见了。**"（苏强，**P6**）加之没有经验，管理不善，他最后亏掉了四五万元，把以前赚的钱几乎都亏掉了。

由此可见，青年农民工在城市打工或独自经营时，主观境遇上感觉也不是很好，他们有过被欺骗的经历，有过被诬陷的"生不如死"的感觉，还有过"不买不要动"的受歧视的遭遇。可能正是这种压在心里的不良的感觉，使得他们想通过努力学习改变自己的生存状况。

总之，这一章主要总结了青年农民工的客观生存境遇和主观生存境遇状况。其客观生存境遇主要包括职业境遇、生活境遇和社会境遇。职业境遇具有工作内容琐碎、工作时间长、工作环境差、工作待遇低等特点；生活境遇方面，衣、食、住、行简约、朴素，业余生活单调；社会境遇方面，社会地位较低，社会保障缺乏。主观境遇方面感到受歧视，遭受过诬陷，领受过被欺骗等滋味。

第七章 解读：学习行为（上）

如前所述，青年农民工在打工过程中产生了丰富的学习行为，下面将对此进行详细解读。通过对青年农民工的学习行为的解析，发现其学习行为大致涵盖学习动机、学习内容、学习方式、学习方法、学习障碍等。对此，将分两章进行呈现（第七、第八章）。本章将尝试对青年农民工的学习动机和学习内容进行解读。

第一节 学习动机："为了生存"

如上所述，第四章讲述了青年农民工的打工故事和学习故事，发现青年农民工有着非常丰富的学习行为；那么，青年农民工为什么会有这么丰富的学习行为呢？他们为什么在打工的背景下还要克服各种困难学习呢？这就涉及他们的学习动机问题，本章将对青年农民工的学习动机进行解析。

一 类型

通过对本书资料的研究发现，青年农民工的学习动机主要有以下类型。

（一）职业进展型：适应工作

在青年农民工的学习行为中，第一类学习动机可以总结为"适应工作——职业进展型"。此类动机一方面通过学习职业性知识和技能表现出来，另一方面通过获得学历文凭、资格证书等表现出来。

1. 表现途径之一：学习职业性知识和技能

——"摸索者"李刚在工作之初，学习计算机安装、维修方面的知识就主要是为了适应工作。为此，他通过观察、跟随、询问老板学习；通过与同行、同事交流学习；通过解决问题学习；通过报纸、网络学习；通过到大城市与别人交流学习；通过了解不同的客户群体学习。李刚之所以竭尽所能地学习计算机方面的职业性知识和技能，主要是为了适应工作，在与其他人的竞争中赢得优势。最后，他如愿以偿地留在了公司里工作，而其他一些人则被淘汰了。

——"摸索者"苏强在建筑工地上打工时，一方面跟随、观察师傅，通过自己的摸索学习工作技能，另一方面自学电路连接方面的知识都是为了能够尽快适应工作，满足工作的需要。**"有师傅的，也有图纸的。我三个月之内就把这些图纸全搞懂了。"**（苏强，P3）另外，苏强每个月会买几本书看，特别注意向比较成功的人学习，比如学习名人传记等，也是为了满足工作的需要。**"学习这个东西非常重要，我现在平均每个月都会买 2—3 本书。我喜欢看传记，因为不是自己的体验也写不出的。我觉得我现在看问题就跟别人不一样，同样的问题，你的思路、你的角度不一样，这种感觉很爽，人其实都有这种感觉，就是价值得到了认可。比如你推销时人家刚开始说：'不要，不要'，你慢慢说说，人家又要了，你就很有成就感。"**（苏强，P8）

——"攀登者"陈燕曾经学习带孩子，除了白天带孩子、做家务，晚上还要带孩子睡觉，给孩子唱歌、讲故事；学习做面食和炒菜，学习**"揉面呀，擀面呀、包包子、包馄饨呀……"**（陈燕，P8）另外还要学习炒菜、端盘子；学习分拣枸杞，**"把枸杞分等级，好的、不好的，拣枸杞，包装起来去卖"**。（陈燕，P4）学习做教师，她要学习做代课教师的基本技能和素养。陈燕的这些学习行为主要也是为了适应当时工作的需要。

——"攀登者"邹凯在做推销员时，通过培训、拓展训练等学习销售方面的知识和技巧；在做修路工时学习测量、学习使用经纬仪等，也是为了胜任推销员的工作。

——"求索者"赵蕊在来上海之前的学习行为主要是学习具体的职业方面的内容，如学习挡车技术、学习光纤方面的知识和技术、学习经纱方面的知识和技术，其学习动机自然是为了适应工作，取得师傅的认可，把自己因"中途给折下来"（因高中成绩不好，家里没让她参加高考，就工作了）的"心里压着的一股气"全部投入到工作中。后来，到上海从事建筑资料员工作时，赵蕊的学习行为更加明显、丰富。由于换了自己很不熟悉的工作，所以为了尽快做好工作，她必须学习。"**因为刚开始你做一行并不了解，想学；后来了解了一些，你想更多地了解，就只有去学习，没有别的办法，别人不可能教你很多的呀。即便教你很多，也没有那么多时间。**"（赵蕊，P10）

——"求索者"王晶要学习酒店最基本的服务事项。"**我去学习，去培训，刚开始都是很辛苦。比如说酒店里每个环节你都要熟悉，你才能做到最高层，你要知道每个部分。**"（王晶，P2）当她升为酒店销售员的时候，又学习了一些销售技巧方面的知识；当她到进出口石油贸易公司工作后，就开始学习外贸方面的知识；后来又学习木材方面的基本知识、木材采伐知识、木材销售知识等。一方面她觉得这些知识有用，另一方面自己对这些知识也非常感兴趣，这也为她以后的工作发展奠定了基础。

另外，青年农民工对工具性知识的学习，如学习英语、计算机的知识和技术等方面，也主要是为了适应工作发展的需要，借此他们可以更好地做好本职工作。如苏强为了更好地做好保险销售工作买了计算机，通过摸索、多练习使用计算机；赵蕊来上海之后，她专门学习了很多计算机方面的知识，主要是她做资料员时要使用计算机工作。为此，她一方面通过业余大学学习，另一方面，工作过程中也边用边学；王晶在业余时间也注重学习计算机方面的知识和技能，还利用酒店工作的空余时间去专门学过计算机，这不仅满足了她做酒店管理工作的需要，而且为她以后做木材公司的助理工作和木材销售工作都奠定了一定的基础。

2. 表现途径之二：获得学历文凭、资格证书

再者，职业进展型学习动机还表现为通过获得学历文凭和资格证书等方面。

（1）获得学历文凭

——李刚的学习行为中包括参加高等教育自学考试，他参加这个考试主要就是因为想换工作，但发现没有学历难以实现，于是就报考了高等教育自学考试。"因为这个店不是很大嘛，做了一段时间后感觉还是前途不是很大，想去大一点的公司。后来经朋友介绍也去过，但是没有学历是受限制的。你经验再好的话，你进公司门槛就是要学历的。""**动机肯定是想早点拿个文凭出来的。**"（李刚，**P10**）

——赵蕊参加成人高等教育，也主要是出于获得学历文凭的动机。"来了上海，进了公司，文凭是必然要面对的一个问题。那时候知道有高复班，就去报考了。"（赵蕊，**P9**）上业余大学和考"二级建造师"等证书是同时进行的，所以她来了上海五年，就觉得时间过得很快，没怎么玩过。

——苏强最后去参加成人高等教育业余大学，是因为他当初用假文凭进了保险公司，后来，和经理闹翻被揭发，所以，他要去读个真文凭，以后好好做业绩。"后来我因为一点事情，和经理吵翻了，就说我没有文凭不让我做了。去年不是汶川大地震嘛，这个对我来说也是'大地震'。我现在就想，我去读大学，我读好，我还要在这个行业做，我将来一定要超过他。"（苏强，**P9**）获得一个真文凭既是苏强应对人生"大地震"的策略，也是他参加成人高等教育业余大学的学习动机。

（2）考取资格证书

"求索者"赵蕊到上海做建筑资料员后为了尽快适应工作自己参加了一些培训，考取了一些资格证书。"刚接手一个新工作，基本上也是接受一些培训啊，自己去了解这个工作。因为我毕竟是隔行过来的，之前对建筑一点也不了解。"（赵蕊，**P7**）"含金量最高的就是去年考出来的'二级建造师'，那个考得蛮辛苦的。"（赵蕊，**P7**）获得各种职业资格证书，最终也是为了胜任工作的需要，即也是职业进展型学习动机的显现。

以上是青年农民工职业进展型学习动机的体现，这类学习动机主要是基于个人职业进展上的考虑，其具体理由通常包括获得就业资格或某种职业资格、获得晋升加薪机会、提高工作能力、增加竞争能力、获得转业转岗能力等。

（二）社会刺激型：满足生存需要

青年农民工的第二类学习动机表现为"为了增加工资"、"为了改变生存境况"、"为了满足生存需要"等，即他们的学习动力是社会外部刺激的结果，可以归结为社会刺激型学习动机。

1. 苏强："我要生存呀"

"摸索者"苏强进行过个体经营，他刚开始是开了个花店。"由于没经验，也没有人指导，后来我就发现怎么和我想象的不一样。其实每个行业都有自己的门道，我当时就是按照自己的想法。看人家做得蛮好，怎么我自己一做就不行呢？虽然房租不贵，但是房租我都做不出来我还是不做了吧。"（苏强，P5）他独自初次经营花店，连房租都做不出来。

后来，他发现旁边一家"夫妻肺片"店生意火爆，于是他就开始"偷学技艺"了，"我就想他那里为什么有那么多人，而我这的鲜花看都没人看？""我就自己买了一份拿回来，我一尝，我就说这个我都能做嘛，这个没有什么。我问他收徒弟吧？他说要2000块钱，我觉得太贵了。"（苏强，P5）他想向人家学习可又觉得收的学费太贵，索性就偷学了。他"偷学技艺"主要是基于生存的目的，因为他开花店连房租都赚不到。

至于苏强后面做保险推销员时向成功人士学习、从挫折中学习，也是因为他开了羊毛衫厂，把前面赚的钱几乎赔光了，说起来也是求生存、求发展——"我是没办法了，我要生存呀。"（苏强，P6）总体来说，如果用一句话来概括苏强的学习动机，那就是"说白了是生存，因为作为一个男人，你至少对家里要有一个交代"。（苏强，P10）这也是促使他产生这些学习行为并能够坚持下来的一个因素。

2. 邹凯："想学也是工资的原因"

"攀登者"邹凯在做修路工时想学习的原因是因为他觉得付出与所得不成比例，"想学也是工资的原因，刚开始觉得工资还可以，后来，就发现工程师的工资比我高三倍多，他平时也并没有比我多干，他干那些东西我也都会,包括架那个经纬仪,我都能架起来。好多人架不起来的,包括学这个专业的本科生,我很快就会了。"(邹凯,P10)别人不会用的仪器他都会用,他甚至觉得自己做的事比工程师还要多,工资却相差悬殊,因此,他想通过学习改变自己的境况。后来,他总结能顺利通过高等教育自学考试的原因,认为也与他待的环境非常相关。"有关,感觉你再不认真学的话,再考不出来,还要回来打工,不稳定。人家都是稳定,你还是打工,不好,就是想走出来。"(邹凯,P11)他想通过学习,改变他打工的不稳定生存境况。

再后来考研时邹凯的学习动机是因为做小学老师时工资太低了,"我那时是试用期,一月300块钱。结果去了之后,两个月没发钱,然后发了,只发了68块"。(邹凯,P14)为了改变低工资的状况,他一边做装卸工一边参加全国硕士研究生考试。

3. 陈燕:"想要一步步改变自己的生活"

"攀登者"陈燕高一辍学后,就到新疆做了保姆,后来又做过餐馆服务员、工厂工人,这期间不仅工资低,而且有的工资还被克扣,她还受过诬陷、冤枉(日记被偷看、被怀疑偷主人的钱)。所以,她自从做了工厂工人,作息时间稍微规律些,又接触到学习资源时,她就开始学习了。可以说引起陈燕学习行为的一个重要原因,就是现实的窘迫处境使她想通过学习改变自己的境遇,"现实方面的因素就是想要改变自己的现状,对吧?想要一步步改变自己的生活……"(陈燕,P9)

总之,社会刺激型——满足生存需要的学习动机,参与学习活动主要是为了应对社会大环境挑战下带来的生存问题,改变窘迫的生存状态,逃避不如意的生活状况,摆脱紧张的、苦闷的生活方式,求得生活的舒适、生存境况的改变等。

(三)认知兴趣型:为了求知

青年农民工的第三类学习动机是为了求知,就是为了学习知识,可以归结为认知兴趣型学习动机。另外,也可以发现,青年农民工的学习动机不是单一维度的,甚至是复合维度的,即同一个人可以有不同的学习动机——因学习的内容、人生发展的阶段、面临的社会职责和任务的不同会有不同的学习动机。

在人的发展中，学习本身是一种满足需要的活动，也正如目标指向者通常所理解的那样，是被用来达到某一特定目标的手段。然后，随着需要由低层次向高层次的变化与发展，学习活动也往往会成为人的一种需要。认知兴趣型学习者的情况就是这样，对他们来讲，学习就是需要，学习就是目标。他们的学习活动连续不断，终身都是一个接受教育的过程。①

1. 陈燕："**一直有学习这个欲望**"

如上所述，"攀登者"陈燕在参加高等教育自学考试时乃至以后学习的动机一方面是为了生存——为了改变自己的生存状况；但同时她的学习动机中也有为了求知的特征——"**一直就有学习这个欲望，只是以前没有时间而已。**"（陈燕，P4）她自己也认为促使她学习并使她的学习最终能坚持下来的因素有两方面：一方面是现实的艰难处境迫使她想通过学习改变自己的境遇，另一方面也想圆自己未了的大学梦想。"可以从两个方面来谈，现实方面的因素就是想要改变自己的现状，对吧？想要一步步改变自己的生活；从一种理想的角度来讲，就是想要实现你的梦想，就是想要圆了自己的大学梦。那个时候，辍学了，看着别人背着书包去上学，那个嫉妒呀！那是一种嫉妒！"（陈燕，P9）

她特别强调那是一种嫉妒，这种嫉妒是一种很强的力量，一种很受伤的感觉，一种比羡慕更高的程度，它会让人心痛，可能那是一种未曾失学的人所难以体会的一种滋味。"对，我觉得那是一种嫉妒，所以，我觉得会把那种嫉妒化成一股力量，就朝着那个方向去走"；"对，看到别人上学，你会觉得很受伤！那会嫉妒，当然也会有羡慕。我觉得羡慕是一种程度，嫉妒是一种更高的程度"。"羡慕不会有受伤的感觉，而嫉妒时会有受伤的感觉，会感觉到痛！当看到他们能上学就会觉得心痛，想他们为什么条件那么好，他们为什么可以上学?！

---

① 高志敏编著：《当代世界教育科学发展与成人教育》，上海交通大学出版社1997年版，第261页。

你会羡慕，然后会嫉妒！"（陈燕，P9）

2. 赵蕊："心中总有一种给压着的感觉"

赵蕊的学习动机中也含有满足认知需要的成分——她之所以努力学习工作技能，以及后来到了上海后还参加培训、考各种资格证书、参加成人高等教育，都是因为她心里"压着一股气"——对大学的向往和追求被压抑后的爆发。"**其实我觉得我当时读高中本身是冲着大学那个目标去的，中途给折下来，心中总是有一种给压着的感觉，然后我到工作的时候，我回忆这么多年，我觉得一直还都是蛮出色的，我自己是这样想的，别人对我的评价也还可以。所以，这也是我后来能到上海来的一个原因。**"（赵蕊，**P2**）

赵蕊心里压着的那股气，就是因为怀有考大学的梦想，然而被中途给折下来了，所以一直会有这样一种深层次的求知需要，可以说她的学习愿望处于潜伏状态，而表现出来的一方面是努力争取工作中的优异表现；另一方面，到上海后一旦有更多的机会学习，她便以"求索者"的样态开始了广泛的学习：参加培训、考取资格证书、参加成人高等教育的学习……可以说，赵蕊的学习动机及表现出来的学习行为符合潜伏学习的特征。潜伏学习是指学习者当时没有明显的行为表露，或做出积极的反应，而只是在某种不易说明的驱动力驱使下进行学习，但当增强物一旦出现，便立刻会产生积极的学习行为，或者表现出良好的学习成绩，再或已能熟练地运用已经学到的知识。[①]

3. 王晶："特别喜欢艺术方面的东西"

王晶去法国学习文化、礼仪、语言，感受异域文明，还学习艺术等方面的知识，都是出于求知、兴趣的需要，即具有满足认知兴趣方面的特点。

——感受异域文化。王晶通过自己的辛勤工作后，初步改变了自己和家里的生活境况，然后就到法国学习，感受法国文化，因为法国是她的一个梦。"**对于我来说，法国是一个浪漫的象征。我是觉得对**

[①] 高志敏编著：《当代世界教育科学发展与成人教育》，上海交通大学出版社1997年版，第281页。

我将来发展有需要的,我都会尽力去抓住它,我去完成自己的一个梦想。"(王晶,P4)

——学艺术、学烹饪。王晶爱好广泛,业余时间关心艺术,也学过烹饪。"我还特别喜欢艺术方面的东西,我还去学过画画,这对于我也是一个帮助,在后来的生活当中,跟朋友去沟通和交流,我对时尚的认识,所以很多人会惊奇地说:'你怎么会懂得这些东西?!'比如艺术家、现代作家,等等。用我现在老板的话来说,他说:'你不是一个在家里频繁调台看电视的人,你是一个喜欢出去,让你的生活动起来的人,你能把很短的人生变成三倍的人生。'"(王晶,P4)

"我还学过烹饪,当我工作很累,回到家的时候我还能烧一手很好的菜去犒劳我自己。我享受这个过程。"(王晶,P8)

总之,青年农民工求知——认知兴趣方面的学习动机,主要是基于求知欲望、求知兴趣而参加学习的。也就是说,他们的学习通常是为了不断获取知识、更新知识、增进智能、充实自己等方面。

(四) 外界期望型:为了他人

如上所述,青年农民工的学习动机具有复合倾向,即不是单一的学习动机在支配着他们的学习行为,可能会有一个主要的学习动机在支配着他们的学习行为,但在不同的阶段或学习不同内容时会表现出不同的动机倾向。如"求索者"王晶,她的学习行为非常丰富,在感受异域文化、学习艺术时是满足认知兴趣型需要;在学习职业性知识和技能时,主要是满足职业进展型需要;但她有一个总体的学习动机——"**我想让我自己做一棵大树,让我爸爸妈妈、我弟弟,所有的人都可以来乘凉。**"(王晶,P8)可以说,她所有的学习行为归根到底是为了减轻父母的负担,为了让父母、弟弟过得幸福,她的学习动机在这个意义上又是为了他人,即有满足外界期望型的特点。

概括而言,王晶的学习动机可能受家庭因素影响比较大,她妈妈有先天性心脏病,是真正的"housewife",特别是生育完她弟弟后更是做不了多少事,家里医药费开支很大,她从小看着她爸爸为她妈妈付出了很多。所以,她不想走常规的路,她想自己闯一条路出来,于是,她从各个方面努力学习、打拼,为的就是能减轻爸爸的负担,让全家过得好一些。当被问及是什么因素促使她一路能坚持下来时,她说:"可能有点可笑,但是是我的真实想法,我认为自己是一个非常强大的人,我觉得用我一个人的能力,可以保护我的全家。我想做到让我自己做一棵大树,让我爸爸妈妈、我弟弟,所有的人都可以来乘凉,我为了这个愿望去学习,我觉得我能做到。为什么不去尝试呢?"(王晶,**P8**)

另外,苏强的学习动机中也有为了家人、满足外界期望型的特征。"因为作为一个男人,你至少对家里要有一个交代。将来母亲要养老,当儿子的,不能不够意思的。我希望将来家庭条件好一点,带他们到处旅游一下,放松一下啊。"(苏强,P10)而且,他通过学习、通过努力打拼终于赚得了一些钱,准备今年(2009年)在上海买房子了。"我打算今年买。我跟我女儿说:'今年一定要买,我感觉这么多年没买也亏欠你。'"(苏强,P10)为了让父母、女儿等过得好一些,恐怕也是苏强学习行为背后的深层次动机吧。

由此可见,为了他人——满足外界期望型学习动机,主要是为了顺从或满足来自外界的要求或期望,当然也包括别人没有要求而学习者自我感知到而主动为别人着想的情况。这里的外界主要包括雇主、师长、配偶、父母、子女或其他有重要影响的人士。顺从或满足外界期望而参与学习活动的情况有:实现权威人士的要求、满足父母的期望、受到家人或朋友的鼓励等。

心理学研究指出,动机是激起个体活动、维持已引起的活动,并将之导向某一目标的内在驱动。基于此,成人学习动机便是推动成人学习的一种内部动力。①成人学习者有着多维的社会角色,发挥着多种社会作用,因此有着多样化的学习需要,而多样化的社会需要会导致成人多样化的学习动机。对于成人学习多样化学习动机进行专门的分类研究,由美国著名成人教育学者霍尔(C. O. Houle)于20世纪60年代初首开其端,而后,谢菲尔德(S. B. Sheffield)、伯杰斯(P. Burgess)和加拿大著名成人教育心理学家博希尔(R. Boshier)等人

---

① 高志敏编著:《当代世界教育科学发展与成人教育》,上海交通大学出版社1997年版,第253页。

又进行了大量的后继研究,并分别提出了他们各自不同的成人学习动机分类学说。[①]比较有代表性的是 1978 年博希尔(R. Boshier)通过"教育参与量表",提出成人学习动机可分为六大类型:社交接触型、社会刺激型、职业进展型、社会服务型、外界期望型和认知兴趣型。此研究成果与本书范围内的六位青年农民工的学习动机的实际情况较为符合,因此,借鉴该理论成果的视角,将青年农民工的学习动机归结为如上分析的四类。

另外,也可以发现,青年农民工的学习动机不是单一维度的,而是复合维度的,即同一个人可以有不同的学习动机——因学习的内容、人生发展的阶段、面临的社会职责和任务的不同会有不同的学习动机。如"求索者"王晶,她的学习行为非常丰富,在感受异域文化、学习艺术时是满足认知兴趣型需要;在学习职业性知识和技能时,是职业进展型动机;但她有一个总体的学习动机——**"我想做一棵大树,让我爸爸妈妈、我弟弟,所有的人都可以来乘凉。"(王晶,P8)** 这个意义上她的学习行为又是为了他人,具有满足外界期望型的特点。

二 特点

概括而言,本书范围内的青年农民工的学习动机具有以下特点:

1. 青年农民工大多出于自愿而参加学习。美国成人教育理论家梅里安(S. B. Merriam)和伊里亚斯(J. L. Elias)指出:"成人卷入教育情境往往出于自愿,而非出于强迫。对于绝大多数成人学习者来说,丝毫不存在被迫参加学习的问题,除非他们自己强迫自己进行学习。"另两位美国成人教育研究者派因(G. J. Pine)和霍恩(P. J. Horne)也指出:"成人学习者总是希望学其愿所学,闻其愿所闻,观其愿所观。"[②]从上一节的分析中可以看出,青年农民工的学习

[①] 高志敏:《成人教育心理学》,上海科技教育出版社 1997 年版,第 78—80 页。

[②] 高志敏编著:《当代世界教育科学发展与成人教育》,上海交通大学出版社 1997 年版,第 291 页。

动机大多也出于自愿。

2. 青年农民工的学习动机具有复合性特点。即他们的学习行为不是由单一的学习动机所决定，其学习动机可能因学习内容、社会职责、个人兴趣等原因会有所不同，一个人可能表现出多种学习动机。

3. 青年农民工的学习动机具有实用性的特点。即他们的学习动机与职业进展的关系密切，表现出追求职业发展、获得学历文凭、资格证书、满足生存需要等实用性的特点；可以说，他们的学习意愿非常实际、非常明确，与他们的工作发展、生活改善、自我提升等密切联系在一起。

4. 青年农民工的学习动机，表现出具有外显动机、内隐动机的特点。如表面上是为了满足工作的需要、满足生存的需要等浅层次性的学习动机——外显动机；但内隐的、深层次的动机可能是为了求知的需要或为了他人、满足外界期望的需要——内隐动机。

由上发现青年农民工的学习动机具有上述特点，而国外成人教育家对于影响成人学习动机的因素已有较为深入的研究，他们的研究成果也在一定程度上能够为本书提供理论支撑。

（1）关于成人学习动机与年龄。许多研究表明，年龄是影响参与动机的重要因素，一系列的研究结果都表明，成人的学习动机指向随年龄增长而有所不同，年轻人偏向实用，其动机指向以获取文凭、取得资格、求得职业及职业进展；中年人倾向于职业晋升和社会、家庭关系的处理；老年人一般则以社交接触和"利用、打发闲暇"为主。[①]

青年农民工，从年龄角度而言，他们属于"年轻人"。因此，他们的学习动机也表现出以追求学历文凭、获得资格证书、职业晋升等以职业进展为核心目的的实用性特点。

（2）关于成人学习动机与教育程度。1980年，戈夫南蒂（Governanti）对参与社区学院学习的597位25岁以上的成人学生调查后指

---

① 高志敏编著：《当代世界教育科学发展与成人教育》，上海交通大学出版社1997年版，第263页。

出，"职业进展"与"外界期望"型学习动机和教育程度呈负相关，也就是说，教育程度越低者，越强调"职业进展"和"外界期望"，而随着教育程度的提高，这两种指向则趋于淡化。总的来说，教育程度较高者，较倾向于"认知兴趣"和"社交接触"，而教育程度较低者，则较倾向于"职业进展"、"外界期望"和"教育补救"。[①]

本书中的青年农民工的总体教育程度偏低，他们多数具有类似于高中的教育水平——有的是高中辍学，有的是高考未考取，还有的是初中读完去读了中专或职业学校，都未参加正规的高等教育，总体上呈现出教育程度偏低的特点。因此，他们的学习动机也就会呈现出以"为了适应工作——职业进展型"、"为了生存——社会刺激型"、"为了他人——外界期望型"为主，而以"为了求知——认知兴趣型"学习动机为辅的特点。

（3）关于成人动机指向与职业水准。20世纪60年代约翰斯顿（Johnstone）和里弗拉（Rivera）在对23950名参与教育活动的成人学习者进行调查后发现，职业水准较低者参与教育活动的主要目的在于学习应付日常生活所必需的技能，而"当一个人的社会阶层向上流动之后，学习的目的便不在于适应基本的生活，通常转向较无生活压力的事情，如闲暇的充实等"。除约翰斯顿和里弗拉以外，博特斯曼（Botsman）、卡普（Carp）、彼得森（Peterson）等人均进行过动机指向与职业水准之间关系的研究。其结果均指出，职业阶层越高，其动机指向越倾向于他们所谓的"非工具性目标"，如求知兴趣、社会服务等，而职业阶层较低者，则较倾向于"工具性目标"或基于外界压力，如职业进展、外界期望等。[②]

在城市社会分层体系中，农民工的社会地位比较低下，处在城市社会的底层。清华大学社会学家的调查结果表明，在城市社会分层体系的100种职业的排位中，农民工居于第94位，而且排在最后10个

[①] 高志敏编著：《当代世界教育科学发展与成人教育》，上海交通大学出版社1997年版，第265页。

[②] 同上。

位次的职业都与农民工不无关系。①

按照社会学关于社会阶层的调查结论,本书的对象——青年农民工的社会阶层地位很低,居于整个被调查的职业的末几位,职业阶层的低层次性也决定了他们的学习动机只能倾向于满足"工具性的目标",满足生存的需要,满足职业进展的需要;或基于社会外界压力、社会刺激、满足外界期望等。即一方面满足自身的工作等生存需要,另一方面满足重要他人,如父母、兄弟姐妹的生存、生活需要。

第二节 学习内容:"全副武装地学"

从第四章关于青年农民工学习者的素描中,我们可以看到他们总体上有一个特点,就是只接受了初等教育、中等教育,没有接受正规的高等教育,因为家庭或个人的原因等,过早地辍学或自己放弃了接受高等教育的机会,从而进入社会,开始了打工生涯。尽管他们在打工过程中遇到过种种困难,如工作时间长、工作环境差、工资待遇微薄,甚至还受过侮辱、歧视等,但他们没有被他们生存的环境限定住,他们选择了前行——学习,通过自己的努力,以奋发向上、吃苦耐劳、锲而不舍的精神在学习着,也就在改变着自己的环境和命运……

那么,青年农民工在特定的打工背景下又有哪些学习行为,学习了些什么呢?下面就重点对他们的学习内容进行一下解析。

一 内容:多元化

(一)学历方面的学习

1. 获得高等教育自学考试学历

高等教育自学考试是个人自学、社会助学和国家考试相结合的高等教育形式,是鼓励自学成才的一种新兴的学历检验制度。正如1988年3月国务院发布的《高等教育自学考试暂行条例》所指出的

---

① 张跃进:《中国农民工问题解读》,光明日报出版社2007年版,第39页。

那样：高等教育自学考试，是对自学者进行以学历为主的高等教育国家考试。

高等教育自学考试具有如下特点：①

(1) 具有完全开放性。考试面向全体公民；考试不受时空条件的限制，即与其他教育形式相比，自学考试更少受学习地点、学习时间和年龄的限制；不受名额的限制；无须进行入学资格的考试。

(2) 具有自主性和灵活性。考试专业类别和规格层次由考生选择；获取学历的时间由考生安排；相同课程的合格成绩在各专业间可以通用。

(3) 以自学作为最本质性特点。自学考试中的自学，更接近广义的自学。自学考试的目标由自己选定，自学计划靠自己制订，自学行动由自己支配和控制，自学进度靠自己调节。虽然有国家公布的考试作业、考试计划和大纲的指导，但接受这种指导毕竟靠个人的自觉，没有统一的严格的行政管理。虽然也有社会助学的辅导，但它只是对自学的辅助。可见，自学考试这种教育形式，实质是个人利用国家主办的自学考试的机会和社会助学的条件实施的自我教育。

本书的六位青年农民工中有三位参加过高等教育自学考试。其中，以青年农民工"攀登者"陈燕、邹凯为主，还包括"摸索者"李刚。

(1) 李刚："公司门槛就是要学历"

李刚在上海那个计算机维修公司工作时，参加了高等教育自学考试。原因主要有两个，一个是想跳槽但因为没有学历而碰壁，另一个是受隔壁朋友影响，所以就参加了自学考试。**"做了一段时间后感觉还是前途不是很大，想去大一点的公司。后来经朋友介绍也去过，但是还是学历上不去，没有学历是受限制的。你经验再好的话，你进公司这个门槛就是要学历的。"**（李刚，P6）

他的朋友建议他学简单的专业，他本来对电子商务、计算机等专业较感兴趣，但为了回避自己不擅长的英语和数学，他最终选择了新

---

① 叶忠海：《成人教育学通论》，上海科技教育出版社1997年版，第270—271页。

闻学专业。

另外，他还报考了经济学本科专业，准备继续考。

（2）陈燕："一直就有学习这个欲望"

陈燕是在新疆打工过程中，具体是在工厂做分拣枸杞工作时，看到一个同事参加自学考试激起了她心中久违的学习梦而开始学习的，她从高一的学习基础读到了自学考试的专科。

"一直就有学习这个欲望，只是以前没有时间而已。"她选择了自学英语专业："其实我上学时是比较均衡，各个科目都比较好。我选择英语，是因为发现自学考试时它不考数学，数学这个东西它是比较难学的。"（陈燕，P4）

整个学习过程非常艰苦："我上学时英语底子还不错，然后那个时候就开始学，下班回来就看看书。我的睡眠时间很少，从小就这样，我小时候就看小说嘛，每天睡个四个小时就差不多了。后来就是晚上回来会看很长时间，早晨起来也会看。"（陈燕，P4）

其间她参加了自学考试助学班："那种自考业余班嘛，主要是晚上去。刚开始很搞笑的。四川的那个英语发音都不准的嘛，老搞笑的呢。为了纠正发音，我就随时随地自己练，自己买录音机，听，读。反正那里班里刚开始有80多个人，学了一年多下来，按期毕业的，自考通过了的只有两个人，我是第一。"（陈燕，P4）

最后，陈燕顺利通过了自学考试专科阶段的考试，获得了专科学历证书。

（3）邹凯："每天回来看书"

邹凯在做修路工人时，也没放弃学习。"想学也是工资的原因，刚开始觉得工资还可以，后来，就发现工程师的工资比我高三倍多，他平时也并没有比我多干……"（邹凯，P6）之后他听人说起有高等教育自学考试，就趁着下雨天工地上休息时到书店把高等教育自学考试的书、试题买齐了，然后就在工地上边修路边自学。

为此，他学得非常用功："就每天回来看书、做题。"（邹凯，P10）而且当别人都在玩、聊天时，他自己在学习，却不会受影响。"你心里想着学的时候，你就不会受影响，反正我是。"（邹凯，P1）

"然后北大有个自考的资料,那上边有 10 套题,我都会完完整整、原原本本地做一遍。而且每门课的书我都会看两三遍,那时学习非常刻苦……"(邹凯,P1)由于学习比较努力,他两年就把专科阶段的考试科目全部考完了,最后顺利获得了专科毕业证。

专科考完后,邹凯去做了推销员,但他还是坚持学习,又报考了高等教育自学考试本科——"做业务时我也带着资料,有时候也看一下。"(邹凯,P14)而且他有一套自己的学习方法。最终,他如愿以偿地获得了高等教育自学考试本科毕业证书。

2. 获得成人高等教育学历

在笔者所访谈的青年农民工中通过参加全国成人高考获得成人高等教育学历的有"攀登者"陈燕和"求索者"赵蕊、王晶。

(1)陈燕:"专科考完,就专升本了"

"攀登者"陈燕自学考试专科通过后又接着读了成人高等教育的本科。"对,专科考完,就专升本了。""那一年,刚好我考的那所大学第一年有招那种周末去读的专升本班,它那里的师资就比较一流,而且它是第一个班就比较重视,它要打响,要做品牌。"(陈燕,P5)

之后的专升本过程中,她是边代课(拿到专科毕业证后找的工作)边自学。这个过程中她自己认为进步是飞跃的:"主要是周末去学习,因为平时工作和学习是融为一体的了。教的是英语,上班就要学习呀,这个过程中的进步是飞跃式的。你要给学生讲东西,你要把什么都搞清楚,否则你就会讲不出来呀,对吧?""嗯,很有压力的,主动性很强。"(陈燕,P6)

最后,她的本科也顺利读完了。"工作的内容也是学习的内容,不太冲突。所以,专升本的三年也顺利通过了,那时还是班里的学习委员呢,因为我考专升本时还考了个全新疆第一。"(陈燕,P6)

(2)赵蕊:"文凭是必然要面对的一个问题"

为了有个学历文凭能够更好地工作,赵蕊报考了成人高等教育。"来了上海,进了公司,文凭是必然要面对的一个问题。那时候知道有高复班,就去报考了。"(赵蕊,P9)报考了高复班后,她非常努

力地学习。"那时候我就是经常晚上看了，第二天早晨起来还在看。"（赵蕊，P10）

赵蕊考"二级建造师"和考成人高等教育业余大学是同时进行的。当被问及是怎么分配时间时，她说："怎么说呢，所以我来了上海五年，就觉得过得很快。但是没有办法，你只能这样。""还是大致有个段落的。老师讲哪一段我就回去看哪一段，然后上课之前再瞄一眼……"（赵蕊，P10）总之，她每天都很忙，经常下了班买两个包子就去图书馆看书了，一直看到图书馆关门，以至于她来到上海五年，也很少出去玩过，甚至连外滩的具体位置都摸不清，也会觉得时间过得很快。

最后，她终于考取了住处附近的一所业余大学。学习商务英文专科，三年制，主要是周一、周三、周五晚上上课。在业余大学学习过程中，她基本上不逃课，由于学习比较努力，成绩非常优秀，还获得了 500 元钱奖学金。

（3）王晶："这是我们国家的一项福利"

在上海工作之余，王晶还去报考了成人高等教育业余大学，进行商务英语专科班的学习。她认为这对她很有意义，也认为这项政策是我们国家的福利。"我觉得它提供了一个很好的平台，去圆一些很多像我们这样子的人的梦。我觉得这是我们国家的一项福利，我也很感谢我们的国家。"（王晶，P8）

在业余大学学习时，由于所学专业与从事的工作关联非常大，所以她学习还是比较轻松的，主要是联系实际进行学习。"结合实际呀，因为我学的这个和我的工作比较相关，都是外贸嘛。学习的过程就是帮我自己在复习或者在进一步地深化。"（王晶，P8）到 2009 年年底，她就可以拿到专科毕业证书了。

以上，总结了青年农民工学习内容中成人高等教育学历方面的学习。新中国成立后，我国开始创办高等函授教育与夜大学。1950 年中国人民大学最早开始举办，1953 年后，其他地方如上海、东北、北京等地主要高等院校函授教育也逐步开办起来，涉及工、农、文、理、师范、财经、政法等类院校。目前，已初步形成了由职工大学、农民大学、管理干部学院、独立函授学院、普通高校办夜大学、广播电视大学等构成的成人高等教育体系。①正是有了这样的成人高等教育体系，青年农民工在没有参加普通高考或高考失败的情况下，在工作的同时还能获得高等教育学历。

3. 获得研究生学历

在本书中，获得研究生学历的主要是青年农民工中的"攀登者"陈燕和邹凯。

（1）陈燕："想进正规大学感受一下"

陈燕本科读完之后，停了一年，她又选择了考研。主要是她认为："那里虽然也是个大学，大学的培训部嘛，但毕竟体制不健全，它不能评职称，也不是很稳定，还是想再找个更稳定、更正式的单位。"（陈燕，P7）

考研过程中总体比较顺利，但也比较辛苦。"辛苦，还是有的。但总体上，考研对我还是比较有优势的，因为我毕竟学英语，英语就基本上不用复习。所以，就复习政治、专业课，跨专业考嘛。"（陈燕，P7）

当然，为了考研，她在最后三个月还是辞掉了工作，考研后又继续去做。最后，她跨专业考取了新疆某大学政治专业。

硕士毕业了，也进了正规大学了，也可以找个不错的工作了，但是陈燕还是选择了继续攻读博士研究生学位。至于原因，她认为："那个时候就是想，我要上博士！（大笑）就是博士这个光环在召唤着你。"（又笑，开心的、不好意思的。）"最重要的原因就是博士的光环，就是你不了解，很好奇，你没达到这个地步，它会对你有种召唤感。"（陈燕，P8）

后来，她如愿考取了上海一所师范大学，读全日制博士研究生。

（2）邹凯："经常坐到超市里去看书"

当然，在邹凯当农村小学老师、装卸工的过程中，他还在坚持学

---

① 毕淑芝、司荫贞主编：《比较成人教育》，北京师范大学出版社1995年版，第93页。

习，报考了硕士研究生，他利用业余时间学习，学习得非常刻苦，尽量利用一切可以利用的空间和条件。"**那时候农村不是经常停电嘛，但是超市里人家有电，我就经常坐到超市里去。有空调，蛮凉快的。人家逛超市我也不管。**"（邹凯，P10）"**我考研时经常通宵学习。我不想学了，就练字。练会儿字再学习，学着、学着就天亮了。**"（邹凯，P16）

暑假期间，他就跑到市中心高校的图书馆学习。"**后来到快考试的时候，我就专心去学习了。我就每天骑着自行车六点到图书馆，风雨无阻。**"（邹凯，P12）后来经过三次考试，他终于考取了硕士研究生，最后调剂到江西一所高校就读。

总之，通观本书中青年农民工的学历方面的学习，发现主要包括三种形式，第一种是通过参加高等教育自学考试获得专科、本科学历文凭；第二种是通过参加全国成人高等教育考试，获得成人高等教育的专科或本科文凭；第三种是在获得高等教育学历文凭后，继续参加全国硕士、博士研究生考试，获得硕士或博士研究生学历。

（二）非学历学习

初步研究发现，本书中的青年农民工的非学历方面的学习内容主要包括以下几方面：

1. 学会做事

所有被访谈的青年农民工都有学会做事方面的学习，而且这是他们的非学历方面的学习中的主要内容。

（1）李刚：摸索计算机方面的知识和技能

在武汉那家私人计算机公司，李刚借助自己在中专时学习的一些计算机方面的基础知识，就开始了他的边工作边学习计算机知识、技术的生活。"**以前学过一些，有过培训。有一点基础的话学得快一点。如果一点都不会的话，入行都很难。**"（李刚，P6）

李刚开始在这家计算机公司工作时，主要通过跟随、观察老板来学习计算机安装的具体知识，然后自己去摸索、实践，当然，实在不会时，他也会选择询问老板来学习具体的知识、技术。"**刚开始的时候，像客户一般要求上门维修嘛，就跟着他（老板）一起去看看。**

然后自己要细心一点，特别要细心一点，他不会主动教你什么的。你就在旁边看着，看他怎么弄。"（李刚，P5）

除了向老板学习，与同事之间交流、切磋也是李刚的重要学习行为。"每个人摸索的步伐不一样的，有的人快一点，比如有人就摸索到了快捷键、功能键，然后你就把他的经验弄点过来，记下来，那么对你自己装机、处理问题也很方便的。再就是大家碰到什么问题，大家共同探讨时，得出什么好方法，也记下来。"（李刚，P2）

另外，李刚还自己主动订了计算机报，通过计算机报学习了很多计算机方面的最新信息；尽管他学习计算机的时候，网络不是很发达，但他也利用网络查找解决一些问题。"那个时候，因为地方毕竟小嘛，技术方面，你很难获得什么高新的技术。你只能通过报纸、书籍呀什么的获得，那时有计算机报嘛，每期都要订。""再就是看报纸，看别人的处理方法。还看一些相关的，有些东西是触类旁通的。"（李刚，P4）

（2）苏强："偷学"个体经营方面知识和技能

苏强对于与工作密切相关的职业方面的知识和技能的学习主要包括摸索建筑、水电等工作的知识和技能，学习电路安装知识。除此之外，还偷偷观察凉拌菜"夫妻肺片"的技巧，然后自己尝试着做。

——苏强在建筑工地上打工时，为了适应工作，跟随、观察师傅，然后通过自己的摸索学习工作技能。"学了，就是人家会的人带带就行。先是跟着人家，他说递个灯泡，我马上递上去。时间一长，自己就会了。""师傅一般就说，看我的。然后就让你自己去摸索。"（苏强，P3）

——"偷"学技艺，偷学"夫妻肺片"的经营技巧。"观察他都有哪些菜、哪些调料，偷偷地把它记下来，菜有 15 个菜，我悄悄地记下来。""再看看它这个柜台是怎么设计的，它的广告是怎么写的，它的碗呀、碟呀是什么样的，我悄悄地给记下来了。过了几天，我就记得差不多了……我就把这些东西全搞好了，我就自己开始做。"（苏强，P4）

（3）陈燕："什么活都学"

陈燕与工作相关的职业方面的知识和技能的学习主要包括学习带孩子、学习做面食、学习炒菜、学习当服务生、学习分拣枸杞以及学习当代课教师和班主任。

——学习带孩子。陈燕高一刚辍学就到新疆亲戚家做保姆，要学习"**带孩子，拖地、抹灰、整理东西，做饭……**"（陈燕，P3）

——学习做面食和炒菜。她在餐馆当服务员时，要学习"**揉面呀，擀面呀，包包子、包馄饨呀……**"还要学习炒菜、端盘子。（陈燕，P4）

——学习分拣枸杞。后来陈燕又到一家工厂打工，她要学习"**把枸杞分等级，包装起来去卖。**"（陈燕，P4）

——学习做教师。陈燕取得高等教育自学考试专科毕业证后做了代课教师，因此，她要学习做教师的基本技能和素养。"**做老师这个不一样，你要花大量的时间备课，有时候都要备到直到上课前，整晚整晚地备……**"（陈燕，P6）

（4）邹凯：接受营销员方面的培训

邹凯在做猪饲料推销员时，公司对他进行了培训。主要通过培训、拓展训练等学习销售方面的知识和技巧，后来还通过实习，强化所学内容。

培训的内容也很多，既有业务方面的，也有销售技巧、拓展训练等。"**还讲了很多新的东西，像商务礼仪等，请客时坐的位置啦；还有拓展训练，就是训练你的合作意识。**"（邹凯，P9）

集中培训达半月之久，后来又由经理带去实习。"**培训了半个多月，训练你的表达能力等。后来就由区域经理带领你去实习。区域经理跟别人谈判时我们就在边上听。经过几天，区域经理让我试着去谈一下，结果我谈成了，于是就给我分市场了，我是最早一个分市场的。**"（邹凯，P10）

（5）赵蕊：学习纺织、建筑方面的知识和技术

赵蕊职业方面的学习内容主要是学习纺织、建筑方面的知识和技术。

——通过观察、跟随师傅学习。赵蕊在做挡车工时，主要是学习挡车的技术，方式主要是跟随师傅观察学习，然后通过自己的实践巩固技术。在做光纤工过程中，赵蕊也有一些学习行为。她要参加一些培训，上关于光纤方面的课。"**会给你上一些'熔化课'，比如了解光纤的组成。会给你提供工具，有一个师傅带你的。**"（赵蕊，**P4**）

——通过大量练习学习纺织技术方面的技能。如赵蕊在做经纱工时也有较明显的对职业方面的知识和技能的学习。在做经纱工之前，她们要先练习打结，通过了考核才能进入下一个环节。"**经纱是要前面经过几关之后才能到这个步骤的。这个工作要练基本功，要练打结，一分钟打多少结。**"（赵蕊，**P5**）

——通过参加培训，考取资格证书学习。赵蕊做资料员的工作后，由于之前她对建筑行业一点也不了解，一开始比如"**轻钢龙骨**"什么的都不知道。于是她就去参加了一些培训，当然有些也是公司推荐参加的。"**参加了资料员的培训班。自己去报名参加的，学费是公司报的。**""**我也会主动去参加一些培训，有一些培训是我主动给老板讲的，说我要去参加培训。**"（赵蕊，**P9**）赵蕊在参加了一些培训后，除了学习了一些具体的建筑行业的知识外，还考出来一些资格证书。比如："**后来考出来了'资料员'，还有'造价员'。还去学了'CAD'，画图的，也考出来了，CAD等级证。**"（赵蕊，**P7**）"**含金量最高的就是去年考出来的'二级建造师'，那个考得蛮辛苦的。**"（赵蕊，**P7**）

（6）王晶：学习销售、外贸、管理等方面的知识和技巧

王晶在工作过程中，通过自己努力付出、积极争取，学习各种与工作密切相关的职业方面的知识和技能，包括学习酒店的基础服务事项、学习酒店销售技巧、学习外贸知识、学习木材方面的基础知识、采伐知识、销售技巧等。

——学习酒店最基本的服务事项。"**我去学习，去培训，刚开始都是很辛苦。比如说酒店里每个环节你都要熟悉，你才能做到最高层，你要知道每个部分。**"（王晶，**P2**）

——学习外贸知识。王晶进入进出口石油贸易公司后，就开始学

习外贸方面的知识。一方面她觉得这些知识有用,另一方面自己对这些知识也非常感兴趣,这也为她以后的发展奠定了基础。"**我也在学一些进出口贸易方面的知识,我觉得这些知识很有用。先是他们做的时候,我看。后来等我感兴趣后,我就到外面书店里买书看。看到底是什么样子的,怎么去做。后来我发现外贸这个东西挺好的,将来可能会帮助我很多,我觉得我隐隐地嗅到了我将来发展的一个方向,我觉得我适合它,它也适合我。**"(王晶,P4)

——学习木材方面的知识。先是在国内学习木材的基本知识。"**这个行业是木材,刚开始培训的时候,先认识木头的原理和构造,先是把木皮铲掉,在冬天很冷的情况下,把木皮铲掉,我培训了整整三个月,后来下雨,雨夹雪,不允许离开,人家工作你也要工作。在那个工厂,美国投资的一个厂,男人怎么做你就要怎么做。**"(王晶,P5)

经过三个月的培训后,掌握了木材加工的基本知识后,王晶又被派往美国等国家学习木材的采伐过程。整个过程非常艰苦,但她还是坚持了下来。当然,后来当她正式做了销售工作后,还是要经常接受培训的。"**我们带他们出去买货,回来他们自己回来。然后我们再在那边进行进修,要抓紧任何时间进修,因为这个行业有它自己的特殊方面的,也有它自己领域的专业知识、技巧。**"(王晶,P6)

由上可见,青年农民工学习"学会做事"方面的学习内容与其所从事的工作密切相关。一般而言,成人的学习总是同一定的职业相联系的,是直接带着一定的需求、问题、感觉与希望参加学习的。一般是从事什么样的职业,就学习什么样的专业技术知识;缺乏什么技术知识,就补学什么知识,使学习内容与职业的需要同步。这种职业方面的学习,不仅为成人当前从事的实际工作创造条件,而且能不断地提高职业方面的能力,以适应社会职业、工种的流动与变化。特别是处于改革浪潮下的各行各业,都在力图使企业由劳动密集型转为知识密集型,不断提高经济效益,迫切需要劳动者掌握更高的科学技术,增强创造能力,所以成人的学习富有鲜明的职业特点。[①]本书中的青年

---

① 冀鼎全编著:《成人教育心理学》,陕西人民出版社2006年版,第133页。

农民工"学会做事"的学习也具有类似的特点，也是紧紧围绕着他们工作的需要而学习一些职业发展方面的知识和技能。

2. 学会认知

在青年农民工中，学会认知方面的学习，主要是指他们在工作之余，去学习了一些能够帮助或促进他们认知的知识和技能，这里主要包括学习英语和计算机方面的知识和技能。

（1）学习英语

青年农民工对工具方面的知识和技能的学习首先就是学习英语。

王晶在进出口石油贸易公司工作后，发现英语非常重要，就开始下决心好好学习它。"我那时就在学如何用外语跟顾客交流，我才发现英语的重要性的。"（王晶，P4）于是，她就注重多与人沟通、交流，多说、多练、多问。"应该是在沟通中练习比较多，因为这个过程中，有人会帮你。有人看到你比较勤奋地学，他会帮你。比如我老板也会帮我，告诉我怎样，这个时候你一定要用你谦虚的心告诉别人你想学。"（王晶，P9）

在涉及专业用语时，她就到书店查资料，还上网查询，也打电话请教别人。总之，她会想尽一切可能的办法，尽快让自己成长起来。

（2）学习计算机的日常应用技能

青年农民工对工具方面的知识和技能的学习还包括学习计算机的操作实用技能。

——苏强为了更好地做好保险销售工作买了计算机，通过摸索、练习学习计算机的日常操作技能。"我感觉现在这个世界真的是太好了，网上什么都有。我怎么以前不知道来。""别人做的东西，我照着做两遍也就'ok'了，不过我的速度就是慢。没事的时候，我就慢慢摸索。"（苏强，P8）

——赵蕊在来上海之前，自己就买了计算机。当然，在家里没怎么使用，就是练练打字、打打游戏。来上海之后，她专门学习了很多计算机方面的知识，主要是通过业余大学学习，同时，工作过程中也边用边学。"后来在夜大计算机课上学到了很多东西。有时也问同学，晚上回来了就在家里练，琢磨一下，就会了。再不懂的，就下回上课

的时候去问老师，有上机课嘛。后来工作的时候，也边用边学，问问同事，再看看书什么的。"（赵蕊，P13）

——王晶在业余时间也注重学习计算机方面的知识和技能。王晶利用酒店工作的空余时间去专门学过计算机。"我后来又专门报班去学过计算机，就是在工作的时候，我永远都是这样子的，我是全副武装地去学习，我很少有空余的时间去做其他的事情。"（王晶，P3）

3. 学会做人

在青年农民工的非学历学习行为中，他们还会注重学会做人方面的知识和技能的学习，如学习与人相处的艺术、学习与人合作的技巧等。

——学习与人相处。赵蕊在做挡车工时，一开始要做学徒，跟师傅学挡车技术。由于她穿了两种颜色的毛衣，被师傅轻视，后来被师傅骂笨乎乎的，回去流眼泪流了很久。但后来她很乖巧，每天帮师傅热好饭菜、盛汤，还如此对待师傅的朋友，加之她自己用心学，眼疾手快，后来使得师傅不太用做，师傅就慢慢喜欢她了。这个过程中她不仅学到了挡车的技术，而且也学到了如何与人相处，特别是如何与师傅相处的技巧。

苏强在做保险推销员期间，不仅向许老师学习谈判的技巧，而且跟随老师到客户家里，学习与客户在家里打交道的策略，这在他刚开始是比较怵的。"而我刚开始跟他到客户家里，心里发慌的。到别人家里，人家家里富丽堂皇的，有时都不知道手、脚放在哪里，很紧张。而许老师到了人家家里，跟到自己家里似的，很大气。我跟许老师去了几次，就学会了，然后慢慢就好了。我现在手上也有很多客户了，还包括银行行长……"（苏强，P7）

——学习与人合作。赵蕊在做经纱工时，还要学习与人合作。"有那个整经机嘛，你要看有没有线头卡在里面，它要合作制的，要是合作得好也蛮好的。"而最后她的合作能力锻炼得较好。"他们还是蛮服我的，比如跟我搭档，就蛮好的，而跟别人搭档就不搭理别人。"（赵蕊，P6）

——学习做人的知识。赵蕊在做光纤工的培训过程中还学到了一些做人方面的知识。"然后还会教一些做人的道理，比如出去了，人家跟你吵架，但是你不可以跟人家吵，就是你不可以先动嘴。还培训了《方与圆》。我记得里面讲'这是一枚小小的铜钱，内方外圆'。"（赵蕊，**P4**）

4. 学会生活

当然，青年农民工的非学历学习中，也有一些满足他们自己的兴趣爱好、扩大视野、增长见识、陶冶情操等学会生活方面的学习。

——感受异域文化。王晶通过自己的辛勤工作后，初步改变了自己和家里的生活境况，然后就到法国学习，感受法国文化。"我赚了一笔钱，给家里一部分，自己留一部分。也恰恰是这一步对我的生活起到了一个质性转变。那我就决定去进修，就跟我男友去了法国。"（王晶，**P4**）因为法国是她的一个梦。"对于我来说，法国是一个浪漫的象征。我是觉得对我将来发展有需要的，我都会尽力去抓住它，我去完成自己的一个梦想。"（王晶，**P4**）在法国，她主要是学习法语和感受法国文化。"就是去学习它，感受它的文化。当然，除了学习语言，还去学习它的宗教、文化，学习西方的礼仪。"（王晶，**P7**）

——学艺术、学烹饪。王晶爱好广泛，业余时间关心艺术，也学过烹饪。"我还特别喜欢艺术方面的东西，我还去学过画画，这对于我也是一个帮助，在后来的生活当中，跟朋友去沟通和交流，我对时尚的认识，所以很多人会惊奇地说：'你怎么会懂得这些东西?!'比如艺术家、现代作家，等等。用我现在老板的话来说，他说：'你不是一个在家里频繁调台看电视的人，你是一个喜欢出去，让你的生活动起来的人，你能把很短的人生变成三倍的人生。对的，我是这样的人。'"（王晶，**P4**）"我还学过烹饪，当我工作很累，回到家的时候我还能烧一手很好的菜去犒劳自己。"（王晶，**P8**）

——在交朋友的过程中学习。王晶特别重视友情，也非常注意向朋友学习，学习朋友的优点，弥补自己的不足，不断完善自己。"友情对我来说是一笔非常重要的财富，我喜欢朋友，我觉得朋友对我来说是非常重要的，因为你接触到的人，也代表了你的视野，你没出过国，你是这样子的，你出了国，你可能又是另一个样子。""他们所成功、所成长的东西，你跟他们交流，每个人身上拿一点，放到你的生活当中，你就觉得收获那么多。这样你就可以获得无穷的力量，这个力量不亚于原子弹的，非常大的，这是我从中体会到的。"（王晶，P7）

——业余时间买书看。苏强每个月都会买几本书看，特别注意向比较成功的人学习，比如学习名人传记等。"学习这个东西非常重要，我现在平均每个月都会买2—3本书。我喜欢看传记，因为不是自己的体验也写不出的。这种感觉很爽，人其实都有这种感觉，就是价值得到了认可。比如你推销时人家刚开始说：'不要，不要'，你慢慢说说，人家又要了，你就很有成就感。"（苏强，P8）

另外，为了更好地满足工作的需要，他平时还看其他行业方面的书，不断充实自己。"那我就看其他行业的。因为我不抽烟，就每个月买两三本新书。有的客户抽烟，我又不会抽烟，我就想我要是知识面广，跟客户聊也是一样的，就相当于抽烟，也容易接近。"（苏强，P9）

——通过旅游进行学习。苏强认为旅游也是一种重要的学习行为，从大自然中感受人与自然的关系，提升自己的心态，反思人生，从中也可以学到很多东西。"另一个，我觉得旅游也很好，不一定非得到风景区，就是多到外面去走，多去看山川大地，你能提升自己的境界，同时你能提升你的人生，还有人和自然的关系。"（苏强，P8）

综上所述，本书范围内的青年农民工的学习内容主要是围绕学历学习和非学历学习进行的；并且，以非学历学习为主。研究样本中的六位青年农民工，只有"攀登者"陈燕、邹凯以学历方面的学习为主，而"摸索者"李刚、苏强，"求索者"赵蕊、王晶都是以非学历学习为主。而在非学历方面学习中，主要包括学会做事、学会认知、学会做人、学会生活等方面知识和技能的学习。

现代社会的知识十分广博，任何个人都不可能万事俱通。斯图尔特·蔡斯在其《需知之事》中提出了一种可能有用的解决办法。他认为，每一个个人都应当既是专家，又是通才。作为专家，人们必须深入地掌握自己工作方面的知识和技能；作为通才，他们应当掌握并且不断更新所有专业中与生活实践问题有关的核心知识。蔡斯认为，只有通过这一过程，真正的"有知"方可实现。

总而言之，青年农民工的学习内容中既包括使自己成为"专家"的学习——与工作密切相关的学习内容，如学历方面的学习、非学历学习中学会做事、学会认知方面的知识和技能等；也包括使自己成为"通才"的学习——所有专业中与生活实践问题有关的核心知识，包括学会做人方面的知识和技能、学会生活方面的知识和技能等。

二 特点：职业性

从以上关于青年农民工学习内容的描述中，可以发现其学习内容表现出鲜明的职业指向性的特点。可以说，他们的学习内容和职业紧密相连，与其生计和职业发展关系密切，更与他们的社会职责相结合，具有鲜明的职业指向性的特点。即使是看起来作为休闲的学习，如感受异域文化、学习艺术、旅游等，也是为了更好地工作而做的努力，"原因在于他们学习这些所谓的闲暇知识往往也是出于一种工作需要"。为了适应工作、获得社会升迁、提高学历层次，青年农民工在不断地"充电"与提高，不断增加竞争资本与筹码。[①]

青年农民工学习内容的特点也是与成年阶段的学习需求和特点密切相关的。成人由于受到所承担的社会职责义务和所扮演的社会角色的制约，使得成人的学习需要，不是漫无边际地进行知识的储存，而是力求获得能够履行好社会职责和义务，扮演好社会角色的急需的知识和技能。这就决定了成人学习兴趣指向的特定性，其学习内容更多的是如何胜任本职工作、如何进行知识更新、如何实现晋升转岗、如何履行公民职责、如何当好家长等。也就是说成人在学习内容的选择上表现出实用性的特点，即他们通常有一种十分执

---

① 殷飞：《基于"工作成人"学习特点的学习方法探新》，《内蒙古师范大学学报》（教育科学版）2008年第9期，第57页。

着的学以致用、学即致用的追求。具体来说，成人学习者所注重的，不仅仅是知识的积累，为以后的社会生活、社会实践作准备，更主要的是及时地把所学到的知识、掌握的技能和能力，应用于现实的社会生活和社会实践。总之，成人对学习内容所表现出来的兴趣，具有很强的实用性。

第八章 解读：学习行为（下）

本章将继续对青年农民工的学习行为进行解读，主要包括青年农民工的学习方式（第一节）、学习方法（第二节）、学习困难（第三节）等方面。

第一节 学习方式："边工作边学习"

在阐明了青年农民工的学习动机、学习内容的基础上，本节将重点阐释青年农民工的学习资源获取方式及推进学习活动的方式。

一 获取学习资源的方式

初步研究发现，本书中的青年农民工获取学习资源的方式大致可以分为以下四种类型：从朋友那里获得、自己主动找寻、从公司获得、从学习机构获得。下面分述之：

（一）通过朋友获得

1. 李刚："隔壁朋友告诉我的"

学习信息等资源方面的获得，李刚主要是得益于隔壁朋友的影响。当被问及他是怎么样了解到自学考试时，他说："我刚开始自己不知道的。我以前租房子嘛，隔壁有个华东政法大学的，他也是自学的。后来有一天，4月份的时候，他说他去考试。我说：'你不是去上班吗？怎么去考试？'后来我知道他也是像我现在一样，一边上班一边参加自学考试。然后我就向他了解一些考试的基本情况，后来他就告诉我，还让我和他学一样的专业。"（李刚，P10）

同时，李刚还认为学习过程中，受朋友影响也很大，比如，朋友认真学，他也会认真学；朋友玩得多，他也会受影响；甚至朋友考完了，他觉得自己没有了动力似的。"**主要是朋友，要是他们积极点的话，你也就积极；要是他们玩心重的话，你也就跟着玩起来了。**"（李刚，P12）

相反，李刚认为从学校、教育机构那里了解的教育信息还是比较少的。"对。了解得不多。"（李刚，P13）

2. 陈燕："受那位朋友的影响"

陈燕学习资源的获得渠道之一是她工厂里的一个朋友，这个朋友对她影响很大，从她参加自学考试一直到读博士研究生，几乎都有她这个朋友在前面给她指引方向——她的朋友先她一步读出来，走的几乎是跟她一样的学习之路，也是从自学考试专科一直考到博士研究生，发挥着榜样的作用。

首先，陈燕参加高等教育自学考试，直接受益于这位朋友。"**我工厂里有个女生参加自学考试，她考会计。我就听说有自学考试，她把考试大纲、目录什么的拿给我。**"（陈燕，P4）

其次，考硕士研究生，陈燕也一定程度上受那位朋友的影响。（研究者：那这时你就知道可以考研？）"**也是我那个朋友她先考了嘛，看了她考了后我就也想考。**"甚至连硕士研究生专业的选择也接近于那位朋友，陈燕硕士时学的专业是"科学社会主义，政治"。（研究者：怎么想起学政治专业？）"**我那个朋友学的行政管理嘛，其实我也想学来着。后来老师帮我分析来分析去说要考个有把握的，一次能考上的那种，就考了科学社会主义专业。**"（陈燕，P7）

最后，陈燕报考博士研究生也受那位朋友的影响。她那位朋友先考上博士了，也支持她考，对她也起到了一定的"召唤"作用。"**然后我那个朋友也考上了呀！她一直在前面跟个榜样似的，而且她也会支持你这么去做。她会给你一些信息，也以自己的成功作为典型示范，让你看到你也可以达到。她会告诉你你行，让你往前走，然后就考博了。**"（陈燕，P8）

实践证明，榜样的力量是无穷的，一个成功的成人学习者对另一个成人学习者的激励作用同样是无法估量的。人类社会实践的各个领域都有榜样，成人学习者的世界中同样不乏成功的榜样和典范。以上陈燕在报考高等教育自学考试、报考硕士研究生甚至博士研究生的过程中，都受到她的朋友的影响。"**她一直在前面跟个榜样似的……也以自己的成功作为典型示范，让你看到你也可以达到。**"（陈燕，**P8**）

以上李刚、陈燕的学习资源获得方式是从朋友那里获得的。

（二）自己主动找寻

自己积极主动去找寻学习资源，也是青年农民工获取学习资源的一种重要方式。

1. 苏强：**"偷偷地把它记下来"**

"摸索者"苏强的学习行为较为丰富，但学习资源方面多是他自己找寻的。如"偷学技艺"，是他自己发现人家的生意非常好，而觉得自己又能做就去"偷"学了；向成功人士学习，也是他自己平时留心学习销售课程受一句话启发——"接触第一成功的人"，然后自己在保险公司内寻找业绩最好的人，虚心向他学习并与他合作；并且每个月主动购买书籍，从成功人士的传记中学习他们的成功经验；至于从假文凭的挫折中学习，也是他自己认识到"挫折是好事，早出错比晚出错好"而主动去业余大学学习的，他要好好学，还在规划自己以后带团队的问题。苏强可谓学习的有心人，处处留心皆学问。

2. 邹凯：**"自己买教材和习题"**

"攀登者"邹凯也是自己积极主动地寻找学习资源，利用各种能利用的条件进行学习。做修路工时，"**有一次去市里，就是有时下雨了，我们就不能干了，就和几个人去市里，就去了一个书店里，买了一些书，还买了自学考试方面的教材和习题**"。（邹凯，**P10**）

3. 赵蕊：**"自己到网上搜索一下"**

赵蕊的学习资源获得方式之一是自己努力打听，甚至到网上搜索。"**我参加了资料员的培训班，自己去报名参加的。**"（赵蕊，**P7**）"**自己网上搜索一下，然后就自己去看看。**"（赵蕊，**P9**）

随着现代科技的快速发展，面对知识激增的态势，人们学习的热情增强，获取学习资源和信息的手段也增多。计算机的普及，使自学者可以分享计算机网络中的丰富学习资源，可以说计算机正在成为自学者足智多谋的超级顾问。赵蕊主动从网络中寻找学习资源便充分利用了网络的便捷性。

4. 王晶："自己报班去学"

学习资源方面，王晶的一种重要途径就是自我找寻、主动挖掘。以此种方式获得学习资源的学习行为主要有：学习外贸知识；学习英语、法语、法国文化、外国礼仪；学习计算机；向朋友学习；参加成人高等教育业余大学等。"后来等我感兴趣后，我就到外面书店里买书看。看到底是什么样子的，怎么去做。"（王晶，P4）"我那时就在学如何用外语跟顾客交流，我才发现英语的重要性。"（王晶，P4）"我后来又专门报班去学过计算机……"（王晶，P3）

可见，通过"偷偷地记下来"、"自己买教材"、"到网络上搜索"、"自己报班去学"等方式，青年农民工自己在积极主动地寻找学习资源，有效地促进了他们的学习。

（三）从工作单位获得

青年农民工第三种获得学习资源的方式是从所在工作单位获得的。

1. 赵蕊："行业内部的人会讲哪里好"

赵蕊另一种获得学习资源的途径，就是从公司老板或行业内部的人那里得到信息的。"比如有一些培训是我主动给老板讲的，说我要去参加培训。""再就是行业里面的人也会讲哪里比较好，基本上也就固定几个点。"（赵蕊，P7）

2. 王晶："公司里有一个专门的培训部"

王晶除自己积极主动找寻学习资源学习外，她也从所在单位获得了一些资源及机会。比如，学习酒店工作的基本知识、销售知识；学习木材方面的基本知识、木材的采伐知识、销售知识等，都是她从工作单位获得的机会。"酒店里面都有，有一个专门的培训部，你从一个职位跨越到另一个职位，你觉得需要任何方面的东西，它可以帮你做训练。"（王晶，P3）"然后一年半以后，老板问我愿不愿意从行政转向做业务做销售，然后就把我送去培训。"（王晶，P5）"三个月的工厂培训下来后，他会考核你，所以也就会停一段再进行下面的培训。我一直在学习当中，没有停下过。一直在提升、提升，他觉得你

是可塑的，我这个公司会一直给你一个平台。"（王晶，P4）

（四）从社会学习机构获得

青年农民工获得学习资源的第四种方式是从社会学习机构中获得。

例如，对陈燕来说，第二种学习资源的获得方式，主要来自自学考试辅导班。她认为这个班一方面可以告诉她一些报考信息，并同时开设相应的辅导课程；另一方面可以告诉她一些学习方法，并给她一些压力，使刚刚踏上自学考试之路的她不至于"老虎啃天，无处下口"。

"那个成人班，这种班呢，对我还是很有好处的，因为毕竟它告诉我该如何去学习，应该怎么去一步一步学习，如果没有这种班的话，我就不知道如何报考呀，这种程序对我来说都很难弄得清楚。还有就是它会给你安排得很好，就是下次考什么课，它就开什么课，你就按部就班地学就行了。还有，最起码，老师会给你一些路子，要背诵呀、要听写呀，那你就按照去做好了；还会给你一些压力呀，多少还是有些用处的。"（陈燕，P5）

从人才成长和发展的一般规律看，自学成才除了个人的勤奋努力外，社会因素也在起着积极作用。如大众宣传媒介、教育部门、社会团体及自学组织、辅导机构等，为自学者也提供了大量、广泛、及时的帮助，使自学者的自信心得到提高，自学能力得到发展，从而提高自学成功率。[①]陈燕正是从自学考试辅导班中获得了自学考试的报考信息、学习方法、学习步骤等才使初次参加自学考试的她学习较为顺畅。

总之，学习是一个由学习者控制、涉及学习者全身心——包括智力、情感、心理功能——的过程。从心理学的角度看，可以把学习描述为一个学习者满足需要、争取达到目的的过程。这就是说，个人积极参加学习，是因为他感到需要学习，看到一种个人的目

---

① 高志敏编著：《当代世界教育科学发展与成人教育》，上海交通大学出版社 1997 年版，第 178 页。

的，而学习能够帮助他达到这一目的。他之所以要尽力利用一切资源（包括教师和书籍），是因为他认为这些资源与他的需要和目的有关。①为达到学习目的，学习者会利用各种渠道、各种方式尽可能多地获得学习资源。从上面的分析中可以看出，青年农民工的学习资源多是从朋友那里偶尔听来的，或是自己积极主动找寻的，而从公司或社会学习机构那里获得的比较少。这一方面说明了青年农民工有着较高的学习热情和愿望，只要有机会就会抓住努力学习；另一方面，也说明社会为他们提供的学习资源渠道还比较少，没能充分满足青年农民工的学习需要。

成人教育家诺尔斯指出，存在于一个组织中的典型学习资源至少包括下列数种：所有监督和管理员；图书馆和媒体中心；同事；个体的日常经验；工作人员的鉴定制度；训练部门有关管理的研究会、讨论会、讲习会；与社区资源的联系，即与学校、大学、教育计划的商业性宣传、咨询人员的联系；资助政策——灵活的时间、学费的补偿、成绩优秀奖等。由此，成人教育的理论家日益强调，那些帮助人们学习的组织和机构，都应当建立一种有教育意义的环境。这种有教育意义的组织环境具有以下四种特点：一、尊重人格；二、学习者参与做出决定；三、表达自由和获得信息；四、共同负责确定目的、计划和开展活动、评价。②根据这一有教育意义的组织环境的要求，我国在提供给青年农民工的学习资源的组织环境方面还相差甚远，值得引起社会和相关部门的注意和努力。

另外，农民工进入到城市初期，可资利用的社会资本主要是以血缘和地缘关系为基础的亲属、老乡群体，这也在一定程度上决定了他们学习资源的获得方式只能是以自己主动找寻和受朋友影响为主；而农民工进城后有个以工具理性为取向的社会关系网络的再建构过程，它包括两个层次：以老乡为主的初级关系和以业缘为主的次级关系，

---

① ［美］马尔科姆·诺尔斯：《现代成人教育实践》，蔺延梓译，人民教育出版社1989年版，第60页。

② 同上书，第70页。

从而使农民工获取更多的资源。①这些资源中也包括学习资源，所以他们也就可以从所在公司甚至社会学习机构中获得学习资源。

二 推进学习活动的方式

前面探讨了青年农民工的学习资源获得方式，那么获得了学习资源后，他们又是采取什么样的学习方式推进学习活动的呢？下面来探究一下他们的学习方式。

台湾地区学者黄富顺指出，正规学习主要是指在正规教育中进行的有目的、有计划、有组织的学习活动。非正规学习，通常系指在学校正规教育之外的一种有目的、有组织、有计划的学习活动，其目的在于增进个人的新知、获得必需的技能及改变人的态度等。非正式学习主要指正规及非正规学习外的各种学习活动，即个人从日常生活的环境中来累积知识、技巧及态度。包括从家庭、工作、游戏；从亲戚、家人、朋友；从旅行、阅读报纸和书刊，或听广播、看电视等途径获得知能。一般而言，它是没有组织、没有系统的，然而它却是个人整体终身学习的主要部分。②

下面先解析一下本书样本内的六位青年农民工的学习方式，然后再总结其学习方式的特征。

（一）学习方式

1. 摸索学习 + 高等教育自学考试

李刚的主要学习方式是工作过程中自己摸索学习——摸索计算机的组装、维修技术。在这个过程中，他自己很用心，非常刻苦，非常坚持，以超强的意志力和坚持不懈的钻研精神，克服了很多困难，学到了很多计算机安装、维修方面的专业知识。**"就是从一些小问题、小故障开始的……老板就是教你一些简单的拼接，像接主板呀什么**

---

① 周大鸣：《渴望生存——农民工流动的人类学考察》，中山大学出版社2005年版，第16页。

② 黄富顺：《台湾地区非正规学习成就的实施与展望》，《成人教育》2009年第1期，第10页。

的，然后就要求你把这一批东西装起来。然后你呢，就开始自己摸索。"（李刚，P5）

李刚的另一种学习方式，就是参加高等教育自学考试，这一方面是为了拿个文凭，有利于以后的发展，另一方面他认为也提高了自己的修养。由于是工作过程中参加的自学考试，所以，他多是利用晚上或周末的时间学习，他有自己的一套方法，比如研究考试大纲、到网上下载试题做，学会知识点之间的融会贯通等。

可见，李刚的学习方式，既包括正规学习（参加高等教育自学考试），也包括非正式学习（摸索学习）。

2. "明学" + "暗学"

尽管苏强已经年届中年，但他西装革履、步履匆匆，学习热情非常高涨，除了参加成人业余大学学习，他还赞赏"旁听"制度，经常到大学里听他感兴趣的课程；除了每个月买新书读，还热衷于从网络中学习；既从别人的经验中学习，也从自己的挫折中学习。所以，他的学习方式非常特别，可以用"明学"和"暗学"来概括。

明学——跟随师傅，观察、摸索学习；从书本、报纸、网络中学习；拜成功的人为师并与其合作；参加业余大学学习；旁听大学课程。

暗学——首先，"偷"学"夫妻肺片"技艺；其次，从旅游中学习；最后，从挫折中学习、从反思中学习。

由此可见，苏强的学习方式中既包括正规学习（参加业余大学学习），也包括非正式学习（偷学技艺、拜师学艺、反思学习等）。

3. 培训 + 成人高等教育

通过对王晶学习行为的分析，发现其主要学习方式是参加培训。她既参加过酒店工作中从服务员到销售经理一系列的培训，还参加过进出口木材公司的国内的三个月的关于木材基本知识的培训。另外，还到国外接受过关于木材采伐知识、销售知识的培训。

王晶的另外一种学习方式是参加成人高等教育。为了进一步提升自己，她参加了成人业余大学，学习商务英语专业。

由此，王晶的学习方式包括正规学习（参加成人高等教育）和非正规学习（参加培训）。

4. 高等教育自学考试 + 成人高等教育 + 研究生教育

陈燕的学习方式主要是参加正规学习，包括高等教育自学考试、成人高等教育、研究生教育等。她先是参加了高等教育自学考试英语专科考试。通过专科考试后，她又参加了成人高等教育专升本考试，专业依然是英语。后来，她边工作边学习，顺利通过了成人高等教育的本科阶段的学习。再后来她继续学习，报考了硕士研究生的考试，专业是政治。硕士毕业后，由于博士光环的"召唤"，她又报考了博士研究生，学的依然是政治专业。

由此可见，陈燕的学习方式以正规学习为主。她参加了高等教育自学考试和成人高等教育；后来她又参加了普通高等教育的硕士和博士研究生教育。

5. 高等教育自学考试 + 培训 + 硕士研究生教育

概括而言，邹凯的学习方式主要是参加高等教育自学考试和参加公司的业务培训，还有参加硕士研究生教育。

邹凯在做修路工时就利用业余时间看书、做题，自学高中阶段的知识，后来选择了参加高等教育自学考试，从高中学历考到自学考试的专科，又从专科考取了自学考试的本科，最后考取了硕士研究生。

邹凯的另一种学习方式就是参加培训。他在做饲料推销员时，曾接受公司的系统培训。既包括业务方面的，也包括通识性营销技巧方面的培训，还通过观察经理销售等方式学习营销技巧。

当然，邹凯在做过一段时间的小学教师后，对工作、工资状况不满意，又继续自学，最后考取了硕士研究生。

综上，邹凯的学习方式既包括正规学习（参加高等教育自学考试和硕士研究生教育），也包括非正规学习（参加培训）。

6. 跟随学习 + 培训 + 成人高等教育

赵蕊的学习方式主要是工作过程中的学习，包括跟随师傅学习、参加培训和参加成人高等教育业余大学。

首先，赵蕊在做挡车工、光纤工、经纱工时，主要是跟随师傅，通过观察师傅进行学习，然后通过自己的勤学苦练掌握挡车、熔拉光纤、经纱等技术。

其次，赵蕊的学习方式就是参加培训、考取资格证书。她在做建筑工地资料员时参加了大量的培训。"**星期六、星期天去上课，所以那段时间基本上就没什么休息的。比如今天上《施工管理》，明天又上别的，我回来再自己看看书。**"（赵蕊，P8）最后，她考到了包括"二级建造师"在内的多种资格证书。

最后，赵蕊的学习方式还包括参加成人高等教育业余大学。她选择了商务英语专业，现在，她已经获得了专科毕业证。

可见，赵蕊的学习方式中包括正规学习（参加成人高等教育）、非正规学习（参加培训）和非正式学习（跟随学习）。

（二）学习方式的特征

从以上六位青年农民工的学习方式中可以看出，他们的学习方式呈现出以下特征：

1. 学习方式具有复合特征。即每个人可能采取几种学习方式进行学习。

2. 学习方式既包括正规学习，又包括非正规学习、非正式学习。以本书样本为例：

（1）以正规学习的方式参与的学习行为有：李刚、陈燕、邹凯参加高等教育自学考试；苏强、赵蕊、王晶参加成人高等教育；陈燕、邹凯参加研究生教育等。

（2）以非正规学习的方式参与的学习行为有：邹凯参加销售员的培训，既包括业务方面的，也包括通识性营销技巧方面的培训；赵蕊参加建筑行业的各种培训、考取"资料员"、"造价员"、"二级建造师"、CAD等级证等资格证书；王晶参加的各级培训，既包括酒店工作中从服务员到销售经理过程中的培训，还包括进出口木材公司的关于木材基本知识的国内培训，还有关于木材采伐知识的国外培训；再如，王晶利用酒店工作的空余时间专门报培训班学习计算机应用等。

（3）以非正式学习的方式参与的学习行为有："摸索者"李刚通过观察、跟随、询问老板学习，通过与同行、同事交流学习，通过问题学习，通过报纸、网络学习；通过到大城市与别人交流学习；通过了解不同的客户群体学习等；苏强"偷学""夫妻肺片"的经营技巧、"碰墙学习"、"旅游学习"等；赵蕊学习与人合作的艺术、学习做人的知识、向同事请教；王晶从朋友身上学习、反思学习、感受异域文化、学习艺术等。

长期以来，成人教育领域已经意识到正式学习仅仅是成人学习的一种方式。自我导向学习理论的发展，已经使日常生活中发生的非正式学习的重要性日益显现了出来。我们的工作生活、家庭生活，还有我们的社区生活中时不时地发生着偶发的、非正式的、无计划的学习。实际上，所有的生活经历都是潜在的学习经验。[①]米歇尔·艾洛特（Michael Eraut）研究了工作场所中的非正式学习，认为在工作场所内四个类型的工作活动将引起学习：参加团队活动；和其他同事一起工作；解决挑战性的任务；和客户一起工作。

3. 非正规学习、非正式学习是青年农民工的主要学习方式

本书样本内，除了"攀登者"陈燕、邹凯以学历学习为主，即以正规学习为主；其他"摸索者"李刚、苏强，"求索者"赵蕊、王晶的学习行为中虽然也有正规学习，但都以非正规学习和非正式学习为主。总体而言，非正规学习、非正式学习是他们主要的学习方式。情况正如加拿大成人教育家艾伦·陶及其科研人员在实验中所发现的："成人中蕴藏着极大的学习积极性，其表现是，自发性学习在成人学习中占主导地位。他指出，成人学习世界若喻为浮于水中的一座冰山的话，露出水面的部分（冰峰）则代表有组织的成人学习形式。其组织形式包括班级学习、讲座、讲习班及小组学习等。这种学习形式受到各国政府、社会及教育部门的重视与大力支援，但它在全部成人学习活动中仅占20%。而自发性学习（自学）为成人学习的主要形式（占80%）。"[②]陶在这里指出的有组织的学习形式，即所谓正规学习，而那些自发性学习则主要以非正规学习、非正式学习为主。可

---

① ［美］雪伦·B. 梅里安编：《成人学习理论的新进展》，黄健等译，中国人民大学出版社2006年版，第140页。

② 毕淑芝、司荫贞主编：《比较成人教育》，北京师范大学出版社1995年版，第236页。

见，非正规学习、非正式学习等学习方式是成人的主要学习方式。青年农民工也不例外，在其学习方式中，也以此为主。

综上所述，正是多样化的、既包括正规学习又包括非正规学习、非正式学习的复合的学习方式促进了青年农民工在工作之余的学习。这既是他们努力学习的平台，也是社会鼓励有志青年奋发成才的举措。如王晶便认为成人高等教育是我们国家的福利。"我应该感谢他们，我觉得他们提供了一个很好的平台，去圆很多像我们这样子的人的梦。我觉得这是我们国家的一项福利，我也很感谢我们的国家。"（王晶，P8）社会、国家、公司应多为有志于学习的人提供更多的学习资源，使他们获得便利的适合自己的学习方式，这有利于整个国家和个人的共同发展。当然，人们在自己的工作、生活中主动找寻学习机会、自主学习同样重要。

第二节　学习方法："自学呀"

通过初步研究，发现青年农民工的学习方法主要可以分为正式学习中的学习方法和非正式学习中的学习方法。一般而言，正式学习方法多发生在学历学习背景下，主要有：看书、做题，多说、多练，提纲挈领、融会贯通，注重理解等。非正式学习方法主要发生在非学历学习背景下，包括向师傅学习，向同事、朋友、他人学习，自己摸索学习，从书报、网络等大众媒体中学习，从反思、体悟中学习，从工作中学习等。

一　正式学习方法

青年农民工的正式学习方法主要有以下几种。

（一）看书、做题

看书、做题是青年农民工正式学习中最基本的学习方法，这种方法在很多青年农民工中都有所运用。

如邹凯在高中毕业做修路工时，经常利用晚上等业余时间自学，他的学习方法主要是自己看书、做题。"就是晚上吃完饭后，我就拿

着书看，看完了后也拿本子总结一下。""每天都学，每天回来看书、做题。"（邹凯，P1）

邹凯参加自学考试时更加注意多看书，每本书至少看三遍，做大量的题来提高学习质量。"北大有个自考的资料，那上边有10套题，我都会完完整整、原原本本地做一遍。而且每门课的书我都会看两三遍。那时学习非常刻苦，我觉得在自学考试里面，只要你付出努力了，你一定可以得到成果。然后我做了大量的练习，做的题非常多。每次考试前，我的书都会过三遍。"（邹凯，P7）

再如，赵蕊在参加培训班，准备资格证书考试过程中和参加高复班以及最后在业余大学学习过程中，最常用的学习方法也是看书、做大量的练习题。"就是看呀，一遍又一遍地看呀，做习题呀。其实也是有这种培训的，但是我觉得关键还是自己看。""就是书后面那些习题，自己做呀，书上的每一道习题我都做了。"（赵蕊，P7）为了学习，她几乎把所有的业余时间都用在学习方面了。要么去图书馆学习，要么在家里学。"泡图书馆呀。一般下了班我买两个包子就去看书了，它晚上九点半关门，我基本上是看到九点二十左右再回来。""那时候我就是经常晚上看了，第二天早晨起来还在看。"（赵蕊，P7）

（二）多说、多练

"攀登者"陈燕主要是通过复述课文、背单词表等多说、多练的方法学习英语。具体而言，她有一套自己的方法，对她来说还比较行之有效。

其一，复述课文。通过复述课文，一方面可以熟悉掌握单词，另一方面可以借此练习口语。"每篇文章看完了，你就自己把它复述出来。你可以随时随地进行，在车上、干活时都可以。就这样子，我口语还不错。""你要是对课文、书里的东西熟了，你再听同步的东西，应该不会有太大的问题。最经典的就是我觉得学口语的时候，我有自己的方法。就是复述课文，你不一定非得找个人说，你自己对着镜子，照样可以把口语练好。看完书你就复述，一遍一遍的，这样子还能训练你运用单词的能力。"（陈燕，P5）

其二，对单词进行分类，随时随地背单词表。"我把单词分为认知单词和应用单词,很多词汇是认知词汇,量很多,但用起来不常用。那些经常被运用的单词就是应用单词,他们说基本上你要有3000左右个单词,你就可以自由表达你的思想了。"(陈燕,P5)

"学习也是随时进行的,比如我记单词,就把单词抄在小纸条上,随身带着,一有时间就拿出来看。你也不会觉得很重,很方便。还有就是老师教给我们一个好方法,就是把英文书后面那个单词表(Word List)撕下来,带着。所以我对单词很熟悉。"(陈燕,P5)

陈燕随时随地背单词表,其运用时间的方法属于"拾零运筹法",即充分利用点滴零碎时间进行自学,"应知学问难,在乎点滴勤"。[①]

再如,"攀登者"邹凯在考研学英语时也注意多说、多练,以此来提高作文写作能力。"还有一个就是要注意平时多说,说多了以后,在写英语作文的时候就非常流畅,因为英语作文就是一些结构化的东西,开头写什么、中间写什么、最后写什么都有一些固定化的东西。你就找一个话题,和人家聊。第一部分写什么、第二部分写什么、第三部分写什么,聊多了就会写了,然后再把聊的写下来。我刚开始写的时候非常慢,后来就越来越快,到最后十分钟就能写一篇。后来就非常熟练了,熟练到什么程度呢,就是给你任何一个题目,很快就能写好了。"(邹凯,P13)

研究表明,调用多种感官体验可以帮助我们激活学习。学习是通过在脑中建立各种不同的联结路径来激活的,它在脑中形成新的记忆,脑同时在不同的层面以一种协同的方式来运作。[②]青年农民工在学习时,通过多说、多练就是在调用多种感官进行学习,促进大脑在不同的层面以协同的方式运作,从而有利于提高学习效率。

(三)提纲挈领,融会贯通

"摸索者"李刚参加高等教育自学考试时有一条重要的学习方法就是对教材内容提纲挈领,从而做到纲举目张。他注意分析每门课程

[①] 高志敏:《成人教育心理学》,上海科技教育出版社1997年版,第181页。

[②] [美]雪伦·B. 梅里安编:《成人学习理论的新进展》,黄健等译,中国人民大学出版社2006年版,第118页。

的考试大纲，然后按照大纲的要求把所有的知识进行分类，贴上不同的标签，从而有针对性地"各个击破"。**"每本书后面都有考试大纲。我会把每本书的大纲撕下来，然后对照着看。它一般都有要求，如识记：××××；理解：××××；掌握：××××；综合分析：××××。"（李刚，P5）**

再如，邹凯有一个学习方法就是每次考试前，都把书看三遍，并注意知识点之间的融会贯通。**"第一遍整体上看它的安排；第二遍就是系统地要去背了，就是要花力气去背了；第三遍就开始过了，就是看到第 12 章就会想到第 3 章的内容，就是把知识点融会贯通。我觉得自己在融会贯通方面、联系方面的能力培养得很好。"（邹凯，P14）**

李刚在自学时，对所学内容"贴标签"，把其归纳为不同的学习要求类型，从而有针对性地学习，这属于筛选归并知识，将复杂的关系进行一番梳理，找出其内在逻辑联系，从而有利于提高学习效率。

邹凯注意知识点之间的融会贯通，属于类比式联想学习，即通过类比联想，在相差比较远的两种事物之间形成某种相似性的联结，将适用于一种事物的情境迁移到另一种事物的情境中的学习行为。该学习行为强调寻找两种不同事物之间的相似性，然后发挥想象，建立联结。一般认为，具有丰富社会生产劳动和生活经验的成人，更容易产生接近联想、对比联想和因果联想，而且比儿童的想象和联想更具有科学性，更符合实际。①具体而言，邹凯的学习方法属于类比联想中的相似联想，即由某一事物想起与该事物有相似特征的事物。

（四）注重理解

邹凯还有一个学习方法就是注重理解。**"我觉得我的学习方法还是比较独特的，因为我也没参加过辅导班，就是自己学。如学外语，我重点就是研究阅读理解，每句话、每句话地理解，不理解就查下词典，每句话都把它理解透，时间长了以后，一句话一看，主、谓、宾一下就找**

---

① 高志敏编著：《当代世界教育科学发展与成人教育》，上海交通大学出版社 1997 年版，第 236 页。

到了。所以做题就做得非常快，把握得也比较准。"（邹凯，P12）

另外，赵蕊的学习方法中也有"注重理解"的方法，而且她认为这是她能够比高中学得好的方法之一。"**就是注重理解呀。后来考出来我还考得蛮好的，考了 300 多分。**"（赵蕊，P10）

邹凯、赵蕊注意对学习的内容加深理解，即对感知过的学习材料进行理解，通过去粗取精、去伪存真、由表及里的一系列加工过程，概括出规律，有利于提高其学习效率。另外，邹凯把英语单词编成口诀进行记忆，即对知识进行了量的积累和质的处理、归类、排列与组合，形成了知识链，这样，一旦需要，可以通过联想提取，即使淡忘，也可以通过逻辑推理重现。[①]

总之，以上青年农民工的正式学习方法总体上可以归纳为自我导向学习。诺尔斯（Knowles）认为，自我导向学习是"一种由个体自己引发，以评判自己的学习需要，形成自己的学习目标，寻求学习的人力和物质资源、选择适当的学习策略和评鉴学习结果的过程"。[②]也就是为获得或保持某项专门知识与技能而"高度有意识地、努力进行的自学"。这种学习也被加拿大成人教育家艾伦·陶命名为"项目学习"，并指出这种有目的、持续的学习，即通过自我计划、自我指导方式进行的自学十分普遍，几乎绝大多数成人都在参加这种学习活动。[③]

以上青年农民工的学习方法就是自己计划、自我调控、持续努力的过程。正是这种持续的自我导向学习促使青年农民工在学习的道路上坚持不懈，最终学有所成。

二 非正式学习方法

通过对青年农民工学习方法的总结，发现其非正式学习方法主要包括以下几种。

（一）向师傅学习

向师傅学习是青年农民工进行非正式学习的重要方法之一。

[①] 高志敏：《成人教育心理学》，上海科技教育出版社 1997 年版，第 182 页。
[②] 董守文、张华、李雁冰：《成人学习学》，石油大学出版社 1994 年版，第 116 页。
[③] 毕淑芝、司荫贞主编：《比较成人教育》，北京师范大学出版社 1995 年版，第 237 页。

跟随、观察甚至万不得已时询问师傅是李刚的必要学习方法。"老板就是教你一些简单的拼接,你就在旁边看着,看他怎么弄。""实在不行,就请教一下老板,因为他毕竟还是有经验。"(李刚,P6)

苏强在建筑工地工作时的学习方法也有跟随、观察师傅学习。"有师傅的,跟着人家,他说递个灯泡,我马上递上去。时间一长,自己就会了。他们做了第一次,一般我第二次、第三次就会了。""师傅一般就说,看我的。"(苏强,P3)后来苏强向成功的人学习时,先是拜许老师为师,然后跟随他到客户家里、在公司里观察、模仿、学习谈判、推销技巧。

研究表明,最早的教育形式之一就是学徒制。它实际上就是一种雇主和雇员之间的合同关系。在这种关系中,徒工在师傅的监督下,通过正规的指导,靠具体实践培训后能够做好既定的工作。现在大多数学徒合同都明确规定了每天学习和工作的时数、工资的级别以及完成训练的时间。这一途径被普遍用来学习技术以便从事某一行业的工作。[①]李刚、苏强等向师傅学习的过程就是当学徒的过程,通过师傅的指导,然后再靠自己的具体实践学习掌握相关知识、技能。

另外,邹凯在推销猪饲料时,经过一段时间的专门培训后,就跟随经理实习,观察经理的推销技巧,然后自己去实践,最后自己开拓了一片市场。"后来就由区域经理带领你去实习。区域经理跟别人谈判时我们就在边上听。经过几天,区域经理让我试着去谈一下,结果我谈成了,于是就给我分市场了,我是最早一个分市场的。"(邹凯,P9)

邹凯这种学习方法类似于见习。见习指的是类似于学徒的学习过程,也是一种在监督的指导下,通过实践进行学习的教育方式。不过

---

① [美]马尔科姆·诺尔斯:《现代成人教育实践》,蔺延梓译,人民教育出版社1989年版,第162页。

其意义比较狭窄，常常指管理领域或专业领域的"学徒教育"。[①]

另外，青年农民工在向师傅学习的过程，也是观察、模仿的学习，属于观察学习。社会观察学习，是班杜拉（A. Bandura）提出的社会认知理论，认为个体的行为是在观察他人的行为及其后果的基础上获得的，发生在日常生活的每个角落。该学习行为强调观察和模仿在学习中的作用，个体通过观察和模仿，不仅学会了某一行为，而且知道这一行为在特定情境下带来的后果。[②]

（二）向同事、朋友、他人学习

向同事、朋友、他人学习是青年农民工的第二种非正式学习方法。

——李刚特别注意向同事和他人（大城市的同行）学习，遇到困难时也会向他们请教。同事之间由于是共事关系，大家又都处在学习的过程，所以这种切磋是经常的事情，每个人学习、探索的速度不一样，有时候可以从别人那学习一点先进的技术。**"再就是大家碰到什么问题，大家共同探讨时，得出什么好方法，也记下来。""每个人摸索的步伐是不一样的，有的人快一点，比如有人就摸索到了快捷键、功能键，然后你就把他的经验弄点过来。"**（李刚，P7）**"我们有时候也会去周边的城市进货嘛，有时候我们过去，会特意带一点我们这边的坏了的东西过去，去问他们什么原因、什么故障。"**（李刚，P7）

——赵蕊学习建筑行业专业知识时，也经常询问同事。**"不知道就多问问呀，这个是什么，那个是什么？多听人家讲讲呀。反正这个东西还是看你个人肯不肯去学习。"**（赵蕊，P9）在读业余大学时，赵蕊学习过程中遇到问题也会问老师、同学。**"就拿着个本子做，不会的就记出来去问老师。""有时也问同学。"**（赵蕊，P7）学习计算

---

① ［美］马尔科姆·诺尔斯：《现代成人教育实践》，蔺延梓译，人民教育出版社1989年版，第162页。

② 吴庆麟主编，胡谊副主编：《教育心理学》，华东师范大学出版社2003年版，第191页。

机时，她也会询问老师和同事。"再不懂的，就下回上课的时候去问老师，有上机课嘛，问着问着，有的时候，老师就说你去问那个老师吧。""后来工作的时候，也边用边学，问问同事。"（赵蕊，P13）

——为了学习感兴趣的东西，王晶经常向别人请教，她特别注意向别人学习，认为把每个人身上的优点拿来一点，那集聚起来就相当于原子弹的能量。"我找不到答案就会去问他们。我的好朋友会告诉我，那你就可以吸取到很多力量。你把这些力量化成你的武器，然后你再学会怎么样用到你的生活当中，这也是一个学习的过程。"（王晶，P8）在学习外贸知识时，她也多次请教过别人。"然后还去找一些朋友，问他们朋友的朋友，有过类似经历或知识的，去请人家吃饭或喝茶，问人家：'姐姐、哥哥，你看这个事情怎么去做？……'"（王晶，P4）

青年农民工在学习过程中，也经常向同事、朋友、老师等他人请教，这可称为"求师指点法"，即在自学中求师，在求师中自学。因为一个人无论怎样勤奋，其认识总是有一定局限性，与别人一起讨论，能把思想磨砺深刻，使认识丰富起来。①

（三）从做中学

通过自己的摸索、练习、边做边学，是青年农民工的第三种非正式学习方法。

——李刚的主要学习方法可以说就是自己摸索，他在具体的工作过程中，通过跟随、观察师傅，或通过其他途径学来一些知识、技能后，然后就开始自己去摸索、实践，在实践过程中学习、掌握知识、技能。"老板就是教你一些简单的拼接，像接主板呀什么的，然后就要求你把这一批东西装起来。然后你呢，就开始自己摸索。"（李刚，P5）

——苏强在跟随、观察到师傅的技能、技巧以后，也开始自己摸索、尝试、践行学到的知识、技能。"学了，就是人家会的人带带就行，然后就让你自己去摸索"，"自己再琢磨一下"。（苏强，P3）苏强在"偷"学到"夫妻肺片"的经营策略后，就开始回家摸索、尝试。

---

① 高志敏：《成人教育心理学》，上海科技教育出版社1997年版，第181页。

"后来我就马上去找摊位,我选了 18 种菜,还有很多调料,也不知放多少,反正没有经验,我就很慢,我估计前几个味道都不好。第二天我又加大了量,晚上又在家里尝试着放调料,反复尝。"(苏强,P5)经过"反复尝",后来他的"夫妻肺片"生意很好,很受顾客喜爱。

——赵蕊的学习方法中也包括摸索练习,边做边学。在前面的挡车工、光纤工、经纱工职业生涯中,赵蕊都有大量的通过摸索、练习来学习工作技能和在工作过程中边做边学的学习行为。后来,来上海后做资料员过程中也有,特别是她自己主动学习计算机应用技能时这种学习方法就更加明显。"后来在夜大计算机课上学到了很多东西。晚上回来了就在家里练,有时书上的还蛮繁琐的,就在那试试,琢磨一下,就会了。后来工作的时候,也边用边学。"(赵蕊,P12)

有研究指出,扎根于情境中的信息更容易学习。大脑并不擅长学习孤立的、按部就班的信息,但是当学习的情境源于真实生活情境时却学得非常快。[1]杜威曾说道:"个人在共同活动中分享、合作或参与到什么程度,社会环境就有多少真正的教育效果。通过参与共同的活动,个体接受了学习活动的目的,逐渐熟悉了方法和内容,获得了所需要的技能,并且满怀激情。"林德曼在学习上也提倡情境法,他说:"最好的教学法产生于情境经验"——"每一个成人发现自己都处于工作、娱乐和家庭生活等的特殊情境中——要求他适应的情境之中。成人教育就是在这一点上开始"。[2]

以上青年农民工在工作实践中的摸索学习、跟随学习、边做边学等学习方法都属于情境学习,正是在"做"的过程中,实现了体验式学习——在做中学,在体验中学。

(四) 从书报、网络等大众媒体中学习

从图书、报纸、网络等大众媒体中学习是青年农民工的第四种非

---

[1] [美]雪伦·B. 梅里安编:《成人学习理论的新进展》,黄健等译,中国人民大学出版社 2006 年版,第 118 页。

[2] [美]达肯沃尔德·梅里安:《成人教育——实践的基础》,刘宪之、蔺延梓、刘海鹏译,教育科学出版社 1982 年版,第 75 页。

正式学习方法。

——李刚充分利用书本、报纸、网络等传媒途径充实自己的知识。"刚开始会去找些书籍看，问别人的经验呀，网上也会介绍一些软件。当时就是为了恢复文档、幻灯片就试用了很多软件，像很多外国的软件我都试过。虽然英语也看不懂，就找来词典翻译一下，后来还是摸索出来一些办法，以后像这一类型的就会了。"（李刚，P15）

"那个时候，因为地方毕竟小嘛，技术方面，你很难获得什么高新的技术。你只能通过报纸、书籍获得，那时有计算机报嘛，我每期都要订。"（李刚，P1）"也到网上搜索过，那时候没有现在这么方便，速度没有现在这么快。"（李刚，P6）

——读书、读报甚至通过网络学习所感兴趣的知识，也是苏强常用的学习方法。他每个月都会买2—3本新书，也经常读报。"**现在平均每个月我都会买 2—3 本书。**"（苏强，P7）"报纸我也愿意看。"（苏强，P8）吃惊于网络的神奇，他买了计算机，学习使用计算机，并从网络中学习他感兴趣的知识。"我感觉现在这个世界真的是太好了，网上什么都有。我们做保险这一块的信息，我也从网上了解。"（苏强，P8）

——为了学习，王晶也经常买书，到书店查找资料等。学习外贸知识时，她"**先是他们做的时候，我看。后来等我感兴趣后，我就到外面书店里买书看。看到底是什么样子的，怎么去做**"。（王晶，P4）学习英语特别是涉及一些专业用语时，她就经常"上书店查资料，经常跑书店"。（王晶，P9）

研究工作已经证明，随着普通学校教育年限的提高，人们对大众媒体的选择性、批判性意见和"更好的趣味"，都在提高。人们更倾向于选择大众媒体进行学习，人们从中似乎能够学习更多的具体材料，而不是抽象材料，而且，各种各样的媒体似乎比单一的方法效果更好。换句话说，感觉渠道越多，实际学到的东西就越多。①以上青年

---

① ［加］罗比·基德：《成人怎样学习》，蔺延梓译，上海第二教育学院、上海成人教育研究室1984年版，第187页。

农民工通过书报、网络等大众媒体进行学习，也促进了他们的学习行为。

（五）从反思、体悟中学习

另外，反思、体悟是青年农民工的第五种非正式学习方法。

——苏强经常反思，特别注意从挫折中汲取失败的教训。他以假文凭进入保险公司被揭穿后，通过反思，认为挫折也是好事，所以去读了业余大学；经历了那么多职业，"碰过多次墙"后，他"现在经常思考，怎样让自己的人生有点价值，前面的几十年就是傻乎乎地乱碰，怎么样让自己后面的路好好走下去得去想想"。"其实通过这件事情我也突然反思自己。我一定要把这个文凭拿下来，我现在就在考虑我将来自己带团队怎样带，怎样去打拼。这也促使我自己思考，我也知道自己的毛病在哪里。"（苏强，P9）

以上苏强的反思学习方法属于质变学习。质变学习改变的是人们看待自己或看待世界的方式，它可能是一个逐渐发生的过程，也可能是因为某种突发性的、强烈的经验而引起的。[①]苏强经历了"假文凭被揭穿"这一突发性事件，后来进行了批判性反思，重新评价了自己的一些看法，得出了"挫折也是好事，早出错比晚出错好"等新观点，基于这样的新观点，决心参加业余大学，读出真文凭，以后好好带团队。另外，基于"碰过多次墙后"，开始反思，"以后的路怎么走要好好思考。"

——苏强还注意运用体悟的方法进行学习。他通过旅游从大自然中感悟、体悟人与自然的关系、人与人之间的关系，从而提升自己的心境。"我觉得旅游也很好，不一定非得到风景区，就是多到外面走走，多去看山川大地，能提升自己的境界，同时能提升你的人生，还有人和自然的关系，这个也是一种学习。"（苏强，P8）

旅游本身也是一种学习，"就休闲学习来说，成人可以参加旅行俱乐部，旅行本身就是去接触新文化和新环境，它可以提供形成学习

---

① ［美］雪伦·B. 梅里安编：《成人学习理论的新进展》，黄健等译，中国人民大学出版社2006年版，第25页。

的文化、工具与情境之间的社会交流"①。

苏强也正是在旅游的过程中，在接触新环境、新文化的过程中，通过体悟人与自然的关系、通过人与环境的互动，提升自己的认识和心境。

（六）从工作中学习

从工作中学习可以说是青年农民工的第六种非正式学习方法。

——从工作中学习是陈燕的一种重要学习方法。"**主要是周末去学习，因为平时工作和学习是融为一体的了。教的是英语，上班就要学习呀，这个过程中的进步是飞跃式的。你要给学生讲东西，你要把什么都搞清楚，否则你就会讲不出来呀，对吧？**"（陈燕，P6）并且，这种工作中的学习因为有压力，所以效果挺好。"**嗯，很有压力的，主动性很强。自己的学习还是有点被动的感觉。工作又特别想做好，想得到认可。不过努力都会得到回报的，蛮有成就感了。工作的内容也是学习的内容，不太冲突。所以，专升本的三年也顺利通过了，那时还是班里的学习委员呢，因为我考专升本时还考了个全疆第一。**"（陈燕，P6）

——王晶在业余大学学习时，由于所学专业与她的工作关联很大，所以，她就联系实际学习。"**结合实际呀，因为我学的这个和我的工作比较相关，都是外贸嘛。学习的过程就是帮我自己在复习或者在进一步地深化。**"（王晶，P8）

以上青年农民工从工作中学习的学习方法属于职业生活学习。一般意义上的职业生活学习空间指向的是员工所处的工作场所；而广义上的职业生活学习，则可以以工作场所中的学习作为基点，把学习的范围扩大到与一切工作场所相关的地方。工作场所中的学习，是工作场所中的学习环境与员工的潜在学习能力相互作用后产生的一种行为。

陈燕的工作过程中的学习、王晶联系工作实际学习专业知识，正是使学习处于工作的特殊情境中，学习与工作紧密结合，所以学习的

---

① ［美］雪伦·B. 梅里安编：《成人学习理论的新进展》，黄健等译，中国人民大学出版社2006年版，第75页。

效果较好。如陈燕"进步是飞跃式的",王晶"学习的过程就是在进一步深化"。

总之,以上简要总结了青年农民工的非正式学习方法。马席克(Marsick)与瓦特金斯(Watkins)认为,正式学习就是典型的由学习机构发起、基于课堂的、组织严密的学习。而非正式学习(包括偶发性学习),可能在学习机构中发生,但不是典型的基于课堂的、组织严密的学习,学习的主动权主要掌握在学习者手中。偶发学习被定义为是这样一些活动的副产品,如完成任务的活动、人际交流的活动、感受组织文化的活动、尝试错误的实验,甚至是正式学习的活动。[①]

格拉汉姆·奇塔姆(Graham Cheetham)和乔夫·奇弗斯(Geoff Chivers)通过对大量专业人员访谈和调查问卷,总结出十余种专业技术人员经常采用的非正式学习方法:反复练习、反思、观察模仿、获取反馈、职业外经历转化、延伸活动、改变视角、指导别人、潜移默化地吸收、使用思维技巧、陈述想法和合作联络。[②]

以上青年农民工的向师傅学习、向同事、朋友、他人学习、从做中学、从书报、网络等大众媒体中学习、从反思、体悟中学习、从工作中学习等学习方法都属于非正式学习或偶发性学习。它们是由学习者掌握主动权、没有严密组织结构的学习方法。这些"以学习者为中心并强调从生活经验中学习"的方法有效地促进了青年农民工打工背景下的学习行为。

第三节 学习困难:"打击肯定有的"

前面章节阐明了青年农民工的学习资源获取方式、学习方式、学习方法等内容,下面将阐述一下他们在学习过程中遇到的困难和挑

[①] [美]雪伦·B. 梅里安编:《成人学习理论的新进展》,黄健等译,中国人民大学出版社2006年版,第41页。

[②] 陈珂:《职业生涯发展中的非正式学习——基于若干专业技术人员个案的研究》,硕士学位论文,华东师范大学,2009年,第12页。

战。通过他们的讲述，我们可以感受到，青年农民工在学习过程中遇到的困难主要包括学习时间有限、学习环境不利、学习支持匮乏等。

一　学习时间有限

青年农民工遇到的第一个学习方面的障碍就是学习时间有限。

——赵蕊学习的一个突出困难就是由于是边工作边学习，所以学习时间比较受限制，她多是利用晚上和周末的时间学习，所以她几乎没有时间娱乐。"我来了上海三年的时候，外滩都没去过。"（赵蕊，**P8**）最终，她充分利用一切能利用的时间，还是克服了学习时间有限的困难。"其实要是你把工作安排好了，还是不会冲突的呀。工作后也有自由的空间，但有的人就这样混混就过去了，有的像我这样在学习，也很努力学习，学到了东西，自己也会蛮受用的。"（赵蕊，**P8**）

——李刚在学习过程中也遇到了学习时间有限的困难。"困难还是有的。一个是时间问题，因为平时工作太忙了，平时也没怎么有时间看书。"（李刚，**P12**）"像我们做服务行业的，平时属于自己的时间是很少的，一般时间都是属于客户的。"（李刚，**P14**）

——王晶充分利用工作之余的点滴时间进行学习以排除学习时间有限的障碍。"我后来又专门报班去学过计算机，就是在工作的时候，我永远都是这样子的，我是全副武装地去学习，我很少有空余的时间去做其他的事情。因为我们是倒班制的嘛，人是分三个阶段的，一个工作时间、一个睡觉时间，还有一个是空余时间，那这个时间很多人就去玩去了。而我就拿它去学一点东西。我就是这样子去学的。"（王晶，**P3**）

学习时间受限是成人学习的突出困难之一，成人作为一个社会成员，同时承担着多种社会角色，处于一个名副其实的"角色丛"中，在学习过程中常常存在着时间、工作任务、家庭问题等方面的困扰，使得学习难以全身投入，常常处于一种焦虑和矛盾的情绪状态。[①]本书

[①] 纪军：《论成人学习的障碍及其调控》，《继续教育研究》2003年第6期，第103页。

中的青年农民工在打工的背景下进行学习，也遇到了工学矛盾突出的问题。为此，他们只有利用一切可以利用的时间进行学习，诚如有的青年农民工所做到的。

"好像是鲁迅说的，时间就像海绵里的水，挤挤总是有的，时间对我来说真的很宝贵，对我来说去看一场电影或看 DVD 是一件蛮奢侈的事情，当然放松我也会彻底地放松一下，让自己安静地彻底地放松下来，我忙起来也真的忙。我觉得人还有另外一件事，就是要学会效率。要在什么样的时间内创造什么样的效果，这也是你应该学习的东西。"（王晶，P7）

二 学习环境不利

青年农民工遇到的第二个学习障碍是学习环境不利。由于是在打工过程中进行学习，所以学习环境、学习条件不是很好。

——邹凯在工地学习时，一个工棚里住五六个人，下了班，人家都是在说笑、休息，而他还要排除干扰学习。"不会的，你心里想着学的时候，你就不会受影响，反正我是。"（邹凯，P1）

——邹凯在农村当小学教师想考研时，学习环境也较差。那时的农村经常停电，他为了学习，还去超市学习过。"那时候农村不是经常停电嘛，但是超市里人家有电，我就经常坐到超市里去。那里有空调，蛮凉快的。人家逛超市我也不管，看我也不管。后来人家都认识我了，也知道我是小学里的老师；老板也认识我。"（邹凯，P15）暑假时为了能去市里高校的图书馆学习，每天六点就骑自行车去，风雨无阻。

——李刚在参加高等教育自学考试时也碰到了学习环境不好的问题。"再说看书的环境也不是很好。像我这个工作，有时你正看书呢，就有人打扰你，有时候就没耐心了。"（李刚，P12）

成人心理学研究者布舍（R. Boshier, 1977）提出了成人学习动机的一致模式，认为学习行为是自我动机与外界环境交互作用的函数，从而揭示了环境的影响力。成人学习的环境障碍，表现为显性的和隐性的两种状态。显性的环境方面的障碍，与一个成人学习者在特定时间的生活环境有关（朱乃识等，1996），与其社会环境和物质环境的现实有关，例如学习的地点太远、交通不便、无人照料孩子、工作太忙没有时间去学习等都属于类似的障碍。隐性的学习环境障碍，主要是指制度文化和规范文化领域的障碍，包括不利于成人终身学习的社会舆论氛围、社会价值观与学习风气。这些障碍是无形的，但其影响力却是实在的，不仅有即时的影响，还会带来各种各样的延时的影响。[①]

按照布舍的分类，以上青年农民工遇到的学习环境方面的障碍多是显性的环境方面的障碍，包括学习时间较少、学习环境嘈杂、学习时受干扰等。这些不利的因素也会对他们的学习效率产生影响。所幸，青年农民工凭着坚强的意志和饱满的学习热情最终克服了这些障碍，最终学有所成。

三 学习支持匮乏

青年农民工在学习过程中遇到的第三个障碍就是缺乏学习指导者和学习伙伴。一方面是学习指导者的缺乏，他们在学习之初选择学习资源时无人指导，在学习过程中遇到困难也无人咨询；另一方面，学习伙伴也较为缺乏。总之，存在着学习支持匮乏的障碍。

1. 学习指导者缺乏

（1）学习之初，无人指导。从前面青年农民工学习资源获得方式的解析中可以发现，他们的学习资源多是从朋友那里获得的或是自己主动找寻的，而缺乏学习指导者。

——李刚在学习信息等资源获得方面，主要是得益于隔壁朋友的影响。当被问及他是怎么样了解到自学考试时，他说："我刚开始自己不知道的。我以前租房子嘛，隔壁有个华东政法大学的，他也是自学的。后来有一天，4月份的时候，他说他去考试。我说：'你不是去上班吗？怎么去考试？'后来我知道他也是像我现在一样，一边上班一边参加自学考试。然后我就向他了解一些考试的基本情况，后来

[①] 纪军：《论成人学习的障碍及其调控》，《继续教育研究》2003年第6期，第104页。

他就告诉我，还让我和他学一样的专业。"（李刚，P10）

——陈燕参加高等教育自学考试，也受益于她的朋友。"我工厂里有个女生参加自学考试，她考会计。我就听说有自学考试，她把考试大纲、目录什么的拿给我。"（陈燕，P4）

——李刚在刚刚参加高等教育自学考试时，也遇到了一些困难。比如，一开始买书就买错了。"是去复旦大学那里买的二手的书，后来才知道那些教材都改了。刚开始都买的老教材，后来发现都改了，等于那些书都白买了。"（李刚，P10）

青年农民工在学习之初，对学习资源了解较少，获得学习资源的方式多是偶尔从朋友那里获得的，甚至对包括报考信息、学习教材、学习资料的获得等方面都不甚清楚（如李刚会买错教材等）。这是他们在学习之初遇到的障碍。

（2）学习过程中，学习支持匮乏。另外，青年农民工在学习过程中也会遇到困难，主要是遇到实际问题时，也很少能够找到人咨询，存在着学习指导、学习帮助匮乏的障碍。

——遇到困难，自己摸索。李刚在学习过程中，特别是在学习计算机安装、维修过程中遇到了无数个困难，连他自己也记不清了，可以说他的工作过程、学习过程就是克服了一个又一个困难才得以维持的。

"这样子的，刚开始的时候，就是从一些小问题、小故障开始的。""新买来的东西，装上去，就不亮，启动不了，就很头疼，有时也会弄得一头雾水。就得自己去摸索。"（李刚，P6）"你遇见的问题越多，你的进步就越快一点。"（李刚，P6）

——遇到困难，无人咨询。青年农民工在学习过程中也会有遇到问题找不到咨询者、帮助者的障碍。

陈燕在学习过程中就遇到过这样的困难。

一是她自学英语时，英语口语发音不准，但缺乏交流提高的机会。"刚开始很搞笑的。四川的那个英语发音都不准的嘛，老搞笑的。为了纠正发音，我就随时随地自己练，自己买录音机，听，读。就是读，反复读，我也不喜欢背诵，我就读。然后那种练习反复做。练习

口语，你看上海现在到处都是 Foreigners，新疆那时哪有呀?!"（陈燕，P5）

陈燕学习过程中遇到英语发音不准的困难，但几乎无人交流，更别提跟外国人交流，所以，她只能自己反复听、读课文。

另外，陈燕在代课过程中，遇到困难也无人请教。"**我在代课时碰到困难就自己解决，因为它那里自考英语这一块没人，原来是我一个同学在那顶着，后来她考走了，就是我顶上去了，就成了那里的'学科带头人'，还去请教谁。所以，有问题就是自己解决。有什么问题就是自己翻书、查资料，自己解决，买一些讲解，其实也主要是一些语法问题、固定搭配，要给别人讲解清楚，就查字典。**"（陈燕，P6）

其实，在成人学习过程中，学习指导者、帮助者的作用非常重要。成人学习者学习动机的"内在爆发"、学习氛围的"和谐高涨"、学习过程的"有效推进"以及学习意义的"不断发现"都得益于学习指导者、帮助者的推动。① 有效的支持、帮助无疑将使成人的学习过程特别是自学过程变得顺利、愉悦、有成效。而青年农民工的学习过程中，却缺乏学习指导者、帮助者的支持，这是青年农民工学习中遇到的又一个障碍。

2. 学习伙伴较少

青年农民工学习支持匮乏的另一种表现就是学习过程中学习伙伴较少。如李刚参加自学考试时本来是在朋友的带动和影响下参加的，后来也与朋友经常交流一些学习经验。但是，当朋友考完了，他就觉得缺乏学习同伴了。"**再就是以前参加考试的朋友他考完就走了，找不到什么交流的对象了。**"（李刚，P12）

同辈群体是一种由地位、年龄、兴趣、爱好、价值观等大体相同或相近的人组成的关系亲密的非正式群体，是一个独特的、极其重要的社会化因素。尤其在进入青春期后，同辈群体的影响日趋重要，甚

---

① 高志敏：《成人教育社会学》，河北教育出版社2006年版，第51页。

至在某些方面远远超过父母和家庭成员对他的影响。①

　　成人学习过程中也希望有同辈群体的支持和帮助,相同或相似的职业背景、社会角色,共同的学习目标与学习内容使之能够形成通畅、紧密的关系,相互的督促和帮助能够对学习行为产生良好影响。而实际的成人学习过程特别是自学过程中,学习伙伴等同辈群体较少,这也是其学习障碍之一。

　　总之,如上所述,青年农民工在学习过程中遇到了各种困难,这既与成人时期的学习特点有关,也与个体的生存境遇有关。美国成人教育研究者派因（G. J. Pine）和霍恩（P. J. Horne）指出,感知过程,特别是成人的感知过程往往还是一个非常困难,甚至是痛苦的过程。因为对成人来说,要他们改变已经形成的观念,或者摒弃旧的习惯,并非是件轻快容易的事,但为适应发展着的社会,又不得不这样做。当然,一俟树立新观念,形成新习惯,进而能够适应环境的变化,代之以痛苦的便是愉快和满足。②

　　尽管学习过程中遇到过这样那样的困难,但青年农民工最终都用自己坚强的意志和执着的奋斗精神,克服了一个又一个困难,使学习得以顺利进行。正如杜威所指出的:"在一个有机会的行动过程中,尽管面临很多困难和相反的诱惑,但能够坚持和忍耐,通俗地讲,一个有坚强意志的人,就是说他在努力达到所选择的目的时,既不变化无常,又不苟且敷衍。他有实行的能力,就是说,他能持久地、有力地实行或实现他的目的。"③青年农民工用自己的付出、坚持和忍耐,最终到达了学习的彼岸。可以说,促使他们坚持下来的"最根本的动力是其不懈的意志、成长的愿望和披荆斩棘勇往直前的精神"④。

---

　　① 黄希庭主编:《心理学与人生》,暨南大学出版社2005年版,第311页。
　　② 高志敏编著:《当代世界教育科学发展与成人教育》,上海交通大学出版社1997年版,第291页。
　　③ [美]约翰·杜威:《民主主义与教育》,王承绪译,人民教育出版社2001年版,第141页。
　　④ [美]马尔科姆·诺尔斯:《现代成人教育实践》,蔺延梓译,人民教育出版社1989年版,第93页。

第九章 关系显现：生存境遇与学习行为

在前面阐明了青年农民工的生存境遇特点、学习行为特征的基础上，本章将尝试阐释其生存境遇与学习行为的关系。

第一节 生存境遇对学习行为的影响

青年农民工在打工的背景下进行学习，其特定的生存境遇对学习行为有一定的影响。下面简析之。

一 生存境遇对学习行为的影响状况

（一）客观生存境遇对学习行为的影响

通过对青年农民工的生存境遇和学习行为的解析，发现其生存境遇在以下方面对学习行为有一定影响。

1. 职业境遇方面

（1）工作时间较长

首先，青年农民工的工作时间较长（有的甚至在 10 个小时以上），使他们的学习时间有限。

——李刚在深圳做流水线工人时，正常工作时间是 8 个小时，但他们为了多拿工资，往往主动提出加班："你可以自己提出加班，一般是星期六、星期天。不加班工资差不多要少一半。"（李刚，P3）如果选择最长的加班时间 4 个小时，那一天就要工作 12 个小时。

后来，李刚做了计算机维修人员，工作时间还是很长。"我们这一行，别人打电话，你就要上门去服务，纯粹的服务行业。不管是星期六、星期天还是下班以后，只要人家一打电话你就得去。"（李刚，P14）

——陈燕从高中辍学后就到新疆做了三年保姆,从 15 岁就出去打工了,用她的话说:"**待了三年呀,可以吧?所以我的青春都浪费了。**"(陈燕,**P2**)即本该学习的黄金年龄却没有用来学习。

另外,工作时间过长,难以有时间、精力学习。无论是她的保姆生涯,还是后面的服务生工作,工作时间都很长。特别是做餐馆工作时,"**从早晨六点,新疆的六点就相对于内地的四点**"一直到"**晚上到很晚了没客人再回去**"。(陈燕,**P2**)这样的工作时间很难有精力和时间再去进行学习了。从时间角度而言,她当时的生存境遇对学习行为起到了一定的限制作用。

——赵蕊在做挡车工、光纤工、经纱工时,工作时间都较长。做挡车工时,她的正常工作时间是 8 个小时,是三班倒制。没有星期天,没有单独的休息时间,就是轮不到上班就休息,而且经常加班。"**加班就是对班,就是加四个小时。**""**算上加班一天就要工作 12 个小时,是很辛苦的呀,特别是当时的条件下。**"(赵蕊,**P3**)"**你上一个星期的夜班,你会发现你的脸很黄,很难受。**"(赵蕊,**P3**)

以上青年农民工的工作时间较长,一方面会使他们的学习时间有限。另一方面,也会促使他们想通过学习改变这种工作状况。

(2)劳动强度大

从职业境遇而言,劳动强度大,使学习精力受限也是青年农民工的生存境遇对学习行为的影响之一,与此同时,也刺激他们努力学习以改变这种状况。

——除了工作时间较长之外,李刚的工作程序也较为机械,使得他"**那个时候,每天像机器人一样的**"。"**做流水线的话,时间长了也枯燥。**"(李刚,**P4**)这样的生存境遇无论是从时间角度还是从精力、体力角度,都不太适合学习行为的发生。

——苏强的工作环境也不是很好,劳动强度很大。"**冬天很冷,零下几度的时候,要去摸那个钢筋,冻得要死;夏天四十几度的时候,还要去拿那个钢筋,很苦的。**"(苏强,**P4**)

——邹凯的劳动强度也很大,有时甚至通宵工作。"**干装卸蛮赚钱的,最多的时候,一天可以赚 150 块钱。但是赚 150 块钱,就累得**

要命。要从早上就开始装,然后一直装到凌晨六点。就是一整天、一晚上都在装,那些人都吃不消,但是我体力、耐力蛮好的,就能坚持下来。有的人装着装着抱着箱子就睡着了……"(邹凯,P15)

青年农民工的劳动强度大,无疑会影响他们学习精力的投入。但同样也会成为促使其想通过学习改变这种状况的因子。

(3)工资低微甚至被克扣

再者,从职业境遇而言,工资收入低微甚至被克扣,导致学习投入受限;与此同时也会激发他们学习的动机。

——陈燕在做保姆和餐馆服务员过程中,工资要么被克扣,要么被阿姨收起来寄给她妈妈,总之,她手里没什么钱,这使得她即使想买书、想学习也没钱投入。"说的是给钱,但最终是没有给钱的。所以后来我妈妈还过去跟她吵架,我就说:'吵什么呀,算了。'缺了她那点钱也能过,钱也不多,那个时候就是80还是50块钱一个月。那你算起来也没多少,几千块钱吧。"(陈燕,P2)做餐馆服务员时,"都是我姨她们替我收着,然后说寄给我妈妈,还不归我管"。(陈燕,P4)

——邹凯在工地修路时,尽管他做得比较多,但他自认为收入与付出并不成比例,于是他想学习。"想学也是因为工资的原因,刚开始觉得工资还可以,后来,就是发现工程师的工资比我高3倍多,他平时也并没有比我多干,他干那些东西我也都会,包括架那个经纬仪,我都能架起来。好多人架不起来的,包括学这个专业的本科生,我很快就会了。"(邹凯,P6)

后来,当他总结之所以能顺利通过高等教育专科考试时,认为学习也与自己待的环境非常相关。"有关,感觉你再不认真学的话,再考不上,还要回来打工,不稳定。人家都是稳定,你还是打工,不好,就是想走出来。"(邹凯,P8)

邹凯后来考研时的学习动机也是因为做小学老师工资太低了,"我那时是试用期,一月300块钱。结果去了之后,两个月没发钱,然后发了,只发了68元"。(邹凯,P11)

可见,青年农民工的职业境遇方面,工作时间长、劳动强度大、劳动报酬低等一方面不利于其进行学习，另一方面也会促使其努力学习以改变这种工作状况。

2. 生活境遇：省吃俭用

在生活境遇方面，青年农民工省吃俭用，导致身体透支，使学习受影响，但也激发着他们的学习行为。

——陈燕在工厂打工时，舍不得吃，导致身体透支。"后来到工厂里时，因为工资比较低，那你就会舍不得吃。从那个时候开始就变得很瘦，从那个时候开始也就有低血糖。""在那也干了一年多（工厂里），你会很舍不得吃（声音加重）。买了些挂面，就天天下挂面吃，而且也不放油什么的，就那样吃。身体从那个时候被拖垮了。"（陈燕，P11）由于工资比较低，舍不得吃，加之长时间地劳动，导致她身体透支，这也不利于学习。

——生活方面，赵蕊也省吃俭用。比如，吃的方面，做经纱工时，她买饭"就是晚上多打一点饭，比如打三格，第二天早上就吃那个水泡饭"。（赵蕊，P6）穿的方面，"那时候也没什么别的开销，穿衣服也就那样，又不是去见什么人。基本上没什么其他消费"。（赵蕊，P6）以至于后来她也病倒了，对其学习行为也有一定影响。

3. 社会境遇方面：无社会保障

青年农民工的社会境遇方面，基本没有社会保障，这既限制着也刺激着他们的学习行为。苏强在做钢筋工时，从4—5米高的楼上摔了下来，"后来就感觉眼前一黑，大概有3秒钟全身没有感觉了"。（苏强，P4）但他摔下来后只是到医院检查了一下，没做治疗，因为没有社会保险，还被老板斥为"自己倒下去的"——"当时找那个老板要钱他也不给，后来才给了一点点，他说是你自己倒下去的。当时我也不知道去找谁，也没这个知识，没这个法律意识，也没其他人帮忙出主意。他说我自己倒下去的，谁傻乎乎地愿意倒下去?! 那时也没什么保险、保障什么的。"（苏强，P4）

（二）主观生存境遇对学习行为的影响

另一方面，青年农民工的主观生存境遇对其学习行为也有一定的影响。

——受歧视。苏强有一次在工作后和同事到超市买玩具，售货员对他们说："不买不要动"。他当时心里真的很火，很想把这个东西砸碎掉，然后买下来，但他当时没有这么做。但是，他觉得挺受伤的。"**这还是其次，包括在公交车上，出来在城市里走，人家的眼光都不一样，所以，有的人根本不愿意出来。**"（苏强，P1）

从主观生存境遇角度而言，陈燕打工那几年特别是在做保姆时，感觉非常不好。她认为独自在新疆带孩子那几年，"**像一下子陷进了地狱一样，生活得非常压抑**"。（陈燕，P2）从情绪角度而言，也不利于学习行为的发生。"那时候在社会的最底层，很自卑呀、很受歧视呀，会觉得很压抑。"（陈燕，P9）

——被欺骗。后来苏强自己经营羊毛衫厂，还被人骗了钱，"**还有一个人骗了我 15000 块钱，他让我给他做了这么多羊毛衫，后来我找他要钱，他人都跑得不见了**"。（苏强，P6）加之没有经验，管理不善，最后亏掉了四五万元，把以前赚的钱几乎都亏掉了。

——被冤枉。陈燕日记被偷看、几次受到诬陷和冤枉，这些都一定程度上刺激着学习行为的产生。"以后学会什么事情都不能讲，装在心里。以后我就得出一个结论——什么事情放在心里是最安全的。"（陈燕，P3）"对呀，你会被冤枉得真是生不如死的感觉，那个时候会想——哼，要报复！真的，那个时候你会想到要报复，会恨呀。"（陈燕，P11）

主观境遇不佳，一方面对青年农民工的学习行为不利；另一方面也激发了他们的学习行为，使他们一有机会便努力学习。

二 生存境遇对学习行为的影响作用

从以上青年农民工的生存境遇对学习行为的影响中可以发现，其不良的生存境遇对学习行为有一定的限制作用，但也有可能成为激发其努力学习的因素。即不管生存境遇怎样，青年农民工还是没有完全受制于环境的影响，依然努力奋斗，产生了丰富的学习行为。

（一）生存境遇对学习行为有一定限制作用

青年农民工的客观生存境遇中职业境遇方面的工作时间长、工作程序机械、劳动强度大、工作环境差等使其学习时间难以保证、学习精力有限、学习环境较差、学习氛围缺乏。工作待遇较低，有的甚至被克扣或拖欠，导致其学习资本投入受限。

另外，客观境遇方面的生活境遇方面省吃俭用，加之工作劳动强度大导致身体透支，身体健康受到损害，也不利于其学习行为的产生。

再者，青年农民工的主观生存境遇方面，隐私权受到侵犯、受到诬陷、被歧视等也不利于其学习行为的发生。

(二) 生存境遇对学习行为有一定激发作用

另一方面，青年农民工不佳的生存境遇对其学习行为也起到了一定的激发作用，使他们一有学习机会，便克服各种困难——诸如学习环境、学习时间、学习条件等方面的不利因素，努力学习。从这个意义上，可以说，青年农民工的生存境遇对其学习行为又有一定的激发作用。

总之，青年农民工的生存境遇是他们学习行为的重要影响因素之一。特定的生存境遇一方面对他们的学习行为有一定的限制作用，如工作时间长、劳动强度大、劳动报酬低等不利于学习行为；另一方面，又对学习行为有一定程度的激发作用，促使他们要通过学习改变生存状况。这既是促使青年农民工学习的因素，也是他们在艰苦的学习条件下，在学习中遇到了各种困难的情况下最终都能坚持下来的原因之一。正如已有研究所指出的，对成人而言，生存境遇既是成人个体得到尊重、爱戴和保护的源泉，也是产生紧张、压力、冲突和挫折的根源，它直接影响着成人个体精神家园的构建，并无时无刻不在谋划与约定着成人个体的行为选择和实施。[1]

---

[1] 应方淦：《成人生存境遇与学习——基于余力理论的解读》，《中国成人教育》2007年第19期，第16页。

第二节　学习行为对生存境遇的影响

如前所述，尽管青年农民工的生存境遇对其学习行为有一定的限制作用，但一定程度上也激发了他们的学习行为。由此，青年农民工产生了各种学习行为，但他们的学习效果及学习收益到底如何呢？其学习行为对生存境遇有什么影响吗？下面就来简要分析一下。

一　学习效果的自我评价

评估是学习过程的一个重要组成部分。根据人文主义者的见解，自我评估是确定学习完成与否唯一富有意义的检验方法。学习者是最好的判官，唯独他自己最清楚学习是否满足了自身的需要和兴趣。[①]基于此，本节将主要从学习者的角度——以青年农民工对自己学习情况的评价为基础，分析青年农民工的学习效果。以下是本书中六位青年农民工对自己学习行为的总体评价。

（一）李刚："待遇比以前好多了"

李刚在计算机维修工作过程中，有很多的学习行为；后来还参加了高等教育自学考试，专科已快考完，也报考了经济学本科。对此，李刚对学习给出了自己的总结和评价。

1. "待遇比以前好多了"

有了学习行为以后，特别是学了计算机维修、组装、管理知识以后，他到上海一家计算机维修公司工作，除了做一些技术工作外，还兼作店长，负责运营整个店面。除获得基本工资以外，还可以得到运营提成，而且他的综合保险老板也给交一半，"**等于加工资了**"，"**待遇比以前好多了**"。（李刚，P12）问起他对这份工作是否满意，他也回答："满意吧，日子还过得去的。"（李刚，P13）

再如，他的某些技术含量比较高的工作内容，收益还是比较好

---

① ［美］伊里亚斯、梅里安：《成人教育的哲学基础》，高志敏译，王云云校，职工教育出版社1990年版，第160页。

的。当然，这是建立在他辛苦学习的基础上获得的。"**像数据恢复，有的可能也就半个小时，但开价可能几千块钱。有些上班族因为丢失了数据丢掉工作的都有。**"（李刚，**P15**）

2. "工作培养的细心对生活有帮助"

另外，计算机维修等工作要求细心、严谨，李刚认为工作方面培养出来的细心、谨慎精神，对他的生活也是非常有帮助的。"**其实我们的工作有点像医生，外科的话就是接机器嘛；内科的话就是要观察、查看机器内部，像医学中的那个'望、闻、问、切'。其中，最基本的一个要求就是要细心，要是不细心，好多细节问题忽略了，你的技术提高不了的。所以，你工作方面培养的这个细心，对你的生活也是有影响的。**"（李刚，**P15**）

3. "会提供一些看问题的角度"

李刚总结学习行为对他的影响时，认为学习行为不仅对他的工作、生活等有影响，而且对他的世界观、个人修养等方面也有影响。"**收获还是有的，就是到目前为止，我觉得学的这个专业还是好玩一点。因为像我们新闻学这个专业，和生活搭边多一点，对我观察生活还是有帮助的，会提供一些看问题的角度、看问题的方式。**""**你学的东西多的话，看问题都不一样的。**"（李刚，**P12**）

学习知识，不仅对个人的发展有好处，而且对提高个人修养的作用也非常明显。"**我觉得古代不是有人说活到老、学到老嘛，说得确实很好。因为一个人不管做什么，想发展的话必须得学习知识，这是考虑到个人的发展；还有，个人修养方面也是靠学习来提高的；爱好什么的也要靠钻研维持。**"（李刚，**P14**）

（二）苏强："感觉生命有活力"

苏强在较为艰苦的生存境遇下，也产生了非常丰富的学习行为。最后，他自己总结了学习对其带来的影响，主要有以下几方面：

1. 可以提高赚钱的能力

"**第一个，最直接的是你的知识多了，你赚的钱就会多，这是最直接的，你的能力提升了，你的钞票就会多。**"（苏强，**P10**）比如，苏强觉得在业余大学学习的知识就非常有用。因为学习掌握了知识，他这几年发展还是很快的，他准备在上海买房子了。

2. 有助于提升精神面貌

"第二个，就是你的精神面貌，你谈吐的内容跟别人不一样。从金钱来说，这还不算什么，关键是思想层面，感觉跟以前完全是两个概念。你的思想层面不一样了，想的问题、看的问题不一样了，以前看得很重要的问题也没有那么重要了，是这个概念。"（苏强，**P10**）

3. 会让人觉得生命有意义

"第三，你感觉自己的生命有活力，就是这样。我就觉得，哇，人还可以这样生活，人生还可以这样精彩！以前，比如你看到天下雨了，你的心情会不好。我现在主要就是要让我自己的人生活得更精彩、更有价值。我未来的人生路该怎样走是我在想的问题。"（苏强，**P10**）

通过学习行为和自己的努力奋斗，苏强不仅改变了自己的生存境遇，而且还为别人、为国家考虑，想做点自己力所能及的事情。"我也想我作为中国人将来也要力所能及地贡献一点什么，虽然国家还有很多缺陷，但是身为中国人，我还是愿意出点力，我设想成立一个'创新基金'——对那些对老百姓日常生活有所创新和贡献的人，给他奖励，就是除了国家该给的奖励外，再给他奖励。因为人家确实付出了很多，专门对这些人进行奖励。"（苏强，**P9**）

（三）陈燕："学习直接改变了我的人生"

陈燕认为学习行为的作用是非常大的，主要表现在以下几个方面：

1. 与假设中的"不辍学"状况相比：现在更好

学习之后的陈燕认为，学习行为对她的改变很大，觉得通过学习之后的她现在的生存境遇甚至比假想中不辍学的生存境遇会更好。"不辍学的话，说不定也没有今天。在那个地方，在那个时候，我考上大学估计也是不可能的事情。在那个地方上个高中出来还是可以去代课的，我可能也就是一个乡村的或镇上的代课教师，我走了还有的老师说怎么走了，也可以到这里来……那也就是那样，早早地嫁人，生孩子，也就那样！就走一段很平常的路。"（陈燕，**P8**）

2. 与学习之前的生存境遇相比：天壤之别

陈燕认为学习之后她的生存境遇与学习之前相比，简直是天壤之别，她总结了学习对她的工作、生活的影响。"那是很直接的呀，直接改变了我的人生。"（陈燕，**P9**）

获得高等教育自学考试专科文凭后她获得了一份在大学培训学院代课的工作，非常高兴。"那当然开心了，就觉得地位、身份一下子变了。以前是最底层，对比鲜明，就觉得自己一步步在往上走。老师在人们眼里毕竟还是一件光荣的事情，也就会觉得自己的努力付出得到了回报。就会觉得学习是有用的，还会继续下去。"（陈燕，**P6**）

（1）对工作、生活方面的改变很大

"学习对我来说当然重要了，最起码，工作在一步步提升，工作环境在改变，生活条件也在一步步改善，对吧？毫无疑问的，生活也在改变。"（陈燕，**P9**）

（2）对精神状态方面的作用很大

"对我来说那种精神状态方面的作用很大，因为那时候在社会的最底层，很自卑呀、很受歧视呀，会觉得很压抑。那么学习之后，职业的转换呀，那种心态就会变了。其实别人也不一定在歧视你，可是一个人的心态就是这样子，就会觉得。正如别人所说幸福是一种心态、一种感觉，其实关键是自己要调整心态。但在那种状况下，心态是没办法改变的，所以学习让我改变了心态，让我变得更豁达。"（陈燕，**P9**）

（3）对提高修养大有裨益

"另外呢，学习了更多的知识，接触了更多的人，自己的精神状态、修养也会提高，这是毫无疑问的。就是比如看问题吧，一个有知识的人，我也说不上来就是有知识的人（笑）。就假设我是个有知识的人，和一个没有知识的人，对一个问题的看法，是不一样的，对不对？一个没文化的人就容易钻牛角尖，就会转不了弯，走不出来，会做出很极端的事情来。那么对于一个有知识的人，他会转换视角，会更豁达、更开朗些，能更灵活地处理一些事情。我觉得学习对一个人的整体素养的提高是很重要的。"（陈燕，**P10**）

(4) 对人生观、价值观方面有影响

通过自己的一步步努力，从一个高中辍学的人一直读到现在的博士研究生，陈燕认为学习对她的人生观、价值观都有很大影响。"**我觉得你要想做成任何事情只要你肯花时间都可以做成。只要你投入时间、精力，你都会有回报的。我觉得我走了这么多的路，我就会跟人讲，我不羡慕任何人，我不崇拜任何人了。我觉得只要你想去做就可以做成，关键是看你愿不愿意。**"（陈燕，P7）

（四）**邹凯："在物质和精神方面都获得了巨大的丰收"**

邹凯认为通过学习给他带来了如下收获。

1. 改变了窘迫的生活状态

邹凯从小家里就比较困难，高考没考上后，就做起了高速公路修路工，但后来自己坚持自学，参加高等教育自学考试；之后又参加公司的培训，做起了销售员。尽管做销售时也比较苦，但他克服了重重困难，最后谈成了两笔大单，改变了自己的生存状况。"但后来我就谈成了一笔，一下子就赚了两万多，24000元钱。一下子生活就改变了好多，第一笔谈成的就是这个。"（邹凯，P10）"那时我也比较能吃苦，就是这样一直坚持、坚持。在那以前，公司很少有人过万，我那个月销售在公司排第三名，公司里有奖励，发给了我一身西装，整个一套，从内到外。"（邹凯，P10）

2. 找到了满意的工作

尽管做业务时，邹凯赚了几万元钱，使生活境况得以很大改观，但他后来出了车祸，发现这个工作还是没有保障，觉得教师行业比较稳定，就去当了小学教师。但后来发现工资太低，于是又下决心考研。经过三次努力，他最后考取了江西一所高校的硕士研究生。最后，他不仅自己找到了满意的工作，还帮女朋友也找到了工作。总之，对现在的生活还是比较满意的，现在已准备在南昌买房子。"我可能在公司里锻炼过，社交能力还可以，所以我女朋友的工作也是我帮她联系的。"（邹凯，P15）

3. 获得了物质层面和精神层面的双重收获

邹凯认为，通过学习，他获得了物质层面和精神层面的双重收获。"中国有句古话：'书中自有黄金屋，书中自有颜如玉'，学习能使你获得自己想要的东西，包括物质方面的、精神方面的，现在想想确实如此。首先，学习其实也是一种快乐，人在学习过程中进入一种本然的、没有想法的只有知识的过程，这本身就是一种享受；另一方面，人活在这个世上，本身就希望有一种物质层面和精神层面的改善，像我现在在一所大学里工作，接触的人层次本身就高。应该说，学习使我在物质方面和精神方面都获得了巨大的丰收。学习的作用还是非常大的。"（邹凯，P14）

（五）赵蕊："充实了自己"

赵蕊认为有了学习行为之后，对她的工作、生活等方面还是有较大影响的，"我觉得第一个是充实自己，第二个是增加了知识，在自己的专业领域内又增加了一些知识。这对自己肯定是有好处的"。（赵蕊，P11）主要表现在如下几方面：

1. 增强了工作能力

赵蕊认为，学习给她带来的第一个收获是可以增加知识，增强工作能力。"我觉得第一个是充实自己，第二个是增加了知识，在自己的专业领域内又增加了一些知识。这对自己肯定是有好处的。"（赵蕊，P11）

2. 提高了收入

赵蕊认为学习行为还可以直接提高自己的收入。"自己的收入方面肯定是有提高的。""如我刚来上海的时候工资是不高的，因为它给你提供了住处，你再想工资高也不可能。月租这笔钱公司直接付掉了，没经过我的手的。在这一带租个房子还是蛮贵的，所以那时候工资也很低。后来通过自己的努力和学习，工资一点一点涨起来，也挺不容易的。"（赵蕊，P11）有了学习行为之后，她的工资比以前大概增加了2000元。"让我算算，大概相差2000元吧。"（赵蕊，P12）

另外，还得到了年终奖。"年终有的。也是经过了这么多年的努力了。去年年底的时候，老板把我叫过去，拿出来一打钱给我，我说：'你给我钱干吗？'他说：'你工作也蛮辛苦、蛮努力的，进步也蛮大的。'我说：'努力是应该的，这本来就是我的工作。'他就那样拿着一打钱也没用个信封什么的，我说：'老板，我不敢要。'他说：'你收起来。'我说：'我不要。你要我干什么事情？'他说：'这个是奖金。'我说：'是奖金我就要，那谢谢。'是一万。"（赵蕊，P12）

3. 增加了人脉

再者，赵蕊认为通过学习行为可以认识更多的人，增加自己的人脉。"就是还有那些同学，认识这些同学也是积累人脉的一个过程。当然不能单纯是为了认识这些人而去上课，我发现这些人当中暴发户越来越少，而有能力的年轻人越来越多，这些人都是有本事、有能力的人，而且从为人方面也比平时结识的人上一个层次。"（赵蕊，P11）

4. 培养了良好心态

最后，赵蕊认为通过学习，还可以培养一个人的良好心态，学习对个人非常有好处。"通过学习，我觉得我的生活态度都蛮好的了。我现在心态很好，不会为一件小事情而怎么样，会保养自己，该怎么样就怎么样，不会过激的，学习对个人还是有好处的。"（赵蕊，P13）

（六）王晶："找到了自己想要的"

王晶认为，学习行为为她带来以下几个方面的变化：

1. 提高了生活质量

首先，通过学习行为，王晶增加了收入，在生活质量方面有较大提高。比如，通过学习，王晶在酒店工作从服务员成为销售经理，后来又跳槽到进出口石油贸易公司。"然后经过这次工作，我在生活上迈了一大步。因为人是这个样子的，生活中你的收入和你的支出一定要成正比，同时带动你的生活质量，我的生活的质量就在逐步地提高。"（王晶，P4）

后来，王晶到法国学习、镀金后，回到上海在一家进出口木材公司工作，后来给自己和爸妈都买了房子，生活质量不断提高。"后来我能够在上海这边买房，在家乡为爸妈买房，生活的质量不断提高了，现在也还在一直向上走。"（王晶，P6）

2. 事业比较顺利

通过一系列的学习行为，王晶最终在进出口木材公司立足，她喜欢这个行业，也受到老板重视，老板甚至会支持她以后开办自己的公司。"因为我爱上了这个行业，觉得真是很好，这个时候就不再觉得是一个机会，而是会觉得这是我真正想做的，而且觉得基本上到头了。假设有一天我这个伯乐离开了中国，那我也想有自己的这样一个公司。当然，现在他也支持我开一个公司，比如扶持我弟弟做，他会再培训我成为一个经营者。"（王晶，P6）

所以，王晶自认为现在事业顺利，非常知足、非常满意，而这一切都与她参与培训等学习行为关联非常大。"这个受训过程在我一生中是起到一个最大的帮助和一个奠基石的作用。我自认为我现在的事业比较顺利，这是比较重要的一点。""所以，我已经很知足了，很满意了，我找到了我自己想要的、所向往的。"（王晶，P5）

3. 成为"顶级"和"稀有"品种

现在，王晶在进出口木材公司享受的是外国人的待遇，几乎在这个行业里达到顶级了，年薪"几十万元"。——"在我这个行业领域里算是顶级的了。"（王晶，P6）

作为女性，在木材行业，她也几乎成了"稀有品种"。"因为这个行业是男人的世界，女人能做到我现在这个位置已经是稀有品种了。"（王晶，P5）

因此，从某种程度而言，王晶自我评价已经非常高了，感觉非常良好，"我找到了我自己想要的、所向往的"。（王晶，P6）可以说，她感觉已经达到一定程度上的自我实现了。

上述青年农民工对自己的学习行为给出了各自的评价，谈到了学习给他们带来的各种收获，既包括知识、技能的增加、工作能力的增强等直接的收获，也包括物质条件的改善、精神修养的提高等间接的收获。这某种程度上与成人教育研究者的既有研究成果也是相合的。有研究指出，参加学习给成人带来了如下方面的变化：

——每年参加学习的成人，其情绪极为高涨。他们提高了自己的认识，达到了自我实现。也就是说，他们懂得了自己的前进方向，懂得了自己为什么要选择这一方向，为什么要走他们自己所选择的道路。

——与没有参加学习的人相比，他们更善于接受知识，更善于表达自己的思想，更有自信心。

——学习使他们变成良好的家庭成员、良好的公民、良好的工作者和良好的个人。①

学习，可以说让青年农民工学到了知识、技能，甚至"直接改变了人生"，找到了"自己所真正向往的、想要的"，给他们带来了"物质和精神的双重收获"。

二 对学习效果的分析

上一节详细阐明了每位青年农民工对自己学习行为的评价，下面进行一下总体的归纳分析。

从以上青年农民工对自己学习效果的评价中可以看出，他们的学习也给他们带来了一定的变化，主要表现在以下几个方面：首先，知识、技能得到提高，这增强了他们工作、生活的能力，带来了他们物质生活的改善；其次，认知、态度等精神层面发生了变化，如通过学习体会到了充实感、快乐感，增强了自信心，得到了别人的认可，从而增强了自尊感等；最后，是综合的变化，即通过学习，使他们对人生、对生活，甚至对整个世界的看法都发生了一定程度的变化，即人生观、世界观发生了变化。

（一）知识、技能的增加——物质生活改善

青年农民工通过参加学习，无疑，首先带来了知识、技能层面的改变，增加了知识，提高了技能，增强了工作能力。如"求索者"赵蕊在评价学习时曾明确指出："我觉得第一个是充实自己，第二个是增加了知识，在自己的专业领域内又增加了一些知识。这对自己肯定是有好处的。"（赵蕊，P11）

---

① 高志敏编著：《当代世界教育科学发展与成人教育》，上海交通大学出版社1997年版，第290页。

与此同时，知识、技能的增加、工作能力的增强，带来了物质生活的改善。这在很多青年农民工身上都有直接的表现。

——"待遇比以前好多了。""摸索者"李刚有了学习行为以后，到上海后除获得基本工资以外，还可以得到运营提成，而且他的综合保险老板也帮他交一半，"等于加工资了"、"待遇比以前好多了"。（李刚，P12）

——对"摸索者"苏强来说，他认为学习可以提高赚钱的能力。"第一个，最直接的是你的知识多了，你赚的钱就会多，这是最直接的，你的能力提升了，你的钞票就会多。"（苏强，P10）

——"攀登者"陈燕认为，学习对她的工作、生活方面的改变很大。"学习对我来说当然重要了，最起码，工作在一步步提升，工作环境在改变，生活条件也在一步步改善，对吧？毫无疑问的，生活也在改变。"（陈燕，P9）

——"攀登者"邹凯通过学习，使"生活一下子改变了好多"。邹凯从小家里就比较困难，高考没考上后，就做起了修高速公路的工人，但后来坚持自学，参加高等教育自学考试；之后又参加公司的培训，做起了销售员。尽管做销售时也比较辛苦，但他克服了重重困难，最后谈成了两笔大单，改变了自己的生存状况。"但后来我就谈成了一笔，一下子就赚了两万多，24000元钱，一下子生活就改变了好多。"（邹凯，P10）

——赵蕊认为学习行为可以直接提高自己的收入。"自己的收入方面肯定是有提高的。""后来通过自己的努力和学习，工资一点点涨起来，也挺不容易的。"（赵蕊，P11）有了学习行为之后，她的工资比以前大概增加了2000元。另外，考到了"二级建造师"资格证时，还得到了一万元年终奖。

——王晶通过学习行为使生活质量在逐步提高。首先，通过学习行为，王晶增加了收入，在生活质量方面有较大提高。"经过这次工作，让我在生活上迈了一大步。生活中你的收入和你的支出一定要成正比，同时带动你的生活质量，我的生活的质量就在逐步地提高。"（王晶，P4）

后来，王晶到法国学习、镀金后，回到上海在一家进出口木材公司工作，能够给自己和爸妈都买了房子，生活质量不断提高。

现在，王晶在进出口木材公司享受的是外国人的待遇，几乎在这个行业里达到顶级了，年薪"几十万"——**"在我这个行业领域里算是顶级的了。"（王晶，P6）**

（二）快乐感、自信心、自尊感等态度方面的变化——精神素养提升

另一方面，学习也给青年农民工带来了充实感、快乐感、自尊感、自我实现感等方面的变化，即学习使他们的精神素养得到了提升。

——李刚：**"学习会提供一些看问题的角度。"** 李刚总结学习行为对他的工作、生活的影响时，认为学习行为不仅对他的工作、生活等有影响，而且对他的个人修养等方面也有影响。**"收获还是有的，就是到目前为止，我觉得学的这个专业还是好玩一点。因为像我们新闻学这个专业，和生活搭边多一点，对我观察生活还是有帮助的，会提供一些看问题的角度、看问题的方式。""你学的东西多的话，看问题都不一样的。"（李刚，P12）**

——苏强：**"学习有助于提升精神面貌。""第二个，就是你的精神面貌，你的谈吐的内容跟别人不一样。从金钱来说，这还不算什么，关键是思想层面，感觉跟以前完全是两个概念。你的思想层面不一样了，想的问题、看的问题不一样了，以前看得很重要的问题也没有那么重要了，是这个概念。"（苏强，P10）**

——陈燕：**"对精神状态方面的作用很大。""对我来说，那种精神状态的作用很大，因为那时候在社会的最底层，很自卑呀、很受歧视呀，会觉得很压抑。学习之后，职业的转换呀，那种心态就会变了。学习让我改变了心态，让我变得更豁达。"（陈燕，P9）** 学习使陈燕提高了自信心，增强了自尊感。她还认为学习对提高修养大有裨益。**"另外，学习了更多的知识，接触了更多的人，自己的精神状态、修养也会提高，这是毫无疑问的。"（陈燕，P10）**

——赵蕊：**"学习使我更加自信了。""原来我觉得自己的空间也

就这样了，可是后来努力了，发现可进步的空间还很大，你的家人、朋友也会支持你、鼓励你，说你还可以再努力努力。这也是一个很重要的因素，别人鼓励你，也不图你什么，你就会觉得他既然这么说，我也去试试看。"（赵蕊，P11）

——王晶："我找到了我自己想要的、所向往的。"作为女性，在木材行业，王晶几乎成了"稀有品种"。"因为这个行业是男人的世界，女人能做到我现在这个位置已经是稀有品种了。"（王晶，P5）因此，从某种程度而言，王晶自我评价已经非常高了，感觉非常良好，"我找到了我自己想要的、所向往的"（王晶，P6），可以说王晶感觉已经达到一定程度上的自我实现了。

再者，也有青年农民工（"攀登者"邹凯）概括了学习给他带来的物质和精神两个层面的收获。"中国有句古话：'书中自有黄金屋，书中自有颜如玉'，学习使我获得了自己想要的东西，包括物质方面的、精神方面的。现在想想确实如此，首先，学习其实也是一种快乐，人在学习过程中进入一种本然的、没有想法的只有知识的过程，这本身就是一种享受；另一方面，人活在这个世上，本身就希望有一种物质层面和精神层面的改善。应该说，学习使我在物质方面和精神方面都获得了巨大的丰收。学习的作用还是非常大的。"（邹凯，P14）

（三）多种变化同时出现——人生观、世界观改变

最后，青年农民工认为学习使得他们的人生观、世界观都发生了一定程度的改变，使他们觉得人生更有意义、心态更加良好等，这可能就是罗比·基德所指出的学习可能会带来"多种变化同时出现"吧。

——苏强：学习会让人觉得生命有意义。"第三，你感觉自己的生命有活力，就是这样。我就觉得，哇，人还可以这样生活，人生还可以这样精彩！以前，比如你看到天下雨了，你的心情会不好。我现在主要就是要让我自己的人生活得更精彩、更有价值。"（苏强，P10）

——赵蕊：学习可以培养人的良好心态。"通过学习，我觉得我

的生活态度都蛮好的了。我现在心态很好，不会为一件小事情而怎么样，会保养自己，该怎么样就怎么样，不会过激的，学习对个人还是有好处的。"（赵蕊，**P13**）

——陈燕：学习对人生观、价值观方面有影响。通过自己的一步步努力，从一个高中辍学的人一直读到现在的博士研究生，陈燕认为学习对她的人生观、价值观都有很大影响。**"我觉得你要想做成任何事情只要你肯花时间都可以做成。只要你投入时间、精力，你都会有回报的。我觉得我走了这么多的路，我就会跟人讲，我不羡慕任何人，我不崇拜任何人了。我觉得只要你想去做你就会做成，关键是看你愿不愿意。"**（陈燕，**P7**）

加拿大成人教育家艾伦·陶及其研究者对成人自发性学习进行了调查与实验，并依据其结果总结出"效益预见理论"。该理论认为，自发性学习包括以下几个环节：①投入学习过程；②获得或保持某项专门知识或技能；③实际运用它们的过程；④从学习中得到相应回报（如获得职务晋升之类的奖励；得到学分或毕业文凭的奖励）。成人学习者从中可预料到的或可感受到的学习益处主要有三种：一是快乐感，即成人因参加学习而感到生活充实，从中体验到从未有过的快乐；二是自信心，各种奖励增强了学习者的自信心，提高了对自身价值的认识；三是因得到他人更高评价而增强了自尊感。研究人员通过调查证实，多数（占半数以上）成人自学者认为学习是他们的最大快乐和享受；41%的自学者承认学习增强了自信心；9%的人因受到好的评价而深受鼓舞。通过调查，陶等人确信，上述可预见的学习效益是维系自发性学习模式生命力的基础。[①]

同时，罗比·基德等成人教育研究者指出，学习即变化。学习会产生一种相对稳定的行为变化，这几乎已经成为当今西方成人教育界所普遍接受的观点。他们认为，这种行为变化主要表现在以下几个方面：（1）"文化"的变化——获得新知识和新经验，对成人学习者来说，更重要的往往是对已经获得的知识或经验进行再排列或再组织；

---

① 毕淑芝、司荫贞主编：《比较成人教育》，北京师范大学出版社1995年版，第238页。

（2）技能的变化——获得更为有效的工作与生活技能；（3）态度的变化——对一个问题或一件事物产生与以往不同的理解或形成所谓的"有利的感情"，而不仅仅是获取更多的知识；（4）多方面的变化——各种变化同时出现。①

总之，如上所述，学习给青年农民工带来了直接的知识、技能、态度甚至是综合的变化——"多种变化同时出现"，间接地带来了物质生活的改善、精神素养的提升甚至人生观、价值观的改变。

三 学习行为对生存境遇影响的简括

前面概述了青年农民工自身对其学习行为的评价，基于此，来总结一下其学习行为对生存境遇的影响作用。

（一）学习行为对客观生存境遇具有改善作用

首先，学习行为，会给青年农民工带来知识、技能层面的改变，使知识得以增加，技能得以提高，工作能力得以增强。与此同时，知识的增加、技能的提升、工作能力的增强，必然带来职业境遇、生活境遇、社会地位境遇的改变。

1. 职业境遇的变化

学习行为首先给青年农民工带来了职业方面的变化，如工作环境的改变、工作的提升、工作待遇的增长等。

——"学习对我来说当然重要了，最起码，工作在一步步提升，工作环境在改变。"（陈燕，P9）

——"因为这个行业是男人的世界，女人能做到我现在这个位置已经是稀有品种了。"（王晶，P5）"我在这个行业领域里算是顶级的了。"（王晶，P6）

——"第一个，最直接的是你的知识多了，你赚的钱就会多，这是最直接的，你的能力提升了，你的钞票就会多。"（苏强，P10）

---

① ［加］罗比·基德：《成人怎样学习》，蔺延梓译，上海第二教育学院、上海成人教育研究室1984年版，第4页。

2. 生活境遇的变化

其次，学习行为，使职业境遇发生变化后，也带来了青年农民工生活境遇的变化。如生活条件的改善、住宿环境的改变（有的已经买房或正准备买房）甚至整体生活质量的提高等。

——"生活条件也在一步步改善，对吧？毫无疑问的，生活也在改变。"（陈燕，P9）

——"但后来我就谈成了一笔，一下子就赚了两万多，24000元钱，一下子生活就改变了好多。"（邹凯，P10）

——"经过这次工作，让我在生活上迈了一大步。生活中你的收入和你的支出一定要成正比，同时带动你的生活质量，我的生活的质量就在逐步地提高。"（王晶，P4）"我能够在上海这边买房，在家乡为爸妈买房，生活的质量不断提高了，现在也还在一直向上走。"（王晶，P6）

3. 社会境遇的变化

最后，经由学习行为，青年农民工的社会地位也得以改变。改变了以前社会保障缺乏、社会地位较低的状况。

——"我现在有保险。上海这边是综合保险。""是公司给交的呀。"（赵蕊，P8）

——"那时候在社会的最底层，很自卑呀、很受歧视呀，会觉得很压抑。学习之后，职业的转换呀，那种心态就会变了。"（陈燕，P9）

——"那当然开心了，就觉得地位、身份一下子变了。以前是最底层，对比鲜明，就觉得自己一步步在往上走。"（陈燕，P6）

（二）学习行为对主观生存境遇具有提升作用

另外，青年农民工的学习行为对其主观生存境遇也产生了一定的影响作用，使他们的感觉、情绪、情感等方面发生了变化，使他们改变了心态、提升了自信心、产生了自尊感、觉得生活更加有意义等。

——"学习让我改变了心态，让我变得更豁达。"（陈燕，P9）

——"学习其实也是一种快乐，人在学习过程中进入一种本然

的、没有想法的只有知识的过程，这本身就是一种享受。"（邹凯，**P14**）

——"感觉自己的生命有活力，就是这样。我就觉得，哇，人还可以这样生活，人生还可以这样精彩！"（苏强，**P10**）

——"通过学习，我觉得我的生活态度都蛮好的了。我现在心态很好，不会为一件小事情而怎么样，会保养自己，该怎么样就怎么样，不会过激的，学习对个人还是有好处的。"（赵蕊，**P13**）

——"学习了更多的知识，接触了更多的人，自己的精神状态、修养也会提高，这是毫无疑问的。"（陈燕，**P10**）

社会阶层心态的研究告诉我们，人们比较的参照体系，除了邻近的阶层，更直接的是他们的过去。青年农民工向上流动的趋势，塑造了他们对未来的憧憬。所以说，给人们更多的向上流动机会，建立一种使人们通过辛勤劳动、艰苦奋斗和诚信经营可以向上流动的机制，代表了一个社会的希望。[1]

与此同时，相关研究指出，在社会分层的各种要素中，虽然经济资源的占有和使用仍然是基础的要素，但知识、技能的作用具有快速增长的趋势。这种趋势是由以下几方面所决定的。首先，知识、技能的更新速度大大加快。知识、技能的快速更新换代，使过去的一些稳定的职业阶层发生了分化，一些人跟上了竞争和变化的步伐，职业地位升迁了，但也有一些人从过去的中心被甩到边缘。其次，知识、技能的收益期大大缩短。新型知识技能的收益期比传统知识技能的收益期大大缩短。最后，知识、技能的获益能力大大增强。不管怎么说，知识、技能日益成为一种地位和品位的象征符号。[2]

由于知识、技能在决定人的社会分层中的地位越来越重要，具有快速增长的趋势。所以，原本社会地位较低的青年农民工才能通过努力学习使自己的处境得到改变。

---

[1] 李培林、李强、孙立平：《中国社会分层》，社会科学文献出版社 2004 年版，第 15 页。
[2] 同上书，第 9—10 页。

第三节 学习行为的"意外收获"

本书中的青年农民工尽管学习过程中有过各种艰难，遇到过无数的困难，但学习之后他们的学习热情依然非常高涨。当被问及"以后还要学吗"或"准备学到何时"时，他们普遍认为要继续学习、持续学习，甚至要"活到老、学到老"，有的人甚至把"学"比作人生中最美的字。这可以说是青年农民工学习行为的"意外收获"。

一 李刚——就是要不断地学习

一方面是行业发展的需要，另一方面是自我认知的到位，所以李刚想活到老、学到老。"做我们这一行的就是要不断地学，在工作中就得学，计算机行业发展很快的。每个时代的东西都不一样的。像我刚上班时笔记本用得不多，返修的少，现在用得多了，返修的就多了，你就得熟悉这方面的业务。"（李刚，P15）"我觉得古代不是有人说活到老、学到老嘛，说得确实很好。因为一个人不管做什么想发展的话必须得学习知识，这是考虑到个人的发展；还有，个人修养方面也是靠学习来提高的；爱好什么的也要靠钻研维持。"（李刚，P14）

二 苏强——就是要坚持终身学习

苏强认为学习应是终身坚持的行为。"那我是坚持终身学习的观点。学习是一辈子的，假如将来我不工作了，我还希望能看书，要学习你们搞研究的这种人的精神和思想。"（苏强，P11）

三 陈燕——就是要活到老、学到老

当被问及"那你认为应该学到什么时候呢"时，陈燕回答说："那当然是活到老、学到老了，现在国家终身学习、学习化社会的呼声都在这么呼吁嘛，终身学习嘛，没错的。这个是肯定的，不仅中国是这样，中外都这样的。英语当中就有句，怎么说的来？（Never too late to study……记不清了），意思就是活到老、学到老，当然是这个样子的了，就是要活到老、学到老。"（陈燕，P10）

四 邹凯——就是创造机会也要学

当被问及"假如还有机会的话，你还会学习吗"时，邹凯认为："不是有没有机会学习，是我自己创造机会也要学习。社会在不断地进步，如果不学习，就会被社会所抛弃和淘汰。总结我30多年的经验，正是不断地学习我才有今天。只有抓住时代的脉搏，才能跟上社会，使我不断地前行，所以我还要学习。另外，我认为学习不仅要学习书本知识，还要学习社会知识。因为知识只是提供了你一种改变命运的可能性，并不等于改变了命运。只有当知识真正被社会所应用的时候，知识才发挥了作用，所以，各种知识都要学习。"（邹凯，P14）

五 赵蕊——就是要不断地踩台阶

研究者："那你以后还想学吗？"

赵蕊："想呀。原来我觉得自己的空间也就这样了，可是后来努力了，发现可进步的空间还很大，你的家人、朋友也会支持你、鼓励你，说你还可以再努力努力。这也是一个很重要的因素，别人鼓励你，也不图你什么，你就会觉得他既然这么说，我也去试试看。当刚走向社会的时候，还是棱角分明的，后来等接触社会多了，就发现有本事的人还是那么多，所以要不断地学……"（赵蕊，P11）

六 王晶——学是人生中最美的字

对王晶来说，"我觉得学真的太重要了，我觉得对我来说，学这个字是人生中最美的字。什么东西都是一个学的过程，你才会得到什么，不是吗？"（王晶，P8）

尽管她自己认为自己已经发展得不错了，但她还想不断学习。"人和人是不一样的，我现在的目标，还想超越国家的界限，我还要走得更高，永远走在别人的前面，我跳得很快的。"（王晶，P9）甚至，她要成为一个终身学习的践行者。"**我觉得学这个东西，哪怕我 60 岁了，只要我的生命还存在着，我还要学下去，我永远学下去，我那个年纪有我那个年纪要学的东西，我永远都要学新的东西，我永远都要这个样子。**"（王晶，**P7**）

综上所述，青年农民工在以往学习经验的基础上，都认为学习应该持续不断地进行，一方面可能是社会的发展、工作的要求、自身承担的多重职责的原因，另一方面可能也是他们从学习中有所收获，如学习效果一节所述，"可以预见到的效益是推动成人投入学习的动力，是成人学习动机的构成部分"[①]。总之，本书中的青年农民工都决心成为"终身学习"的践行者。

[①] 毕淑芝、司荫贞主编：《比较成人教育》，北京师范大学出版社 1995 年版，第 238 页。

第十章 总结与反思

本章主要是对本书的总结和反思。首先将对研究的主要内容进行总结，进而结合从青年农民工的生存境遇及学习行为中得出的启示，提出促进成人学习的相关建议，最后将对本书从研究效度、推广度、伦理性等角度进行反思。

第一节 研究总括

如前所述，本书中篇主要对研究样本内的青年农民工的生存境遇与学习行为进行了解读，主要包括青年农民工的生存境遇与学习行为样态、生存境遇特点、学习行为特征、生存境遇与学习行为的关系等。下面稍作总结。

一 生存境遇与学习行为样态

本书样本内的青年农民工的生存境遇与学习行为样态，总体上可以分为以下三种类型：

1. 样态之一："摸索者"

摸索者以青年农民工李刚、苏强为例，他们在打工实践中通过自己的不断摸索、尝试、反思、总结经验等方式学习，最后在城市里得以立足。当然，他们也有参加自学考试、成人高等教育等学习行为，但相对而言，摸索是他们的生存境遇与学习行为中比较鲜明的特点。因此，他们可以被看作是"摸索者"的代表。

2. 样态之二："攀登者"

攀登者以陈燕（女）、邹凯（男）为代表。他们就像攀登者，在工作之余不畏艰难，不断往上攀爬，以薄弱的学习基础参加高等教育自学考试，专科达标后又接着考本科，本科考完又考硕士研究生甚至博士研究生……基于此，他们的工作也得以不断提升。因此，他们可以被看作"攀登者"的代表。

3. 样态之三："求索者"

"求索者"以赵蕊（女）、王晶（女）为代表。她们的共同特点是从农村到城市打工过程中，把原来"自己压着的一股气"充分发挥出来，不仅做好本职工作，而且在工作的过程中不断学习，既有学历方面的学习，都参加了成人高等教育业余大学的学习；也有非学历学习，学习计算机、学习外语、学习建筑行业的知识、学习外贸知识；还去参加一些培训，考取资格证书；既有国内的培训，也有国外的培训；既有生存层面的学习，学习一些实用技能；也有精神文化层面的学习，如感受异域文化、学习画画、学习烹饪……仿佛她们把学习的触角已经伸往生活、工作、社会的各个层面，学习在一种横向维度上、宽度上不断拓展着……"路漫漫其修远兮，吾将上下而求索"。因此，她们可以被看作是"求索者"的代表。

总之，青年农民工的生存境遇与学习行为样态，总体上可以分为"摸索者"、"攀登者"、"求索者"三种样态，"摸索者"代表了青年农民工生存与学习的基础、基本样态；"攀登者"代表着青年农民工生存与学习的纵深发展样态；"求索者"代表着青年农民工生存与学习的多面扩展样态。即以"摸索者"为原点，在深度（"攀登者"）和广度（"求索者"）两个维度上同时发展，展现了青年农民工百折不挠的奋斗精神和孜孜以求的学习精神。

二 影响生存境遇与学习行为的因素

研究发现，影响青年农民工的生存境遇与学习行为的因素主要有以下几方面。

1. 社会环境的变化与挑战。在青年农民工生存境遇与学习行为的影响因素中，首先是社会环境的变化及挑战。包括社会变革与社会转型、变化的时代与学习的时代等。青年农民工所生活的时代是一个"唯一不变的就是变化"的时代，决定了他们必须不断学习才能跟上时代发展的步伐。可以说，正是时代发展的要求和社会前进的步伐带动着他们在不断学习、不断超越自我。

2. 成年早期面临的发展任务使然。除了社会环境因素外，青年农民工所处的人生发展阶段——成年阶段，具体而言是成年早期阶段的生活任务也对其生存境遇与学习行为有一定的影响作用。他们面临着职业生活、家庭生活、个人发展、闲暇生活、健康生活等方面的发展任务，这些不同的发展任务会带来不同的学习需求。这也就促使着青年农民工不断学习，改变自己的生存境遇。

3. 个性因素的作用。青年农民工的生存境遇与学习行为还受个性特征方面的影响，如他们原有的教育水平、经验因素、个性因素（包括兴趣、性格、意志、自我调控力）等都会对其生存境遇和学习行为产生一定的影响。

三 生存境遇的特点

青年农民工的生存境遇可以分为客观生存境遇和主观生存境遇状况。其客观生存境遇主要包括职业境遇、生活境遇和社会境遇。职业境遇方面工作内容琐碎、工作时间长、工作环境差、工作待遇低；生活境遇方面，衣、食、住、行简约、朴素，业余生活单调、同质；社会境遇方面，社会地位较低，社会保障缺乏。主观境遇也不佳，在情绪、情感等方面受过歧视、受过诬陷、受过欺骗。

四 学习行为的特征

（一）青年农民工的学习动机

1. 学习动机类型

青年农民工的学习动机大致可以分为以下四种类型：

（1）职业进展型：适应工作

青年农民工学习动机的第一种类型是"适应工作——职业进展型"学习动机。这种动机一方面通过学习职业性知识和技能表现出来，另一方面还通过获得学历文凭、资格证书等方面表现出来。这类学习动机主要是基于个人职业进展的考虑，其具体理由通常包括获得就业资格或某种职业资格、获得晋升、加薪机会、提高工作能力、增加竞争能力、获得转业转岗能力等。

（2）社会刺激型：生存需要

青年农民工的第二类学习动机可以概括为为了增加工资、为了改变生存境况、为了满足生存需要等，即他们的学习动力是社会外部刺激的结果，可以归结为社会刺激型学习动机。有这类学习动机者参与学习活动主要是为了应对社会大环境刺激下带来的生存问题，改变窘迫的生存状态，逃避不如意的生活状况，摆脱紧张的、苦闷的生活方式，求得生活的舒适、生存境况的改变等。

（3）认知兴趣型：为了求知

青年农民工的第三类学习动机是为了求知，就是为了学习知识，可以归结为认知兴趣型学习动机。认知兴趣型学习者认为学习就是需要，学习就是目标，其学习动机主要是基于求知欲望、求知兴趣而参加学习的，也就是说他们的学习通常是为了不断获取知识、更新知识、增进智能、充实自己等方面。

（4）外界期望型：为了他人

青年农民工的第四类学习动机是为了满足他人要求，即外界期望型。这类学习动机主要是为了顺从或满足来自外界的要求或期望，当然也包括别人没有要求而学习者自我感知到而主动为别人着想的情况。这里的外界主要包括雇主、师长、配偶、父母、子女或其他有重要影响的人士。

2. 学习动机特点

概括而言，青年农民工的学习动机具有以下特点：

（1）青年农民工多是出于自愿而参加学习的，即具有自愿性。

（2）青年农民工的学习动机具有复合性特点。即他们的学习行为不是由单一的学习动机所决定，其学习动机可能因学习内容、社会职责、个人兴趣等原因会有所不同，一个人可能表现出多种学习动机。

（3）青年农民工的学习动机具有实用性的特点。即他们的学习动机与职业进展的关系密切，表现出追求职业发展、获得学历文凭、资格证书、满足生存需要等实用性的特点。可以说，他们的学习意愿非常实际、非常明确，与他们的工作发展、生活改善、自身的提高等密切联系在一起。

（4）青年农民工的学习动机，表现出外显动机和内隐动机的区别。如表面上是为了满足工作的需要、满足生存的需要等浅层次性的学习动机，但内隐的、深层次的动机可能是为了求知的需要或为了他人——满足外界期望等。

（二）青年农民工的学习内容

青年农民工的学习内容包括学历方面的学习和非学历方面的学习；并且，以非学历方面的内容为主；非学历方面的学习中，又包括"学会做事"的知识和技能、"学会认知"的知识和技能、"学会做人"的知识和技能、"学会生活"的知识和技能等。

而且青年农民工的学习内容表现出鲜明的职业指向性的特点。可以说，他们的学习内容和职业紧密相连，与其生计和职业发展关系密切，更与他们的社会职责相结合，具有鲜明的职业指向性的特点。

（三）青年农民工的学习方式

从以上六位青年农民工的学习方式中可以看出，他们的学习方式呈现出一定的差异性，这与每个人获得的学习资源有关，也与每个人的学习兴趣、学习风格、性格特点有关。但总体而言，他们的学习方式又呈现出一定的共性特征，概况而言，主要有以下几方面：

1. 学习方式具有复合特征。即每个人可能采取几种学习方式进行学习。

2. 学习方式既包括正规学习，又包括非正规学习、非正式学习。

3. 非正规学习、非正式学习是青年农民工的主要学习方式。

总之，正是多样化的、既具差异性又具有共同特征、既包括正规学习、又包括非正规学习和非正式学习的复合的学习方式促进了青年农民工在工作之余的学习。

（四）青年农民工的学习方法

概括而言，青年农民工的学习方法主要可以分为正式学习的方法和非正式学习的方法。其中，正式学习方法多发生在学历学习的背景下，主要有：看书、做题；多说、多练；提纲挈领、融会贯通；注重理解、融会贯通等。非正式学习方法多发生在非学历学习背景下，主要有：向师傅学习，向同事、朋友、他人学习，从做中学，从书报、网络等大众媒体中学习，从反思、体悟中学习，从工作中学习等。

（五）青年农民工的学习困难

当然，青年农民工在学习过程中也遇到过许多困难，但都被他们逐一克服了。概括而言，他们遇到的困难主要包括学习时间有限、学习环境不利、学习支持匮乏等。

五　生存境遇与学习行为之间的关系

（一）生存境遇对学习行为的影响

1. 生存境遇对学习行为有一定限制作用

一方面，青年农民工的生存境遇对学习行为有一定限制作用。首先，青年农民工的客观生存境遇中职业境遇方面的工作时间长、工作程序机械、劳动强度大、工作环境差等使得青年农民工学习时间难以保证、学习精力有限、学习环境较差、学习氛围缺乏；工作待遇较低，有的工资甚至被克扣或拖欠，导致青年农民工学习资本投入受限。其次，客观境遇的生活境遇方面省吃俭用，加之工作劳动强度大导致身体透支，身体健康受到损害，也不利于学习行为。最后，青年农民工的主观生存境遇方面，隐私权受到侵犯、受到诬陷、被歧视等也不利于学习行为的发生。

2. 生存境遇对学习行为有一定激发作用

另一方面，青年农民工的生存境遇对其学习行为也起到了一定的激发作用。其总体上不佳的生存境遇促使他们一有学习机会，便克服各种困难——诸如学习环境、学习时间、学习条件等方面的不利因素，努力学习。从这个意义上，可以说，青年农民工的生存境遇对其学习行为又有一定的激发作用。

（二）学习行为对生存境遇的影响

1. 学习行为对客观生存境遇具有改善作用

首先，学习行为，会给青年农民工带来知识、技能层面的改变，使其知识得以增加，技能得以提高，工作能力得以增强。与此同时，知识的增加、技能的提升、工作能力的增强，必然带来其职业境遇、生活境遇、社会地位境遇的改变。

（1）职业境遇的变化。学习行为首先给青年农民工带来了职业方面的变化，如工作环境的改变、工作的提升、工作待遇的改善等。

（2）生活境遇的变化。学习行为，也带来了青年农民工生活境遇的变化。如生活条件的改善、住宿环境的改变（有的已经买房或正准备买房）甚至整体生活质量的提高等。

（3）社会境遇的变化。经由学习行为，青年农民工的社会地位也得以改变。改变了以前社会保障缺乏、社会地位较低的状况。

2. 学习行为对主观生存境遇具有提升作用

另外，青年农民工的学习行为对其主观生存境遇也产生了一定的影响作用，使他们的感觉、情绪、情感等方面发生了变化，使他们改变了心态，提升了自信，产生了自尊感，觉得生活更加有意义等。

（三）学习行为的"意外收获"：终身学习

本书范围内的青年农民工尽管在学习过程中遭遇到各种艰难，遇到过无数的困难，但学习之后他们的学习热情依然非常高涨。当被问及"以后还要学吗"或"准备学到何时"时，他们普遍认为要继续学习、持续学习，甚至要"活到老、学到老"，有的人甚至把"学"比作人生中最美的字。他们在以往学习经验的基础上，都认为学习应该持续不断地进行，一方面可能是社会的发展、工作的要求、自身承担的多重职责的原因，另一方面可能也是他们从学习中有所收获，如学习效果一节所述，"可以预见到的效益是推动成人投入学习的动力，是成人学习动机的构成部分"。[①] 总之，本书范围内的青年农民工都决心成为"终身学习"的践行者。

第二节　启示与建议

本书中的青年农民工在艰难的生存境遇下却产生了丰富的学习行

---

① 毕淑芝、司荫贞主编：《比较成人教育》，北京师范大学出版社1995年版，第238页。

为,并学得卓有成效。从中,我们可以获得一些启示,进而可以推论出一些对成人学习者学习的建议。

一 几点启示

从青年农民工的生存境遇和学习行为中获得的启示主要有以下几方面。

(一) 生存境遇与学习行为:要善于超越环境

青年农民工的生存境遇包括客观生存境遇和主观生存境遇,总体而言,他们的生存境遇不佳。客观境遇方面工作时间长、工作条件差、劳动强度大、工作待遇低;生活境遇方面,衣、食、住、行简单、同质、单调;社会境遇方面社会地位较低、社会保障缺乏。主观生存境遇方面也曾受过歧视、受过欺骗、受过诬陷等。诚然,这些不佳的生存境遇可能是其学习行为的限制或阻碍因素,使得他们学习时间少、学习环境差、学习氛围缺乏……但与此同时,这些生存境遇并没有完全限制住青年农民工的学习行为,反而从一定程度上激发了他们奋发学习、通过学习改变命运、改变生存境遇的决心和勇气。正如前文所展示的,正是在艰苦的生存境遇下,青年农民工一有学习机会便选择了努力学习,最后通过学习使自己的生存境遇得以改变——取得了物质和精神方面的双重收获。因此,人既是环境的产物,又可以超越环境。个人能动性原理认为,个体的生命历程并非完全决定于外部环境,个体的能动性在自己的生命历程中也有很大作用。这是因为人总是在一定社会建制之中有计划、有选择地推进自己的生命历程,人在社会中所做出的选择除了受到社会情境的影响外,还受到个人经历和个人性格特征的影响。[①]

如此,就启示那些处境暂时不利的人们不要认为自己的生存环境难以改变、不要因为自己的处境不佳而抱怨不能学习——只要你付出努力,你同样可以改变命运。正如本书中的一位青年农民工所指出

---

① 张红:《职业教育与农民工市民化——一种生命历程理论的分析视角》,《湖北社会科学》2008年第8期,第179页。

的:"我觉得你要想做成任何事情,只要你肯花时间都可以做成。只要你投入时间、精力,你都会有回报的。我觉得我走了这么多的路,我就会跟人讲,我不羡慕任何人,不崇拜任何人了。我觉得只要你想去做你就可以做成,关键是看你愿不愿意。"(陈燕,P7)"人说起来,其实主观意愿太重要了,当然环境也会起作用,但环境也不会完全起作用,就是你个人的追求、梦想呀,这都是很大的动力。"(陈燕,P12)

(二)学习资源与学习行为:善于抓住学习资源非常重要

本书中的青年农民工的学习资源获取方式大致可以分为四种类型:从朋友那里获得、自己主动找寻、从公司获得、从学习机构获得。但青年农民工的学习资源大多是从朋友那里得到的或自己积极主动找寻的。这说明,即使在学习资源有限的情况下,学习的有心人也会尽可能地抓住可能的机会获取学习资源。这就启示人们在自己的工作、生活中要主动找寻学习机会、善于利用各种可能的渠道获得学习资源。所以,善于敏锐地抓住学习资源非常重要。

另外,青年农民工的学习方式中既包括正规学习,又包括非正规学习,还包括非正式学习。其中,非正规学习、非正式学习等占了很大的比重,是青年农民工的主要学习方式。长期以来,成人教育领域已经意识到正式学习仅仅是成人学习的一种方式。自我导向学习理论的发展,已经使日常生活中发生的非正式学习的重要性日益显现了出来。我们的工作生活、家庭生活,还有我们的社区生活中时不时地发生着偶发的、非正式的、无计划的学习。实际上,所有的生活经历都是潜在的学习经验。[1]因此,有志于学习的人要做学习的有心人,要注意从生活中、从工作中、从社会中学习。如可以从日常生活的环境中来累积知识、技巧及态度。包括从家庭、工作、游戏;从亲戚、家人、朋友;从旅行、阅读报纸和书刊,或听广播、看电视等途径获得知识,提高能力。再如,也要注意从工作场所学习:参加团队活动、

---

[1] [美]雪伦·B. 梅里安编:《成人学习理论的新进展》,黄健等译,中国人民大学出版社2006年版,第140页。

和其他同事一起工作、解决挑战性的任务、和客户一起工作等都可以学到知识，增长智慧。①

（三）学习基础与学习行为：较高的教育水平有利于继续学习

本书中的青年农民工大多具有相当于高中的文化和教育水平。他们大体上可以分为三类：一类是初中毕业以后读了中专或职高，他们具有类似于高中基础的教育水平（如李刚、王晶）；第二类是高中辍学，或主动或被动辍学，他们具有接近于高中的教育水平（如苏强、陈燕）；第三类是高考没考上，但他们已经具备高中的教育水平（如邹凯、赵蕊）。总体而言，他们原有的文化与教育水平较高，为他们的后续学习行为的产生和完成奠定了良好的基础。

许多研究者也意识到成人学习能力与其文化、教育水平之间密切相关。这是因为文化水平、教育程度高的人，一般总意味着他已经接受了较多的、较严格的智育训练，为学习能力的发展奠定了良好的基础。②从这个意义上而言，学习者在基础教育阶段尽可能多地接受教育，对于其以后的继续学习乃至终身学习大有裨益。具有高中或类似于高中的教育水平，即使没能参加普通高等教育，也为他们今后参加成人高等教育、高等教育自学考试或参加培训、自我导向学习都奠定了一定的基础，使他们更善于抓住学习机会并能学有成效。因此，我国的基础教育体系若能普及高中教育——无论是对个人的发展还是对整个国家人民素质的提高都非常有益。

另外，可以发现，青年农民工中有的人从小学习成绩较好，学习兴趣浓厚，学习热情较高，这样他们即使辍学了，当以后有学习机会了也会努力学习。如青年农民工陈燕虽然辍学了，但后来有学习机会时便如饥似渴地学习。"一直有学习这个欲望，只是以前没有时间而已。"（陈燕，P4）"那个时候反正一有时间就学习，你就觉得学习是

---

① 陈珂：《职业生涯发展中的非正式学习——基于若干专业技术人员个案的研究》，硕士学位论文，华东师范大学，2009年，第12页。

② 高志敏编著：《当代世界教育科学发展与成人教育》，上海交通大学出版社1997年版，第249页。

件很快乐的事情，一有时间就学习。"（陈燕，P5）由此可见，学习热情、学习兴趣对于继续学习非常重要。所以，基础教育阶段，保护学生的学习热情，激发学生的学习兴趣，使学生热爱学习非常重要。这不仅关系到其当前的学习成效，而且影响其继续学习的积极性和成效。而若使学生学习热情消失、学习兴趣丧失，对学习恐惧甚至厌恶、抵触，那就使得学习者以后即使有机会也很难继续学习。

（四）学习意志与学习行为：坚强的意志关乎学习成效

本书中的青年农民工在学习过程中遇到了很多困难，主要包括学习时间方面的障碍、学习环境方面的障碍、学习支持方面的障碍等，但都被他们以顽强的意志克服了，最后取得了不错的学习效果。"打击肯定有，但打不倒我。我是这种人，越有压力，越有打击，我会成长得越好。"（王晶，P9）"那时我也比较能吃苦，就是一直坚持、坚持。"（邹凯，P10）"意志的话，可能最初那个时候起了比较大的作用，过了专科阶段以后就好多了，毕竟改变了最初的那个阶段的状况。后来一步步往前走的感觉就是一种很自然、水到渠成的感觉。"（陈燕，P9）可以说，正是不懈的意志、成长的愿望和披荆斩棘勇往直前的精神促使青年农民工克服了一个又一个困难，最终学有所成。因而，有志于继续学习的人一定要有坚强的意志以迎接各种困难和挑战。

相关研究指出，成人的感知过程往往还是一个非常困难，甚至是痛苦的过程。因为对成人来说，要他们改变已经形成的观念，或者摒弃旧的习惯，并非是件轻松容易的事，但为适应发展着的社会，又不得不这样做。当然，一俟树立新观念，形成新习惯，进而能够适应环境的变化，取代痛苦的便是愉快和满足。[①]工学兼顾的成人学习过程尤其是自学过程是一个艰辛的长期奋斗过程，在成功的目标和起点之间，隔着崇山峻岭，这就需要汗流浃背地攀登，克服重重险阻。

成人的学习过程的艰难性，要求学习者必须有坚强的意志。众所

[①] 高志敏编著：《当代世界教育科学发展与成人教育》，上海交通大学出版社1997年版，第291页。

周知，人的意志行动总是与调动人的积极性去克服困难、排除行动中的障碍分不开的。也就是说，意志对于学习行为具有调节作用，能够激发学习者的积极性，使他们在进行达到预定目的的学习活动中，以及在制止与预定目的相违背行为的活动中，努力克服来自内、外两方面的困难（外部困难，如社会对成人学习所持的偏见、学习者的物质条件、时间条件不充分等；内部困难，如学习者自身方面的一些阻碍，如经验不足、信心不足、能力较差、思想矛盾、情绪干扰等），提高学习的质量和学习的效率，最终取得学习的成功。

总之，学习者在开始学习之前就必须坚定决心，磨炼意志。明确成人学习是一件需要付出很多艰辛的事情，没有不达目的决不罢休的坚定决心和坚韧不拔的顽强毅力是很难成功的。因此，学习者在学习前就要做好吃苦准备，不能一遇到困难就退缩，更不能"三天打鱼，两天晒网"，随时打断或打乱学习计划。而是要严格要求自己，搞好自我管理、自我约束、自我调控，这样不仅有利于学习计划的完成，而且有助于形成坚强的性格、顽强的意志及较强的自我管理能力，从而为成就各项事业打下基础。[1]

二 相关建议

青年农民工在打工的背景下坚持学习，并学得卓有成效，给我们很多启示，如上所述。基于此，下面将进一步从社会层面、教育机构层面、学习者自身层面等提出几点促进成人学习的建议。

（一）社会层面：创设学习条件

如上所述，青年农民工的学习资源多是从朋友那里偶尔听来的，或是自己积极主动找寻的，而从公司或社会学习机构那里获得的比较少。这一方面说明了青年农民工有着学习的热情和愿望，只要有机会就会抓住机会努力学习；另一方面，也说明社会为他们提供的学习资源及渠道还比较单一，没能充分满足青年农民工的学习需要。因此，社会、国家、公司应多为有志于学习的人提供更多的学习资源，使他

---

[1] 宋西玲、崔铭香：《成人自学方略探微》，《继续教育研究》2004年第1期，第73页。

们能够获得便利的、适合自己的学习资源，这有利于整个国家和个人的共同发展。

新的教育精神使个人成为他自己文化进步的主人和创造者。自学，尤其是在帮助下的自学，在任何教育体系中，都具有无可替代的价值。[①]因此，社会应该建立一些新的机构和服务设施以帮助人们自己教育自己，而这些机构和服务设施应该结合到所有的教育体系中去。这类机构和服务设施有：语言实验室、技术训练实验室、问讯处、图书馆以及有关的服务站、资料库、程序教学与个人教学的辅助器、直观教具等。[②]应该普设终身学习场所。终身学习场所能提供社区民众就近参与学习的场所和机会，所以要充分利用各有关机构、学校、社教机构、研究机构、公民营企业、民间团体等，成立终身学习场所。鼓励财团法人、文教基金会等公益团体加强办理终身学习活动。

再者，建议能够以立法的形势建立一种对每个劳动者而言在其职业生涯过程中允许占用一定生产劳动时间来接受终身教育、推进终身学习的制度。而且应突破行业之间的差异；突破企业、组织规模的大小；突破企业、组织效益的优劣；突破企业、组织属性的差异；突破原有教育水准的限制；突破现行职业地位的高低；突破编制内、外的区别。[③]

（二）教育机构：保护学习热情

如前所述，学习热情对青年农民工的学习行为影响很大，使他们在没有学习资源的情况下努力寻找学习资源；有了学习资源后能够克服各种困难持续学习。因此，不管是基础教育阶段还是继续教育阶段都应注意激发和保护学习者的学习热情。

1. 基础教育阶段：培养学习热情与终身学习意识

基础教育阶段，正是学习者学习热情最高、学习积极性最强的时

---

① 联合国教科文组织国际教育发展委员会编著：《学会生存——教育世界的今天和明天》，华东师范大学比较教育研究所译，教育出版社1996年版，第251页。
② 同上书，第252页。
③ 高志敏：《终身教育、终身学习与学习化社会》，华东师范大学出版社2005年版，第192页。

候。因此，在教学过程中，要注意保护学生的学习热情，激发其学习的主动性和积极性。要改变传统的以教为主导、学为辅助的方法，注重学习者积极性、主动性的激发，使学习者主动学习、学会学习，具备终身学习的能力，为其终身受教育乃至终身学习提供可能。可在教育内容中增加或渗透关于终身教育、终身学习、学习化社会等思想或具体内容，明确教育内容的未完成性和发展性，使学习者期望终身教育、终身学习，具有终身学习的意识。另外，要培养学生具备终身学习的能力，特别是离校以后的继续学习的技能和能力、选择和使用信息的能力、良好的学习愿望和动力等。

2. 继续教育阶段：采取适合成人特点的教学方法、手段、模式

另外，在继续教育阶段要注意运用适合成人特点的教学方法、教学手段和教学模式，激发学习者的学习热情和积极性。具体而言，在成人教学方法、教学手段、教学模式的设计和运用中，要注意根据成人学习者的特点开展——突出和体现成人特色：社会上的职业性、心理上的成熟性、时间上的业余性、知识要求上的针对性和实用性。成人的学习目的有较浓重的功利色彩，对于专业与课程的选择侧重于职业价值，重视所学知识在工作和生活中的实用性，因此，宜采取实践培养的方式。注重实践培养，按照成人的特点组织教学，这样，学习者参与社会实践，不仅可以检验所学知识，提高知识的迁移能力，还可以发现新问题，培养创新能力。要改革传统的教学方法，充分运用能发挥学习者主动性的讨论式、案例式、启发式、个别式的教学方法，激发学习者的学习热情和学习愿望，张扬学习者的个性，使其能够学有成效。[①]

同时，要实行教学、生产、示范、推广相结合，把学校办成产教结合、校企结合的多功能实体，认真设计和组织好实验、实习、课程设计、毕业设计等环节，使这些环节能尽量结合课堂教学要求和学员自身的工作实际情况进行安排，使成人学习的应用型、技能型、职业

[①] 崔铭香：《成人高教"普教化"改革："回归自身"》，《成人教育》2007年第10期，第42页。

型的内涵更丰富,以真正让学习者学到实在的、学以致用的知识和技能。

再者,应配备先进的设备、仪器、实验室,更好地发挥多媒体、网络、远程技术的作用来提高教学质量及效率。应充分应用信息技术发展起来的教学手段,使其在教学中发挥主导作用,如运用多媒体技术、网络技术、训练模拟技术、虚拟现实技术等,用现代化的教学手段改变完全由教师口授、面授的教学方式,并且可将更新的教学内容制成光盘,或供网上点击,逐步积累,共享资源,促使成人教育的教学方式向全时空、远距离、交互式、个性化、大容量的方向发展,促成成人学习信息来源多样化、学习方式个别化,充分调动其积极性和创造性。[①]

(三)学习者:成为学习化个人

作为学习者而言,为卓有成效地学习,应成为学习化个人。"终身学习……是基于每个人自发的意愿而进行的活动,由自己根据需要选择合适于自己的手段和方法展开的。"[②]个人是学习化社会的中心。学习化的个人是具有良好的学习动机和主动的学习态度、具备基本知识和学习方法、懂得运用资源进行学习的活动者。作为适应未来的学习化的个人,必须具有不断学习新事物和新知识的能力;在迅速变动的环境中与他人相处的能力;对多样和复杂的变化进行选择的能力。为此,应从以下几方面努力。

1. 树立终身学习理念,随时准备学习。面临科学技术迅猛发展、知识更新速度不断加快的形势,以及学习化社会的挑战,不断接受教育已成为人们生活、生存的必需,学习已成为人们的生存方式和终身的追求。

2. 强健学习本领,成为学习化个人。要强化内在的成才意识,

---

① 崔铭香:《成人高教"普教化"改革:"回归自身"》,《成人教育》2007年第10期,第42页。

② 高志敏:《终身教育、终身学习与学习化社会》,华东师范大学出版社2005年版,第17页。

激发自己的兴趣与爱好,并与外部就业、竞争和事业成败的压力相结合,养成良好的学习习惯和自觉性,并促进和提高自身的学习能力。未来的文盲是不会学习的人,人们不但应"学会",更应"会学",力争每个人都成为"学习的个人"、"会学的个人"——使"每个人身临急剧变化的社会,面对新的挑战、任务、情况和环境时,都能满怀信心、愉快而自如地去运用知识、驾驭知识、创造知识"①。

第三节 研究反思

行文至此,本书及其结果的呈现基本告一段落。但建构主义认为,一个"好"的研究报告不仅应该报道研究结果,而且应该对研究的过程、研究参与者所处的文化背景以及自己与研究者之间的关系和互动进行"深描"。只有这样,读者才能身临其境,亲身体验到研究的具体过程和事情发展的来龙去脉,才可能对研究结果的"真实性"作出自己的判断。②基于此,笔者也将对本书的研究效度、推广度、伦理性等问题作出反思。

一 关于研究效度

在量的研究中,"效度"指的是正确性程度,即一项测试在何种程度上测试了它意欲测试的东西。但在质性研究中,不能沿用量的研究对这一词语的定义和分类。质性研究者真正感兴趣的并不是量的研究所指的"客观现实"的"真实性"本身,而是被研究者眼中所看到的"真实"、他们看事物的角度和方式,以及研究者和被研究者之间的互动关系对理解被研究者眼中的"真实"所发挥的作用。质性研究中的"效度"指的是一种"关系",即研究结果与研究其他部分

---

① 高志敏:《终身教育、终身学习与学习化社会》,华东师范大学出版社2005年版,第18页。
② 陈珂:《职业生涯发展中的非正式学习——基于若干专业技术人员个案的研究》,硕士学位论文,华东师范大学,2009年,第35页。

（包括研究者、研究的问题、目的、对象、方法和情境）之间的一种"一致性"。[①]以下几方面会对研究效度产生影响。

（一）研究关系方面

本书的研究合作者基本上都是通过朋友介绍的，因此，笔者和研究合作者之间的关系都是以"陌生人"的关系。尽管访谈前也与他们进行了沟通和交流——访谈前事先了解他们的情况，访谈时不急于切入研究主题，而是先聊一些彼此感兴趣的话题，喝喝茶，熟悉和融洽感情等。这使得访谈中研究合作者基本上能够放开谈，但毕竟是以"陌生人"关系为主，可能也会使他们在谈话时有所顾忌，特别是对情感层面的一些内容有所保留。

（二）访谈技巧方面

尽管本书中的访谈在老师、朋友、同事的帮助下，进行得比较顺利，但也存在着一些不足，可能会影响到研究的效度。

1. 访谈的样本量不是十分充足。本书共访谈了13位研究合作者，但最终只选取了6位较为典型的进行分析和解读。若能选择更多的研究合作者肯定会使本书更加充实和丰满。

2. 研究的切入点有待扩展。本书寻找研究合作者时，主要以学历学习为切入点进行寻找，尽管也挖掘了他们的非学历学习、非正式学习经历及过程，但总体而言视角较为单一。若也能以非学历学习、非正式学习为切入点寻找更多研究合作者，可能会使本书的内容更加丰富多彩。

3. 访谈经验不足。实战访谈经验的不足，使得本书的访谈没有完全放开，基本上是按照研究提纲来进行的。诚然，笔者在访谈中也注意了开放性访谈的交叉运用，但总体而言还是有些缺乏；再如，尽管访谈中也注意认真聆听，但有时对于自己关心的问题还是"急于追问"了。

（三）分析成文方面

除了以上方面，本书在研究报告的分析成文方面可能也会存在效

[①] 陈向明：《教师如何作质的研究》，教育科学出版社2001年版，第241—243页。

度问题。首先，研究预设可能影响研究效度。尽管笔者在访谈和分析时尽量"悬置"自己的研究预设，但研究预设还是会不可避免地存在，如笔者认为农民工的生存境遇是较为艰难的，因此，有可能在访谈和分析中就会注意挖掘其生存境遇中较为艰辛的一面；包括在梳理这方面的研究成果时也会注意收集这方面的资料。其次，在对文本材料进行分析和解读时，加进了一些已有研究成果和个人方面的认识进行探讨和阐释。尽管笔者努力平衡研究合作者、研究者、已有研究成果之间的关系，但有些地方还不免会有"生硬"和"牵强"的感觉。

二 关于研究推广度

质性研究的目的不是企图通过对样本的研究而找到一种可以推而广之的普遍规律，而是对某一社会现象进行深入细致的调查，尽可能真切地再现其本质。由于人类行为越深入到本质层面越具有普遍性，因此，对本质性揭示可以为处于类似情形的人和事起到一种观照作用。如果这些人和事从研究的结果中得到了某种认同，此研究便发挥了一种推广的作用。因此，质性研究主要是通过认同而达到推广。此外，研究者在研究结果的基础上建立起来的理论也可以通过阐释其他类似情形而达到推广的效果。[①]对于质性研究，其推论性可以从两个角度来讲：一是发生在样本内部的推论。二是发生在与读者之间的推论。

就本书来说，只是重点调查了六位青年农民工的生存境遇与学习行为的情况，因此，不宜将本书的结论推论到所有农民工的情况，也不宜推论到所有的青年农民工的情况。所作研究只是对那些关心青年农民工问题特别是关心有学习行为的青年农民工的人们提供一定的解释和经验。

本书将会使那些与青年农民工境遇相似的人从中获得一些认同和启示，如使那些原本因为信心不足、因惧怕困难、因学习条件差、因

[①] 陈向明：《旅居者和"外国人"——留美中国学生跨文化人际交往研究》，教育科学出版社 2004 年版，第 31—42 页。

工学矛盾而踌躇犹疑的农民工因看到青年农民工生活和学习的过程和结果而"觉得我也能行"从而采取学习行动；并且，别人成功的经验如获得学习资源的方式、学习方法、学习方式等可为这些有志于学习的人提供一些借鉴；青年农民工勇往直前、锲而不舍的奋斗和学习精神、学习所取得的成效都将鼓舞着那些想学而徘徊的人们一展身手。

另外，本书在尊重原始材料"客观性"基础上建立的理论具有一定的抽象性和概括性，可以推广到类似的事件和人群。如对于国家、社会管理机构、教育机构而言，本书可为它们在制定政策和提供服务时提供参考——在制定政策时也会正视农民工特别是青年农民工的学习需求，进而为他们学习创设一些条件；教育机构方面，基础教育会注意保护学习者的学习热情，培养学习者的终身学习的意识和能力，继续教育更加注意采取适合成人身心特点的教学方法、教学手段、教学模式等。再如，对于成人教育理论研究而言，青年农民工学习行为特征的揭示，将丰富成人教育学科对于成人学习样态的认知；青年农民工生存境遇的特征、其生存境遇与学习行为的关系的揭示将丰富成人教育学对于成人生存境遇与学习行为关系的认知。由此，将对成人教育进一步"回归丰富的成人生活世界，走进缤纷的成人精神家园"，建立"帮助和促进成人学习的科学和艺术"有所启迪和帮助。

三　关于研究伦理

质性研究认为，研究要遵守一定的道德标准，在调查研究开始，就要告诉研究合作者研究的意图、意义以及用途，说明对其所采取的保护，以征得研究合作者的同意和配合；其具体呈现的描述信息和分析信息也要得到研究合作者的认可；最后的分析信息应真实、中立，以避免对读者有偏激的启发。[①]

本书也努力做到以上方面。在研究之初、联系访谈人时就告诉了

[①] 王润清：《女性创业过程中的学习行为研究——基于生活历史法的个案分析》，硕士学位论文，华东师范大学，2006年版，第26页。

他们本书的目的，承诺只做研究之用；在其自愿参与研究的基础上，每次访谈都选择了研究合作者方便的时间和地点进行；在征得他们同意的基础上，对访谈过程进行了录音；并注意在其他场合不泄露研究合作者的信息。为了尊重研究合作者，本书中对研究合作者的姓名和他们生活、工作的地点进行了化名处理。

本书的研究合作者在其打工的过程中坚持学习，他们工作很忙，有的仍在学习，却抽出宝贵的时间来参与本项研究，对此，笔者对他们一直心存感激。每次研究中，笔者会送他们鲜花或其他小礼物或与他们一起用餐，但有的研究合作者甚至抢着埋单。对此，笔者非常感激、感动——素昧平生，他们却对笔者那么好，笔者不仅对他们的奋斗精神和学习精神非常钦佩，而且对他们的人格肃然起敬！

当然，访谈结束后，对访谈不详尽或不清楚的地方，笔者又对研究合作者进行了"追问"，他们也"知无不言"。后来，当把对其访谈的文本转录后，笔者又通过电子邮件发给了他们，请他们"核实"。另外，有时我们也会通过电话、QQ等方式保持联系。他们也很关注笔者的研究，希望笔者早日完成这项研究。

在此，对笔者的研究合作者们表示最诚挚的谢意和最真诚的祝福！希望心地善良又经风历雨的他们人生之路越走越宽、越走越幸福！

参考文献

（一）著作类

1. ［加］罗比·基德：《成人怎样学习》，蔺延梓译，上海第二教育学院、上海成人教育研究室1984年版。
2. ［美］马尔科姆·诺尔斯：《现代成人教育实践》，蔺延梓译，人民教育出版社1989年版。
3. ［美］达肯沃尔德、梅里安：《成人教育——实践的基础》，刘宪之、蔺延梓、刘海鹏译，教育科学出版社1982年版。
4. ［美］伊里亚斯、梅里安：《成人教育的哲学基础》，高志敏译，职工教育出版社1990年版。
5. 联合国教科文组织国际教育发展委员会编著：《学会生存——教育世界的今天和明天》，华东师范大学比较教育研究所译，教育出版社1996年版。
6. ［美］K. W. 夏埃、S. L. 威里斯：《成人发展与高龄化》（第五版），乐国安、韩威、周静等译，华东师范大学出版社2003年版。
7. 毕淑芝、司荫贞主编：《比较成人教育》，北京师范大学出版社1995年版。
8. 叶澜：《教育科学研究方法论初探》，上海教育出版社1999年版。
9. ［英］C. J. 泰特缪斯主编：《培格曼国际终身教育百科全书》，教育与科普研究所编译，职工教育出版社1990年版。
10. ［美］约翰·杜威：《民主主义与教育》，王承绪译，人民教育出版社2001年版。
11. 高志敏等：《成人教育社会学》，河北教育出版社2006年版。
12. 高志敏编著：《当代世界教育科学发展与成人教育》，上海交通大学出版社 1997 年版。
13. 程凯、李如密：《成人教育教学论》，河南大学出版社 1999 年版。
14. 叶忠海等：《成人教育学通论》，上海科技教育出版社 1997 年版。
15. ［美］雪伦·B.梅里安编：《成人学习理论的新进展》，黄健等译，中国人民大学出版社 2006 年版。
16. 高志敏等：《成人教育心理学》，上海科技教育出版社 1997 年版。
17. 高志敏：《终身教育、终身学习与学习化社会》，华东师范大学出版社 2005 年版。
18. 高志敏、蔡宝田主编：《社会转型期成人教育、终身教育研究》，首都师范大学出版社 2007 年版。
19. 吴遵民：《现代中国终身教育论》，上海教育出版社 2003 年版。
20. 黄志成：《被压迫者的教育学——弗莱雷解放教育理论与实践》，人民教育出版社 2003 年版。
21. 黄希庭：《心理学导论》，人民教育出版社 1991 年版。
22. 吴庆麟主编，胡谊副主编：《教育心理学》，华东师范大学出版社 2003 年版。
23. 冀鼎全编著：《成人教育心理学》，陕西人民出版社 2006 年版。
24. 时蓉华：《社会心理学》，浙江教育出版社 2004 年版。
25. 童天：《职业生涯发展与规划》，知识出版社 2006 年版。
26. ［法］埃米尔·涂尔干：《社会分工论》，生活·读书·新知三联书店 2000 年版。
27. ［德］马克斯·韦伯：《社会学的基本概念》，广西大学出版社 2005 年版。
28. ［美］马斯洛：《马斯洛人本哲学》，成明编译，九州出版社 2007 年版。
29. ［美］艾尔·巴比：《社会研究方法》（第 10 版），邱泽奇译，华夏出版社 2005 年版。
30. 刘易斯：《二元经济论》，北京经济学院出版社 1989 年版。
31. ［美］帕克等：《城市社会学》，宋俊岭等译，华夏出版社 1987 年版。

32. ［美］西奥多·舒尔茨：《对人进行投资——人口质量经济学》，首都经济贸易大学出版社 2000 年版。
33. ［美］史蒂文·瓦戈：《社会变迁》，王晓黎译，北京大学出版社 2007 年版。
34. 王义祥：《当代中国社会变迁》，华东师范大学出版社 2006 年版。
35. 杨善华主编：《当代西方社会学理论》，北京大学出版社 2001 年版。
36. 李强：《农民工与中国社会分层》，社会科学文献出版社 2004 年版。
37. 李培林、李强、孙立平：《中国社会分层》，社会科学文献出版社 2004 年版。
38. 南山：《当代中国社会的转型与发展》，四川人民出版社 2007 年版。
39. 谢建社：《新产业工人阶层——社会转型中的"农民工"》，社会科学文献出版社 2005 年版。
40. 周大鸣：《渴望生存——农民工流动的人类学考察》，中山大学出版社 2005 年版。
41. 王章辉等：《欧美农村劳动力的转移与城市化》，社会科学文献出版社 1999 年版。
42. 刘俊彦：《新生代当代中国青年农民工研究报告》，中国青年出版社 2007 年版。
43. 余红：《中国农民工考察》，昆仑出版社 2004 年版。
44. 张小建：《中国农村劳动力的就业与流动研究》，中国劳动出版社 1999 年版。
45. 潘泽泉：《社会、主体性与秩序：农民工研究的空间转向》，社会科学文献出版社 2007 年版。
46. 池子华：《农民工与近代社会变迁》，安徽人民出版社 2006 年版。
47. 余红、丁骋骋：《中国农民工考察》，昆仑出版社 2004 年版。
48. 陈晓华、张红宇：《建立农村劳动力平等就业制度》，中国财政经济出版社 2005 年版。

49. 王春光：《社会流动和社会重构——京城"浙江村"研究》，浙江人民出版社 1995 年版。
50. 韩长斌：《中国农民工的发展与终结》，中国人民大学出版社 2007 年版。
51. 陆汉洲：《聚焦中国民工》，中国经济出版社 2005 年版。
52. 张跃进：《中国农民工问题解读》，光明日报出版社 2007 年版。
53. 刘应杰：《中国城乡关系与中国农民工人》，中国社会科学出版社 2000 年版。
54. 王奋宇、李路路等：《中国城市劳动力流动从业模式·职业生涯·新移民》，北京出版社 2001 年版。
55. 秦晖：《农民中国：历史反思与现实选择》，河南人民出版社 2003 年版。
56. 杨云善、时明德：《中国农民工问题分析》，中国经济出版社 2005 年版。
57. 陈吉元：《中国农业劳动力转移》，人民出版社 1993 年版。
58. 沈立人：《中国农民工》，民主与建设出版社 2005 年版。
59. 李培林主编：《农民工——中国进城农民工的经济社会分析》，社会科学文献出版社 2003 年版。
60. 刘应杰：《中国城乡关系与中国农民工人》，中国社会科学出版社 2000 年版。
61. 蔡建文：《中国农民工生存纪实》，当代中国出版社 2006 年版。
62. 张清泉：《二元经济结构条件下的中国农民工研究》，经济科学出版社 2008 年版。
63. 曾一春主编，郭智奇、齐国副主编：《全国农民教育培训基本情况调研报告》，中国农业出版社 2007 年版。
64. 陈向明：《质的研究方法与社会科学研究》，教育科学出版社 2002 年版。
65. 陈向明：《教师如何作质的研究》，教育科学出版社 2001 年版。
66. 陈向明：《旅居者和"外国人"——留美中国学生跨文化人际交往研究》，教育科学出版社 2004 年版。

67. ［加］克兰迪宁、康纳励：《叙事研究：质性研究中的经验与故事》，张园译，北京大学出版社2008年版。
68. 陈向明、林小英：《如何成为质性研究者——质性研究方法的教与学》，教育科学出版社2004年版。
69. 丁钢：《声音与经验：教育叙事探究》，教育科学出版社2008年版。
70. ［加］马克斯·范梅南：《生活体验研究——人文科学视野中的教育学》，宋广文等译，李树英校，教育科学出版社2003年版。

（二）期刊类

1. 周天勇：《托达罗模型的缺陷及其相反的政策含义——中国剩余劳动力转移和就业容量扩张的思路》，《经济研究》2001年第3期。
2. 王小和、张艳：《农民工进城就业状况分析与对策探讨》，《农村经济》2006年第2期。
3. 吴慧燕：《农民工生存状况及培训政策探析》，《职业教育研究》2005年第12期。
4. 张竺鹏：《我国农村劳动力转移培训的发展现状与实施对策》，《职教论坛》2005年第28期。
5. 刘玉来：《国外农村劳动力培训的启示》，《中国人力资源开发》2003年第12期。
6. 马思援：《教育——为农民工进城铺路》，《中国青年报》2004年3月8日。
7. 寿钰婷：《论农民工教育服务的多边合作供给制——基于制度变迁理论的分析》，《职业技术教育》2007年第13期。
8. 叶引娇：《农民工培训的实然分析和应然分析》，《当代教育论坛》2006年第8期。
9. 杨燕：《农民工培训问题研究》，《理论建设》2006年第4期。
10. 石睁、孟凡丽：《农民工学习动机初探》，《江苏农村经济》2008年第3期。
11. 孙自法、胡鞍钢：《中国存"四农"问题，农民工问题是核心》，中新社2005年3月1日。

12. 杨箫：《加强农民工培训的六点建议》，《执政决策》2005 年第 4 期。
13. 赵秀玲：《关于进城农民工培训问题的思考》，《中国职业技术教育》2003 年第 8 期。
14. 雷世平：《关于贯彻"全国农民工培训规划"的思考》，《职教论坛》2004 年第 2 期。
15. 谷延方等：《英国农村劳动力转移对我国城市化的启示》，《黑龙江社会科学》2003 年第 3 期。
16. 雷世平、姜群英：《农民工培训工作面临的问题及对策》，《中国农业教育》2005 年第 1 期。
17. 吴慧燕：《农民工生存状况及培训政策探析》，《职业教育研究》2005 年第 12 期。
18. 朱信凯：《农民市民化的国际经验及对我国农民工问题的启示》，《中国软科学》2005 年第 1 期。
19. 李湘萍：《关于农民工培训提供模式的案例研究》，《职业技术教育》2005 年第 10 期。
20. 贺霞：《职业培训使农民工变成总经理》，《中国教育报》2006 年 3 月 10 日。
21. 孙立平：《中国农民工的流动》，《中国研究》1997 年第 3 期。
22. 迟淑清、张丽宏、李健：《农民工的生存状况及其制度体制原因分析》，《职业技术》2006 年第 12 期。
23. 郭文亮、汪勇：《公民意识诘难农民工及其培养刍议》，《大连理工大学学报》（社会科学版）2008 年第 1 期。
24. 李琳：《农民工生存现状与和谐城市构建》，《成都大学学报》（社会科学版）2007 年第 3 期。
25. 王桂新、张得志：《上海外来人口生存状态与社会融入研究》，《市场与人口分析》2006 年第 5 期。
26. 杨云彦：《农民工：一个跨越城乡的新兴群体》，《人口研究》2005 年第 4 期。
27. 宗成峰、朱启臻：《农民工生存状况实证分析——对南昌市 897

位样本农民工的调查与分析》，《中国农村观察》2007 年第 1 期。
28. 张向东：《农民工社会心理分析与素质提升》，《中国市场》2006 年第 31 期。
29. 唐土红、林楠：《边缘化与城市化——外来工的现代境遇与现代性进路》，《求实》2006 年第 1 期。
30. 蔡建文：《同在蓝天下——中国农民工生存纪实》，《记者观察》2005 年第 2 期。
31. 周军：《农民工生存状况透视》，《政府法制》2005 年第 1 期。
32. 刘祖云：《农民工转型中的中国社会的特殊阶层》，《江汉论坛》2006 年第 1 期。
33. 沈年耀：《农民工教育培训的现状及对策》，《孝感学院学报》2007 年第 5 期。
34. 应方淦：《成人生存境遇与学习——基于余力理论的解读》，《中国成人教育》2007 年第 19 期。
35. 李丹：《论成人学习的行为特征及其教学策略》，《中国成人教育》2007 年第 5 期。
36. 金崇芳：《农民工教育培训的社会学分析》，《理论导刊》2008 年第 5 期。
37. 李亚芹、凌云、张新民：《边缘化危机：农民工教育与培训的现实境况分析》，《职教通讯》2007 年第 1 期。
38. 吴洪富：《青年农民工的生存境遇与教育诉求》，《成人教育》2007 年第 7 期。
39. 蒿敬恪：《农村剩余劳动力转移培训与职业教育的发展》，《农业与技术》2005 年第 10 期。
40. 张叶云：《转型期社会资本在青年农民工就业中的地位》，《中国青年研究》2005 年第 6 期。
41. 孙跃、吴伟东：《青年农民工视野下的户籍制度改革——基于天津市南开区的实证研究》，《青年探索》2008 年第 4 期。
42. 高志敏、吴洪伟：《农村流动劳动力与成人教育的社会学分析》，《河北师范大学学报》（教育科学版）2007 年第 4 期。

43. 苏玫瑰、徐晓军：《青年农民工城市发展现状分析及启示——以武汉市 7 个主城区的问卷调查为例》，《青年探索》2007 年第 5 期。
44. 吴鲁平、俞晓程、闫晓鹏、郑丹娘：《城市青年农民工的弱势特征及其后果——对 1997—2002 年 43 篇学术论文的文献综述》，《中国青年研究》2004 年第 9 期。
45. 陈赵阳：《当代青年农民工政治参与心理研究——对福州市青年农民工的调查与分析》，《青年研究》2007 年第 4 期。
46. 张向东：《青年农民工社会心理分析与素质提升》，《农业经济》2006 年第 8 期。
47. 张红：《职业教育与农民工市民化——一种生命历程理论的分析视角》，《湖北社会科学》2008 年第 8 期。
48. 刘帆：《青年农民工低工资问题研究》，《当代青年研究》2006 年第 3 期。
49. 彭国胜：《青年农民工的就业质量及影响因素研究——基于湖南省长沙市的实证调查》，《青年探索》2008 年第 2 期。
50. 王琳、吴清军、夏国锋：《我国青年农民工文化生活现状的调查研究》，《四川职业技术学院学报》2006 年第 3 期。
51. 何雪松、陈蓓丽、刘东：《上海青年农民工的压力与心理健康研究》，《当代青年研究》2006 年第 11 期。
52. 傅慧芳：《青年农民工价值观的矛盾透析》，《福建师范大学学报》（哲学社会科学版）2006 年第 2 期。
53. 符平：《青年农民工的城市适应：实践社会学研究的发现》，《社会》2006 年第 2 期。
54. 胡献忠：《促进青年农民工市民化的对策分析》，《四川行政学院学报》2008 年第 3 期。
55. 李嘉惠、吕红：《青年农民工自身权益的维护与社会保障——对唐山市采煤业青年农民工的调查》，《唐山学院学报》2008 年第 2 期。
56. 李薇莉、魏宏纯：《论青年农民工群体权益的维护》，《党政干部学刊》2007 年第 3 期。

57. 朱考金、刘瑞清：《青年农民工的社会支持网与城市融入研究——以南京市为例》，《青年研究》2007 年第 8 期。

58. 贺飞：《转型期青年农民工婚恋观念和行为的社会学分析》，《青年研究》2007 年第 4 期。

59. 林敬平：《在生存与失范之间——青年农民工越轨心理的二维路径分析》，《青少年犯罪问题》2007 年第 3 期。

60. 姜华：《城市中的青年农民工极端化问题成因探析》，《山东省农业管理干部学院学报》2006 年第 6 期。

61. 罗忆源：《青年农民工个体教育需求特点分析》，《成人教育》2008 年第 6 期。

62. 张三保：《构建可持续发展的青年农民工培训体系》，《中国培训》2007 年第 8 期。

63. 胡杨玲：《青年农民工公共图书馆消费的实证分析》，《图书馆学研究》2008 年第 4 期。

64. 符平：《漂泊与抗争：青年农民工的生存境遇》，《调研世界》2006 年第 9 期。

65. 林文广：《高等教育自学考试扶助弱势群体之思考》，《发展研究》2008 年第 3 期。

66. 钱正武：《青年农民工的市民化问题分析》，《青年探索》2006 年第 1 期。

67. 王春兰、丁金宏、杨上广：《大城市青年农民工的就业特征及存在的若干问题——以上海市闵行区为例》，《华东师范大学学报》（哲学社会科学版）2006 年第 3 期。

68. 杨慧：《青年农民工"城市化"的问题与对策》，《云南社会科学》2008 年第 2 期。

69. 边宏广、孙立军、邱珂：《城镇化语境下的青年农民工》，《中国青年研究》2007 年第 5 期。

70. 高志敏：《成人教育研究的反思与前瞻》，《教育研究》2006 年第 9 期。

71. 高志敏、纪军：《在"成人"与"教育"之间》，《教育研究》2005年第2期。
72. 曾李红、高志敏：《非正式学习与偶发性学习初探——基于马席克与瓦特金斯的研究》，《成人教育》2006年第3期。
73. 高志敏、宋其辉：《成人学习研究考略——基于梅里安的追述》，《河北大学成人教育学院学报》2005年第3期。
74. 宋西玲、崔铭香：《成人自学方略探微》，《继续教育研究》2004年第1期。
75. 张红：《职业教育与农民工市民化——一种生命历程理论的分析视角》，《湖北社会科学》2008年第8期。
76. 崔铭香：《成人高教"普教化"改革："回归自身"》，《成人教育》2007年第10期。
77. 崔铭香：《终身教育与个性化教育》，《河北师范大学学报》（教育科学版）2003年第5期。
78. 侯晓倩、赵兴国：《成人学习特点及其学习策略生成的途径探讨》，《成人教育》2009年第4期。
79. 纪军：《论成人学习的障碍及其调控》，《继续教育研究》2003年第6期。
80. 张峰：《保障学习权：学习型社会的战略基点》，《高等函授学报》（哲学社会科学版）2007年第1期。
81. 殷飞：《基于"工作成人"学习特点的学习方法探新》，《内蒙古师范大学学报》（教育科学版）2008年第9期。
82. 楼一峰：《终身学习的本质：提升成人的学习力》，《成人教育》2004年第11期。
83. 姚远峰：《国外成人学习理论的进展：心理学视角》，《继续教育研究》2005年第4期。
84. 常永才：《成人学习特点研究的硕果及其学术价值——对诺尔斯自我指导学习理论的评析》，《外国教育研究》2005年第11期。
85. 王海东：《美国当代成人学习理论述评》，《中国成人教育》2007年第1期。

（三）学位论文

1. 徐改：《成功女性职业生涯的发展与性别建构——基于生活历史法的研究》，博士学位论文，华东师范大学，2007年。
2. 牟新云：《基于需要理论的进城农民工行为分析与管理研究》，博士学位论文，西南交通大学，2007年。
3. 宋艳：《进城农民工弱势地位改变研究——政府人力资源管理的视角》，博士学位论文，吉林大学，2007年。
4. 李洁：《海派学习文化研究——来自成人生活世界的考察与分析》，博士学位论文，华东师范大学，2009年。
5. 崔铭香：《我国成人高教"普教化"问题的反思与改革》，硕士学位论文，曲阜师范大学，2004年。
6. 纪军：《从学校到工作的转换——大学毕业生职业生活适应的个案研究》，硕士学位论文，华东师范大学，2004年。
7. 王润清：《女性创业过程中的学习行为研究——基于生活历史法的个案分析》，硕士学位论文，华东师范大学，2006年。
8. 贾凡：《城市化进程中农民学习需求研究——以上海郊区B村为个案》，硕士学位论文，华东师范大学，2007年。
9. 王霞：《解蔽与理解——生活世界中的成人教育现象考察》，硕士学位论文，华东师范大学，2007年。
10. 陈珂：《职业生涯发展中的非正式学习——基于若干专业技术人员个案的研究》，硕士学位论文，华东师范大学，2009年。

（四）英文参考文献

1. Rogers E. F. *Shoemaker, Communication of Innovation* [M]. New York：Free Dress，1971.
2. Erikson E. H. *Identity and the life cycle* [M]. New York：W. W. Norton & Company, 1980.
3. Rogers & Alan, *Adults Learning for Development* [M]. London：Cassell, 1992.
4. Merriam S. & Caffarella R., *Learning in Adulthood* (2nd Ed.) [M]. San Francisco：Jossey-Bass, 1999.

5. Tian Weiming, Liu Xiumei & Kang Xia, *Social Viability Roles of Agricultural Sector in China* [R]. FAO Agricultural Policy Research Working Paper, 2003.

6. Keegan R., *In over our heads: The mental demands of modern life* [M]. Cambridge, MA: Harvard University Press, 1994.

7. Keegan R., *The Evolving Self: Problem and Process in Human Development* [M]. Cambridge, MA: Harvard University Press, 1982.

8. Mc Clusky H. Y., "The Course of the Adult Life Span". In W. C. Hallenbeck (Ed.), *Psychology of adults* [M]. Chicago: Adult Education Association of the U. S. A, 1963.

9. Day M. & James J., "Margin and the adult learner" [J]. *MPAEA Journal of Adult Education*, 1984, 13 (1).

10. West Loraine, A. & Zhao Yaohui, "Rural Labor Flows in China" [J]. *Review of Development Economics*, 2000, 5 (1).

11. Roberts, "Who Leave? The Outmigration of the Foreign-Born" [J]. *Review of Economics and Statistics*, 2000, (78).

12. Wilson A. L., *The Promise of Situated Cognition Published in an Update on Adult Learning Theory —New Directions for Adult and Continuing Education* [M], San Francisco : Jossy-Bass, 1993.

13. Lee & Everett S., "A Theory of Migration" [J]. *Demography*, 1966 (3).

14. Eisner & Elliot W. & Peshkin, Alan, *Quakutative Inquiry in Education: The Cntinuing Debate* [M]. New York : Teachers College Press, 1990.

15. Candy P. C., *Self Direction for Lifelong Learning : A Comprehensive Guide to Theory and Practice* [M]. San Francisco: Jossey-Bass, 1991.

16. Freire P., *Pedagogy of the Oppressed (Revised 20th Anniversary Education)* [M]. New York: Continuum, 2000.

17. Mezirow J., *Transformative Dimensions of Adult Learning* [M]. San Francisco: Jossey-Bass, 1991.

18. Jacobson W., "Learning, Culture, and Learning Culture" [J]. *Adult*

Education Quarterly, 1996.
19. Ahlstrand, Amanda, L., Laurie J. Bassi, & Daniel, P. McMurrer, *Workplace Education for Low-Wage Workers* [M]. Kalamazoo, MI: The Upjohn Institute for Employment Research, 2003.
20. Barton Paul E. & Lynn Jenkins, *Literacy and Dependency: The Literacy Skills of Welfare Recipients in the United States* [M]. Princeton, NJ: Policy Information Center, ETS, 1995.
21. Bowles & Jonathan, *A World of Opportunity* [M]. New York: Center for an Urban Future, 2007.
22. Cappelli & Peter, *The New Deal at Work: Managing the Market-Driven Workforce* [M]. Boston: Harvard University Press, 1999.
23. Mingle James & Angela Birkes, *Targeting the Adult Learning Challenge in SREB States* [M]. Atlanta, GA: Southern Regional Education Board (SREB), 2004.
24. Mingle James, Bruce Chaloux & Angela Birkes, *Investing Wisely in Adult Learning is Key to State Prosperity* [M]. Atlanta, GA: Southern Regional Education Board (SREB), 2005.
25. Dewey & John, *Experience and Education* [M]. N.Y.: Macmillan, 1947.
26. John Field & Mal Leicester, *Lifelong Learning: Education Across the Lifespan* [M]. London; New York: Routledge, 2000.
27. Bridges W., *Transitions: Making Sense of Life's Changes* [M]. Reading, MA: Perseus, 1980.
28. Brookfield S. D., *Developing Critical Thinkers* [M]. San Fransisco: Jossey-Bass, 1987.
29. Erikson E. H., *The Life Cycle Completed: A Review* [M]. New York: Norton, 1982.
30. Hudson F. M., *The Adult Years: Mastering the Art of Self-Renewal* [M]. San Fransisco: Jossey – Bass, 1999.

后 记

本书是我运用人文社会科学领域中一种新的研究方法——质性研究方法的第一次尝试。此著作是在我的博士毕业论文基础上修改完成的，其能够得以出版获益于很多人的付出、支持、关怀和帮助。

首先，特别感谢教育部人文社会科学司的领导及专家的信任，使我获得了本课题的研究机会和条件。

其次，感谢我所在单位江西师范大学继续教育学院的领导和同事支持我攻读博士学位，创设条件积极鼓励科研；感谢华东师范大学及导师高志敏教授的不弃，使我拥有了在如诗如画般的学术殿堂里汲取知识营养的机会，提升了研究能力；感谢为我的研究提供"原材料"的研究合作者们，尽管我无法提及他们的真实姓名，但没有他们的付出就没有我的研究的顺利进行；感谢所有我曾引用和借鉴资料的先行者们，我从内心深处感谢你们，祝福你们！

最后，本书能够得以出版，特别感谢江西省高校高水平建设项目的资助，感谢江西师范大学及教育学院对成人教育学学科建设的支持，感谢中国社会科学出版社尤其是宫京蕾编辑的帮助。

感谢本课题的所有参与者、为课题研究提供过帮助的朋友以及为研究进行了指导的专家、学者。

承蒙学校领导、老师、亲朋好友的关照和支持，此著作得以出版，对此，我表示诚挚的谢意和永远的感激！由于本人才疏学浅，此著作的粗陋实所难免。为此，在以后的日子里，我将继续努力，持续雕琢它。

崔铭香
2013 年 4 月 25 日